Michael Jürgs

Post mortem

Michael Jürgs
Post mortem

Was ich nach meinem Tod erlebte
und wen ich im Jenseits traf

C. Bertelsmann

MIX
Papier aus verantwortungsvollen Quellen
FSC® C014496

Verlagsgruppe Random House FSC® N001967

1. Auflage

Neumarkter Str. 28, 81673 München
Umschlaggestaltung: Büro Jorge Schmidt, München
Satz: Greiner & Reichel, Köln
Druck und Bindung: GGP Media GmbH, Pößneck
Printed in Germany
ISBN 978-3-570-10411-8

www.cbertelsmann.de

Prolog

Ich starb im November. Draußen war es dunkel. Daran kann ich mich erinnern. Zwischen Tag und Nacht gibt es im November aber kaum Unterschiede, weil es selbst tagsüber unter tief hängenden Wolken nie richtig hell wird. Wahrscheinlich hatte also bereits der Morgen begonnen, denn was ich zuletzt hörte, waren die vertrauten Geräusche von der Tankstelle auf der gegenüberliegenden Seite des Kanals: Das Scheppern von Kästen leerer Flaschen, Gesprächsfetzen der Tankwarte, als der Mann von der Nachtschicht an die Frau von der Tagesschicht übergab.

Mein letzter Sommer hatte bereits im Frühling eingesetzt. Als wollte er mir noch einmal beweisen, wozu er in Höchstform fähig war. Wäre der Tumor, der sich als Untermieter in mir eingekapselt hatte, im Jahr zuvor entdeckt worden, hätte mich damals schon die Erde bedeckt oder meine Asche wäre längst im Meer treibend verschwunden.

Mit einem mir zeitnah drohenden Ende hatte ich mich bis dahin nie beschäftigt. Zum einen, weil der Gedanke ans Sterben schwermütig macht, zum anderen, weil mir im Leben die nötige Ruhe fehlte. Ich war einfach zu neugierig auf Menschen. Leidenschaftlich an ihren Geschichten interessiert. Deshalb hatte ich mich noch nicht entscheiden müssen zwischen einer klassischen Beerdigung, Erde zu Erde, Staub zu Staub, untermalt vom zweiten Satz aus Max Bruchs Violinkonzert in g-Moll, oder einer Seebestattung, begleitet von Rod Stewarts Song »Sailing«.

Wer dann mal tatsächlich erklingen sollte, da oder dort, Bruch oder Stewart, Klassik oder Rock 'n' Roll, war in meinem Testament festgelegt. Letztlich war es mir zugegeben egal, in welcher Form bei welcher Musik ich der Welt Adieu sagen würde, begraben oder verbrannt. Als erstarrter Körper im Sarg oder als vier Kilo Knochenasche in einer Urne. Denn an ein Leben danach glaubte ich nicht. Als mir der Chirurg nach der Operation im April professionell kühl begründete, warum der kommende November mein letzter auf Erden sein dürfte, musste ich eine Entscheidung treffen.

Verkündet von ihm im klassischen Monat des Todes, dem November, hätte die Diagnose bedrückender aufs Gemüt gewirkt als dann in jenem sonnensatt beginnenden Frühjahrsommer. Da leuchtete der Himmel bis tief in die Nacht verheißungsvoll weit oben, war bemalt von Kondensstreifen der Flugzeuge auf ihrem Weg in den Süden, und mein Tod schien mir fern wie der November. Ich zeigte ihm also höflich, aber kampfbereit den Mittelfinger.

Als Biotop des Todes gilt der November traditionell sowohl ob seines Depressionen förderlichen typischen Wetters als auch des Gedenkens an die in diesem Monat Entschlafenen. Wann immer es möglich war, flüchtete ich vor ihm nach Florida. Dort hatte er keine Chance.

Auf die Welt kam er im römischen Kalender und wurde *novem* genannt, Monat neun. Für Caesar, Nero, Caligula, Augustus, Mark Aurel & Co. schienen übers Jahr verteilt zehn Monate ausreichend. Nach ihrer Zeitrechnung begann es deshalb nicht im Januar, sondern im März.

Weil der klimatisch Trübdunkle über das auch intellektuell dunkeltrübe Mittelalter stets neblig-nass hereinbrach, tauften ihn die damaligen oberen Zehntausend dann der Wirklichkeit entsprechend *Nebelung*. Hochgerüstete Ritter entflohen ihm, nachdem sie zuvor wegen der lästigen Minnesänger ihren Frauen Keuschheitsgürtel angelegt und diese verschlüsselt hatten, aus ihren unheizbaren Burgen per Kreuzzug in den Nahen Osten. Im Heiligen Land töteten sie im Namen Christi bei angenehmen Temperaturen die dort lebenden Muslime.

Die Nachkommen jener blutrünstigen Heere, rüstige deutsche Rentner, pilgern heutzutage, noch bevor der November beginnt, in friedlicher Absicht Richtung Mallorca, Teneriffa, Gran Canaria. In ihrer Heimat dünkt ihnen der nasse Graue unlebbar, und sterben wollen sie noch nicht. Auf den Kanarischen Inseln scheint zumeist die Sonne, ihre Renten werden so pünktlich überwiesen wie zu Hause, und ihr Leitkulturmedium *Bild* gibt es auch täglich frisch. Sie überwintern der Überlebensregel von Epikur folgend: *Wo der Tod ist, da bin ich nicht, und wo ich bin, da ist der Tod nicht.*

Unter Deutschen ist der Monat nicht nur beim Blick zum Himmel, sondern auch beim Blick zurück grauenvoll. Das lässt sich belegen. In der Reichspogromnacht vom 9. November 1938 jagte staatlich ermuntertes Nazipack seine Mitbürger jüdischen Glaubens durch die Straßen, zerstörte ihre Geschäfte, zündete ihre Gotteshäuser an, ermordete Tausende von ihnen. Was von den Mördern zynisch »Reichskristallnacht« genannt wurde, ist für immer in Geschichtsbüchern verzeichnet als eine Nacht deutscher Schande.

In denen taucht der November oft auf. Fünfzehn Jahre zuvor, am 9. November 1923, putschten Hitler und seine Schlägerbanden in München gegen die bayerische Landesregierung. Zwar scheiterte die Attacke gegen die parlamentarische Demokratie. Aber in klammheimlicher Sympathie für eine Diktatur nach dem Vorbild Italiens unter Benito Mussolini wurde der arbeitslose Anstreicher aus Österreich zu einer lächerlichen Haftstrafe in der von seinen Gesinnungsgenossen betreuten Festung

Landsberg verurteilt. Genau da plante Adolf Hitler, gesponsert von reichen Münchner Bürgern, angehimmelt von deren Frauen, seinen Aufstieg zur Macht.

Zum Charakter des November passt auch ein Sternzeichen, das des Skorpions. Dessen tödlicher Stachel besticht durch unvermittelt erfolgende Angriffe. Und als wäre das alles noch immer nicht genug, beherbergt der Elfte zudem bis heute den Volkstrauertag und den Totensonntag. Weil in dem Monat, in dem tief hängende Wolken die Tage zu Nächten verdunkeln, eh nichts mehr zu retten ist, hat eine offenbar höhere Macht entschieden, alles in ihn zu packen, was vor Weihnachten, dem Fest der Liebe und des Lichts, getreu der Botschaft des Evangeliums, *Ehre sei Gott in der Höhe und Friede auf Erden und den Menschen ein Wohlgefallen*, entsorgt werden muss.

Wie tief sein Trübsal auslösendes Dasein im kollektiven Bewusstsein der Deutschen verwurzelt ist, lässt sich sogar in banalen Schlagertexten feststellen. Trefflich besang ihn Alexandra, deren Leben 1969 bei einem Autounfall endete, trübselig so:

Es ist November und der Regen
kriecht durch die Kleider auf die Haut.
Ich geh alleine auf den Wegen
die mir vom Sommer her vertraut.
Wem wohl die kalten Tage nützen?
Was gestern lebte ist heut taub.
Und in den schmutziggrauen Pfützen
ertrinkt der Bäume welkes Laub.

Der Baum, an dem sie zerschellte, stand am Rande einer Straße in Schleswig-Holstein. Flachgefegte Äcker. Karge Landschaften. Windgebeugte Häuser. Dörte Hansen, deren Roman *Mittagsstunde* ich kurz vor meinem Tod gelesen habe, beschreibt den November im Norden mit Wolken, die *wie Mühlsteine auf durchgeweichten Feldern* lagern, *auf Ställen, auf Scheunen, auf geduckten Feldsteinkirchen*. Am besten trotze man ihm, sich zu ducken, still zu bleiben, *den Rücken in den Wind, den Kopf gesenkt, norddeutsche Schonhaltung*.

Vierzig Jahre lang existierte im geografisch nahen, gefühlt zugegeben fernen deutschen Osten sogar ganzjährig ein novembriger Staat, sichtbar in grauer Städte verfallenden Mauern, unsichtbar in den Köpfen eingemauerter Bürger. Erst im November 1989 war für die herrschenden SED-Greise Matthäi am Letzten. Ende. Aus. Vorbei. Sie hatten versäumt, ihre Herzschrittmacher rechtzeitig auf den Rhythmus der anschwellenden »Wir sind das Volk«-Straßenchöre einzustellen, hatten die Mahnungen Gorbatschows nicht ernst genommen, der ihnen beim sozialistischen Wangenkuss zuflüsterte, wer zu spät komme, den bestrafe das Leben.

Danach wurden sie auf den Müllhalden ihrer Geschichte endgelagert. Was beim Mauerfall in der Nacht des 9. November 1989 das lange unterdrückte Volk in die Freuden schöner Götterfunken taumeln ließ. Ihre fernen Verwandten West empfingen sie begeistert, priesen die Brüder und Schwestern Ost für deren unblutige Revolution. Sektlaunig umarmten sie sich trunken in den Sternstunden einer wieder vereinten Nation.

Solche hehren Gefühle sind untypisch für den November, Freudengesänge und Liebesnächte waren deshalb bald wieder vergessen. Leidenschaften erblühen bekanntlich eher im Mai.

Dem Monat, in dem ich geboren wurde.

I

Nach dem Prolog ist es naheliegend, ein Buch aus dem Jenseits zu beginnen mit dem Tod an sich. Ihn zu beschreiben aus unterschiedlichen Perspektiven. Sich ihm mit aller Vorsicht und auch mit Respekt zu nähern. Ich darf das auf meine Art. Denn da ich tot bin, muss ich mich nicht mehr mit Lektoren streiten. Ohne meine Zustimmung dürfen sie nichts streichen, und ich bin nicht erreichbar.

Der Tod ist – den Siegermächten USA, Sowjetunion und England sei Dank – kein Meister mehr aus Deutschland. Nach der Befreiung brauchte er keine völkermordenden deutschen Soldaten mehr, um seine Vorgaben zu erreichen. Im 21. Jahrhundert wütet er vornehmlich in Somalia und in Syrien, im Jemen und in Myanmar, auf dem Mittelmeer und in der Sahara, schaut sich dagegen in Europa hauptsächlich bei seiner natürlichen Zielgruppe um, den Alten, so wie es sich ja gehört, schleicht sich aber auch denen, ähnlich dem Krebs in mir, ohne Vorwarnung an. Heimtückisch.

Diese Eigenart, egal nun, ob sie Junge oder Alte, Frauen oder Männer überfällt, Christen oder Atheisten, Juden oder Muslime, ist seine *Unique Selling Proposition*, seine USP. Heimtücke liegt in seinen Genen. Könnten wir ihm seine Arglist nehmen, ihm seine Tarnkappe stehlen, würden wir ihn stattdessen betrachten so wie andere Stationen des Lebens, jetzt halt die Endstation, wäre er entwaffnet, stünde im übertragenen Sinne da in des Kaisers neuen Kleidern.

Viele Deutsche wünschen sich zwar bei einer der zahlreichen

sinnfreien demoskopischen Fragen, die Volkes Stimmung zu erforschen vorgeben, ein nie endendes Leben und in dem *forever young* zu sein. Die meisten würden laut Eigenauskunft ihre Sterblichkeit als ärgerlich empfinden und stattdessen lieber in einem Jungbrunnen landen. Aber wer Unsterblichkeit als Alternative zum Sterben begehrt, weiß oft schon zu Lebzeiten nichts mit sich anzufangen an irgendeinem verregneten Sonntagnachmittag. Mit Musik und mit Büchern, mit Kunst und Theater, mit Gesprächen bei einem Glas Wein der besseren Sorte wäre aber sogar ein Monat wie November genießbar.

Jung zu sterben zum Beispiel, *I hope I die before I get old*, verkündet einst von Roger Daltrey, Sänger der britischen Band The Who, befolgt von Rockstars wie Jim Morrison oder Janis Joplin, Kurt Cobain oder Brian Jones, Amy Winehouse oder Freddie Mercury, ist nur dann erstrebenswert, wenn es tunlichst spät im Leben passiert. Zwar nehmen die Götter angeblich früh zu sich, wen sie lieben.

Aber, wie jedermann weiß, gibt es keine Götter.

2

Bei mir hatte den Tod ein in den Laborwerten beim alljährlichen Check-up aufgetauchter Tumormarker namens CA-19–9 angelockt. Dieser Code und was der bedeutete, war mir fremd, löste jedoch bei Ärzten höchsten Alarm aus. Sie konnten diese seltsame Formel verstehen. Weil der Tod überall Spione unterhält, und Krebs ist nun mal neben dem Herzinfarkt sein bester Zuarbeiter, wird er in Fällen wie in meinem durch die Berichte solcher Inoffizieller Mitarbeiter informiert. Von den Mitteilungen dieser IM lebt er. Das von seinen Todfeinden, den Onkologen, in seinem Namen zu verkündende Urteil muss er nur noch unterschreiben.

Man kann dagegen Berufung einlegen, das schon, und sich von der Pharmaindustrie mit allen ihren Mitteln vor Gericht vertreten lassen. Aber bis zur Revision dürften die meisten Kläger bereits verstorben sein. Denn Krebszellen sind Menschenleben verachtend langlebig. Die der 1951 verstorbenen amerikanischen Patientin Henrietta Lacks beispielsweise werden noch immer in vielen Laboren für die Forschung eingesetzt. »Knockin' on Heaven's Door« lässt sich durch Chemotherapien und Bestrahlung zwar hinauszögern, was das restliche Leben wegen der Nebenwirkungen nicht unbedingt lebenswert macht, und früh entdeckt ist Leukämie bei Kindern in vielen Fällen sogar heilbar. Aber ein Medikament, das gegen alle Tumore wirksam wäre, ist noch nicht entdeckt worden.

Durch die Diagnose Krebs zum Sterben Verurteilte halten das Urteil schockiert zunächst für Fake News. Auch ich zweifelte an den Laborwerten, obwohl ich altersbedingt als Kandidat fürs Sterben geeignet war. Zum einen fühlte ich mich gesund, zum anderen war ich geprägt von meinem Beruf. Glaubhaft Anmutendes muss in Journalisten grundsätzlich Zweifel wecken. Ich holte also ein zweites Urteil ein. Es bestätigte das erste. Was dies bedeutete, war mir bewusst. Die Todesquote nach einer Diagnose Bauchspeicheldrüsenkrebs ist höher als die bei allen anderen Tumoren. Pankreaskrebs gilt unter den bösartigen als Fürst der Finsternis.

Ich empfand, plötzlich mit dem gefürchteten K-Wort konfrontiert, zwar keine unmittelbar einsetzende Angst vor dem Tod, obwohl Todesangst zeitlebens ein ständiger Begleiter des Menschen ist, also auch mich begleitete. Vielmehr graute mir vor einem Sterben, das mit Schmerzen verbunden sein würde. Solche Ängste teilen Ärzte mit ihren Patienten. Wenn sie sich aussuchen dürften, wie sie mal sterben möchten, würden sie sich mehrheitlich für eine Lungenembolie entscheiden. Ein derartiger Tod ist sanft, tatsächlich ein Bruder des Schlafes. Das wissen Mediziner. Zu ihm passt der Begriff »entschlafen«, weil im Schlaf der Atem verstirbt.

Trotzig ergab ich mich dennoch nicht dem prognostizierten Ende. Während tiefschwarzer Kliniknächte, unterbrochen durch die Messung des Blutdrucks um vier Uhr morgens, schien ewige Ruhe irgendwann verlockender zu sein, als sich zu wehren, zumal es laut Aussage der Ärzte nur noch um die paar Monate bis zum November gehen würde. Eine todernste ironische Überlebensregel von Woody Allen, die ich wie so vieles Erlesenes in einer dicken roten Kladde mit für die Zukunft noch reizvoll leeren weißen Seiten aufgeschrieben hatte, ohne zu ahnen, wie früh ich die Stelle zitieren könnte, lautet: *Ich habe keine Angst vor dem Sterben, ich will nur nicht dabei sein, wenn es passiert.*

Der Tod war mir zuvor zwar öfter begegnet. Aber ich hatte ihn aus meinem Leben verdrängt. Als selbst zu erlebendes Ende wollte ich mir ihn nicht vorstellen. In meiner Welt hatte er keinen Platz. Gestorben wird zumeist außerhalb des persönlichen sozialen Umfelds in Krankenhäusern, in Altenheimen, bei Autounfällen, aber möglichst nicht zu Hause. Post mortem werden Tote zeitnah entsorgt, um den Hinterbliebenen ihren Anblick zu ersparen. Sie sollen sich stattdessen erinnern an die einst mit ihnen Lebenden. Tief im Unterbewussten ist der Tod jedoch immer lebendig. Dieser Zustand heißt Todesangst und ist nach Meinung vieler Psychiater stärker als die allzu menschliche Triebfeder Sexualität. Die Angst vor dem Tod, der überall lauert, jederzeit bereit, uns den Atem zu nehmen, sei ihrer Überzeugung nach die eigentliche Urangst des Menschen.

Bis zu jenem Tag, als ich mich konkret dann doch mit ihm näher beschäftigen musste wegen CA-19–9, stand ich noch nicht auf seiner To- catch-Liste. Ich empfand ihn als Entschleunigung meines Lebens nur immer dann, wenn er sich wieder einen von denen geholt hatte, die mir nahe waren, die ich liebte. Ihr Verschwinden ließ mich für Tage, Wochen, Monate erstarrt zurück. Die Erinnerung an sie überlebte in mir, verankert in der Seele, die ja nicht stirbt, auch wenn das Leben mit den einst Geliebten asynchron verlief und meines zu Ende ging.

Fakt ist nunmehr, dass der Tod gewonnen hat und sich die Erde weiterdreht, als sei nichts weiter geschehen. Hätte ich ihn im Tiebreak besiegt, würde ich noch leben und hätte, statt über den November, den Tod, über das Leben zu schreiben und, passend zu den Feiern seines 200. Geburtstages, die spannende Geschichte von Theodor Fontanes Enkelin Thea de Terra erzählt, die uneheliche Tochter seines umtriebigen Sohnes Friedrich, in dessen Verlag seine Bücher erschienen.

Kein Sachbuch hatte ich geplant, sondern eine Romanbiografie, gespickt mit Fakten, die ich Monate vor der Krebsdiagnose recherchiert hatte. Eine mich faszinierende deutsche Geschichte. Denn Thea de Terra zählte zu den mondänen selbstbewussten Frauen der 1920er Jahre in Berlin – umschwärmt ob ihrer Schönheit, gefeiert als erfolgreiche Autorennfahrerin. Aufmerksam geworden auf sie war ich durch einen Text in den *Fontane Blättern* der Theodor Fontane Gesellschaft, deren Mitglied ich gewesen bin.

Doch wegen meiner mir prognostizierten persönlichen Deadline hätte ich eine bestimmte für die Abgabe des Manuskripts nicht mehr geschafft. Lebende Zeitzeugen gab es nicht mehr, und auch Fontanes Enkelin war lange schon tot. Offene Fragen würde ich mit ihr klären können. In einem Gespräch unter Toten. Vielleicht ließe sich sogar ein Treffen mit ihrem Großvater arrangieren, der seine Deadline 1898 beim Lesen in der Monatsschrift *Deutsche Rundschau* erlebt hatte. Er war süchtig nach Journalen, denn Fontane war einer aus meiner Zunft, ein sogenannter Zeitungsschreiber – für die liberale *Dresdner Zeitung*, die reaktionäre *Kreuzzeitung*, die berühmte *Vossische Zeitung* –, bevor er Romane schrieb.

Eine Deadline ist für Reporter zwar Alltag, in Ruhe auf eine Muse zu warten, die Schreibblockaden wegküsst, das Vorrecht der Dichter. Aber selbst bei denen endet nachlesbar nicht jeder Musenkuss in zartbitterer Poesie oder wortgewaltiger Prosa. Als es dann tatsächlich um mich ging, wollte ich bis zur biografischen Deadline wenigstens noch vorletzte Worte schreiben.

Die stehen im Epilog.

Da gehören vorletzte Worte auch hin.

Bevor ich ins Jenseits wechsle, bleibe ich noch ein letztes Mal im Diesseits.

3

An einem heißen Sommertag vor vielen Jahren klafften zwischen mir und der Endlichkeit nur ein paar Meter. Ich folgte dem Mann, der die Asche meiner Mutter trug, die Urne mit beiden Händen fest umklammernd, als müsse er einen Seniorenteller servieren, bevor das Essen erkaltet. Ich, ihr Erstgeborener, ging hinter ihm. Sichtbar fällig qua Alter als nächster Kandidat für den Tod. Das ahnte ich zwar in dem Moment, verdrängte die Erkenntnis aber sofort. Der Satz im Totengebet des Pfarrers: … *und besonders beten wir für den Menschen in unserer Mitte, der als Erster der Verstorbenen vor das Angesicht Gottes nachfolgen wird*, er galt nicht nur mir. Der galt allen.

Unsere Schritte endeten an jenem Grab, in dem mein Vater lange schon schlief und auf meine Mutter wartete. Sie hatte ihn täglich besucht, wollte aber noch nicht für immer bei ihm bleiben. Falls nichts Ungewöhnliches passieren würde – Krebs, Autounfall, Herzschlag – und der Tod erst, wie es sich ziemt, am Ende und nicht gefühlt mitten im Leben zum letzten Tanz auffordert, müsste ich ihr erst dann folgen. Ob noch Jahre vergehen, bis es so weit sein wird, oder ob es nur noch einen Monat dauern oder ob schon morgen die Totenglocken für mich läuten würden, wusste ich damals natürlich nicht.

Jetzt weiß ich es. Werde jedoch nicht mehr erfahren, wer mir die sogenannte letzte Ehre erwiesen hat. Manche Begleiter auf dem Weg zum Grab oder meiner Asche raus aufs Meer hätte ich zu meinem Abschied wahrscheinlich nicht eingeladen. Denn nirgendwo, und das dürfte auch in meinem Fall so gewesen sein, wird so viel gelogen wie bei Bestattungen. Dem Kabarettisten Werner Finck fiel angesichts der noch einmal Davongekommenen mal der ziemlich gute Reim ein: *Du stehst noch hier, / und ich bin hin. / Bald bist du dort, / wo ich schon bin.*

Den notierte ich, wie vieles, was mir gefiel oder mich anregte, in die rote Kladde. In der war zum Beispiel auch Gottfried Benn verewigt. Gnadenlos hatte er einst den Lauf des Lebens als einzigen Endlauf beschrieben. Liebe als Himmelsmacht, stärker als jeder Tod, woran zu glauben ich nie aufgab, sei nur ein Wunschtraum der Liebenden. Was dagegen am Ende bleibe, verdichtete er in *Nur zwei Dinge* so:

Durch so viel Formen geschritten,
durch Ich und Wir und Du,
doch alles blieb erlitten
durch die ewige Frage: wozu?

Das ist eine Kinderfrage.
Dir wurde erst spät bewusst,
es gibt nur eines: ertrage
– ob Sinn, ob Sucht, ob Sage –
dein fernbestimmtes: Du musst.

Ob Rosen, ob Schnee, ob Meere,
was alles erblühte, verblich,
es gibt nur zwei Dinge: die Leere
und das gezeichnete Ich.

Der selbst gewählte, selbstbestimmte Abschied aus der Welt per Selbstmord könnte so verstanden eine logische Konsequenz des gezeichneten Ichs sein.

Doch andererseits zu wissen, dass Rosen, Schnee, Meere

symbolisch stehen für die normalen Stationen des Lebens, mal himmelhoch jauchzend, mal erdnah betrübt, bewirkt eine gelassene Sicht auf die Welt. Liebe und Tod inbegriffen. Auf meinem Grabstein darf deshalb stehen, entliehen einem Epitaph des Journalisten und Schriftstellers Arnfrid Astel, also in Wahrheit geklaut: *Ich habe mein Leben verloren. Der glückliche Finder kann es behalten.* Aber das ließe sich, falls nötig, noch ein wenig kürzen.

Wie sich zehn Jahre nach dem Tod meiner Mutter herausstellen sollte, hatte sich mein Untermieter damals bereits eine warme Höhle in meiner Bauchspeicheldrüse gesucht. Hatte sich von mir genährt, jedoch keinen Laut von sich gegeben und keinen Schmerz verursacht, um bloß nicht frühzeitig aufzufallen. Stattdessen auf den richtigen Moment gewartet, um aus seiner Kapsel auszubrechen und seine Botschafter, die Metastasen, in mir zu streuen. Ein weiterer Beweis für seine Heimtücke. Es gab keine Vorwarnungen, keine gar auf Krebs deutende Befindlichkeiten und deshalb keine Chance, den Tumor in einem frühen Stadium, möglicherweise sogar rechtzeitig, mein Leben erhaltend, zu morden.

Das Großhirn, mit dessen neuronalen Fähigkeiten ausgestattet alle Menschen sowohl abstrakt als auch bildlich denken könnten, falls sie nicht durch Castingshows der Aufgetakelten oder Dschungelcamps der Abgetakelten, durch die Prolo-Familie die Geissens oder den Prolo-König Barth, durch die schamlosen Lügen der Yellow Press oder durch grenzdebile Dreckschleudern im Internet schon rettungslos verblödet und verroht sind, sendet mitunter aus heiterem Himmel die Short Message *Memento Mori: Auch DICH wird er eines Tages erwischen.* Diese SMS wird aber nicht gespeichert, sondern sofort gelöscht.

Unbewusst vielleicht sogar verdrängt – aber das ist eine gewagte These – von einem Aberglauben aus der Kindheit, der sich ebenfalls dem Verstand entzog. Als Kinder haben wir, in die anbrechende Dämmerung lauschend, reimend gerufen: *Kuckuck, Kuckuck, sag mir doch, wie viel Jahre leb ich noch?*, denn laut Volksmund durften wir noch so viele Jahre leben, wie der Kuckuck rief. Bangend zählten wir mit, sieben, acht, neun. Das reichte uns. Die Zahl Neun war tröstlich, sie machte keine Angst, denn neun Jahre waren aus unserer kindlichen Perspektive eine beruhigende Ewigkeit entfernt.

Der Kuckuck flog anschließend davon in die Dunkelheit, um fremden Eltern seine Eier als Nesthocker unterzujubeln – Kuckuckskinder. Dass es die nicht nur in der Vogelwelt, sondern zahlreich auch unter Mitmenschen gibt, lernten wir nicht im Biologieunterricht. Das erfuhren wir erst viel später. Heute ließe sich zwar die Frage nach dem voraussichtlichen Lebensende jederzeit Siri stellen, dem digitalen Kuckuck. Doch erstens haben den Glauben ihrer Kindheit die meisten inzwischen Gealterten zum Glück überlebt, wissen also längst, dass sie nichts wissen können, und zweitens hat Siri eh keine Ahnung, was sie darauf antworten sollte.

Wenn man in denselben Stunden, an denselben Orten und unter denselben Umständen noch einmal erleben könnte, was man bereits erlebt hat, es aber viel besser erleben würde als beim ersten Mal, ohne die Fehler, Hindernisse und Leerläufe … das wäre so, wie ein Manuskript voller Streichungen ins Reine zu schreiben, las ich mal in Patrick Modianos Buch *Schlafende Erinnerungen*. Und weil mir diese Vorstellung gut gefiel, weil sie zudem passte zu meinem Beruf, hatte ich sie ebenfalls aufgeschrieben in jener roten Kladde, in der ich Zitate und Ideen sammelte – meine und die von anderen.

Einmal im Jahr, zwischen Weihnachten und Neujahr, schaute ich meine Notizen durch und strich, was mir keiner weiteren Gedanken mehr wert schien. Oder behielt, was mir wesentlich war. Modianos Satz löschte ich nie, weil er den menschlichen Was-wäre-wenn-Wunschtraum, sein Leben noch einmal leben zu dürfen und sich für einen anderen Weg als den begangenen entscheiden zu können, in Poesie verwandelt hatte. Darüber hatten vor ihm schon viele Dichter geschrieben, aber seine Zeilen passten jetzt auf meinen Zustand.

Das Bild vom Seniorenteller habe ich im Übrigen nicht zufällig gewählt. Weil der vorgesehene, dem Anlass entsprechende schwarze Leichenwagen nicht ansprang und weil der Mann mit der Asche meiner Mutter uns, ihre Kinder, ihre Schwester, ihre Enkel, ihre Nichten und Neffen und Freunde, nicht warten lassen wollte, hatte er kurz entschlossen für den Transport den Kombi bei einem dem Beerdigungsinstitut benachbarten Cateringservice ausgeliehen. Laut Werbung an dessen Seitentüren wurde Essen auf Rädern ausgeliefert. An Alte, an wen sonst.

In dem Kombi brachte er die Urne, in der meine Mutter ruhte, zum Friedhof. Wir fanden das nicht so lustig, doch sie hätte darüber gelacht. Sie liebte die heiteren Zufälle des Lebens. Obwohl es sie oft niedergeworfen hatte, rappelte sie sich immer wieder kurz vor dem K. o. auf. Samuel Becketts trotziges Motto zum Thema Scheitern: *All of old. Nothing else ever. Ever tried. Ever failed. No matter. Try again. Fail again. Fail better*, das passte zu ihr. Auch das steht in meinem Notizbuch.

Mein Leben nach ihrem Tod, dem sie sich kämpfend bis zum letzten Atemzug verweigert hatte, war bald wieder vom Alltag geprägt. Anfangs noch verbunden mit Schmerz und Trauer, wenn die oft gewählte Telefonnummer meiner Mutter automatisch eingegeben und, bevor es klingelte, wieder von mir weggedrückt wurde. Kein Anschluss mehr unter dieser Nummer. Dann erstarb auch diese Gewohnheit. Der Tod verlor seinen just erlebten Schrecken, war akzeptiert worden als ständiger Begleiter, aber mit zu mir ins Haus durfte er nicht, sondern musste gefälligst draußen vor der Tür warten. Schließlich ist das eigentliche Gottesgeschenk, das Gott in seiner Gnade auch

Ungläubigen gewährt, dass die Irdischen nicht wissen, wann er sie ins Jenseits rufen wird. Man stirbt, wenn man halt stirbt.

Im Alter.

Ein Kinderglaube.

Im Adressbuch, der analogen Gedenktafel auf Papier, standen hinter Namen und Telefonnummern bis zu meinem vierzigsten Lebensjahr nur zwei oder drei kleine Kreuze, waren nur zwei oder drei Namen durchgestrichen. Jahr für Jahr wurden es mehr. Die Toten blieben von Lebenden eingebettet. Wer über ihnen im Register verzeichnet worden war, konnte nach wie vor persönlich erreicht werden, ebenso die unter ihnen notierten. Weil die Einträge bei der jährlichen Aktualisierung der A-Z-Listen nicht gelöscht wurden, sondern ihren einst im Alphabet zugewiesenen Platz behalten hatten, schien es, als würden sie nur schlafen und könnten jederzeit wieder geweckt und angerufen werden. Sie blieben bei meiner irdischen Weiterreise noch lange im Rückspiegel sichtbar, sie winkten mir ins Leben hinterher, und sie zu löschen, obwohl sie verlöscht waren, wäre mir wie ein Verrat an ihnen vorgekommen.

Der Aphorismus, wonach jeder Tod ein großer Abschied sei, aber jeder Abschied ein kleiner Tod, überschattete jenen Tag, an dem wir die Asche meiner Mutter zum Grab begleiteten. Von nun an würde es auf bestimmte Fragen keine Antworten mehr geben. Was wir mit denen wissen wollten, hätte nur sie beantworten können, die uns Verlorengegangene. Geliebte Tote, auch wenn sie in uns weiterleben, können nicht mehr antworten. Sie bleiben stumm.

Als meine Mutter noch erzählen konnte von vergangenen Zeiten, weil sie die selbst erlebt hatte, ging es eher selten um die üblichen Segen-oder-Fluch-Fragen des Daseins – Wer bin ich? Wohin gehe ich? Wie komme ich dahin? –, sondern um Familiäres, um die Biografien naher oder entfernter Verwandter und darum, was wir von deren Eigenarten in uns trugen oder als Lasten mitschleppten.

Die einst zu ihren Lebzeiten bei alljährlichen Stammestreffen stöhnend ertragenen Eigenarten von inzwischen auch längst Verblichenen werden von Überlebenden in deren Erinnerung schönfärbend zu einzigartigen Momenten verklärt. Beispielsweise die bei runden Geburtstagen eines Familienmitglieds unvermeidlichen Auftritte jenes Großonkels, der nach dem Hauptgang aufzustehen pflegte, an sein Glas klopfte, um Silentium bat, denn er betonte gern seine humanistische Bildung, und anhob, die Welt aus seiner Sicht zu deuten. Bei der Erstaufführung hatten ihm noch alle zugehört. Seine Tischrede hätte ja witzig, heiter, undeutsch sprudeln können. Aber sie dauerte zwanzig Minuten, und witzig war sie an keiner Stelle. Erschwerend kam hinzu, dass er die letzten drei Sätze seiner Suada sang, statt sie zu sprechen.

Schon beim nächsten Jubiläum hinderte ihn plötzliches Unwohlsein am Auftritt. Als vorbeugende Maßnahme, eingedenk der Darbietung vom vorherigen Jahr, hatten ihm nähere Verwandte, also wir, immer dann unauffällig klare Schnäpse ins Bierglas geschüttet, sobald er wieder dem Ruf seiner Prostata folgend aufs Klo musste. Alle sahen das. Auch seine Töchter, auch seine Söhne. Alle aber schwiegen und geleiteten den dann schon merklich Schwankenden fürsorglich noch vor dem üblichen abschließenden Eisbecher auf sein Zimmer, damit er sich erholen konnte. Am anderen Morgen wurde er allseits gelobt für seine wie immer wunderbar warmen, durchgeistigten Worte, bis er selbst sich an die zu erinnern glaubte. Wenige Monate danach traf ihn der Schlag. Zwar saß er noch bei gegebenen Anlässen mit der Sippe zu Tisch, doch Reden halten konnte er nicht mehr.

Solche Geschichten lassen sich nicht googeln. Kein Algorithmus findet sie. Weil sie privat sind, persönlich erlebt und nur verstanden wurden in der Familie. Solche Geschichten beginnen mit: *Weißt du noch?* Wenn diejenigen, die daraufhin wissend nicken und selbst Erlebtes hinzufügen, weniger werden, beginnt das eigene Alter. Solche Geschichten veralten nicht, und die Menschen, die in ihnen mitspielen, auch nicht. Sie werden nur älter, und wenn es sich bei ihnen um Gutwillige handelt, rein menschlich gesehen sogar besser. In einer Heimat gemeinsamer Erinnerungen warteten im Jenseits auf mich also alle Verwandten, die vor mir gehen mussten.

Ohne sie wäre ich dort heimatlos.

4

Was auf meiner letzten Reise passierte und wie lange sie dauerte, ob es Sekunden waren, bis sich die Seele endgültig vom Körper löste – falls dieses in Nachrufen oft gemalte Bild stimmen sollte –, weiß ich nicht. Ich dürfte sie, todmüde vom täglichen Kampf gegen den Krebs, verschlafen haben. Als ich aufwachte, schaute ich in vertraute Gesichter und sah auf vertraute Gestalten – meinen Vater, meine Mutter, meinen Bruder, meine Großeltern, meine Schwiegereltern. Sie standen in einem halbrunden Kreis vor mir und schienen mich erwartet zu haben.

Die Umgebung entsprach auf den ersten Blick der bisher gewohnten. Eine grüne Wiese, an deren Rand ein Wäldchen, zwei, drei Felder, von Gräben begrenzt, am Horizont erkennbar ein kleiner Fluss. Nirgendwo jedoch außer meinen Anverwandten ein menschliches Wesen zu sehen. Und: keine Geräusche. Kein Vogelgezwitscher, kein Windhauch, kein Gesumme von Bienen. Eine merkwürdig lautlose Landschaft. Mit Totenstille dürfte sie treffend zu beschreiben sein oder auch, was trefflicher wäre, mit ewiger Ruhe. Später erst erfuhr ich, warum es so still ist hier. Verstorbene Tiere haben ein eigenes Reich ihrer Seelen.

Über der Landschaft wölbte sich ein blauer Himmel. Das Jenseits könnte ein Stern sein, und Sterne über diesem Stern müsste es unendlich viele geben. Die Farbe des Himmels schien sich in jedem Augenblick zu verändern. Mal blieb es beim Blau, mal leuchtete der Himmel grün, mal gelb, mal sogar rot. Keine dunklen Töne. Kein Schwarz. Kein Grau. Kein Lila.

»Wo bin ich?«, fragte ich meinen Großvater, der einen seiner dreiteiligen Anzüge trug, so wie er es einst außer samstags bei der Gartenarbeit für angemessen hielt, und direkt vor mir stand. »Bin ich etwa im Himmel? Die Hölle kann es angesichts der blühenden Natur hier nicht sein, denn dort wäre wegen des herrschenden Feuers logischerweise alles verdorrt. Und auch euch würde ich in der Unterwelt nicht treffen. Vor allem du und Oma, ihr habt ein gottesfürchtiges Leben geführt, und ihr hättet bei Gott den Himmel verdient. Was mich betrifft, kommt das Paradies eh nicht in Frage. Fegefeuer wäre, bis ich für meine Sünden gebüßt habe, der richtige Ort. Falls es das Fegefeuer gibt. Also, wo bin ich?«

Mein Großvater, der so fest im Glauben an sein künftiges Sein zu Füßen des Allmächtigen verwurzelt war, dass er sogar vor dem Fernsehapparat zu knien pflegte, wenn an Ostern der päpstliche Segen »Urbi et orbi« übertragen wurde, hatte einst als treuer Katholik den Eintritt in die gottlose NSDAP abgelehnt. In Kriege zu ziehen, in den Ersten wie in den Zweiten, hielt er aber für seine Pflicht. Sein Sohn ließ für das von gewählten Mördern mal regierte Vaterland neunzehnjährig in Russland sein Leben. Ich habe ihn, meinen Onkel, nie kennenlernen können, er war tot, bevor ich geboren wurde.

Als ich noch an die allein seligmachende Mutter Kirche glaubte, die auch deshalb so mächtig war, weil sie den Gläubigen für die gehorsame Einhaltung der kirchlichen Gebote ewige Glückseligkeit in einem anderen Leben versprach und mit Schilderungen der Hölle alle in Furcht und Schrecken bedrohte, die sich auf Erden nicht daran hielten, wurde ich als Ministrant eingesetzt. Ob ich das auch wollte, wurde ich nie gefragt. Es wurde angeordnet, und das Kind, also ich, nahm es als Gottes Willen hin.

Aus einem Meer der Erinnerungen verorte ich aus jenen Jahren eine Insel und sehe auf der meine geliebte Großmutter, die stolz in der ersten Reihe der Kirche sitzt, als ihr ältester Enkel, der ich war, dem Pfarrer folgend aus der Sakristei schritt, nicht ging: schritt!, in einem rot-weißen Gewand. Rot und weiß waren die Farben der jüngsten Messdiener am Altar. So war für die Gemeinde erkennbar, wer nicht zu den besonders geförderten frommen älteren Knaben zählte, den in Lila Gekleideten, die im Rang höher standen als ich, obgleich ich ihnen den Namen dessen, der zu Rechten Gottes saß, vorausbatte.

In der Kirche stiegen sie jedoch nie so hoch empor wie ich. Denn ich gehörte zwar zu denen, die bei Frühmessen auf Knien im Halbschlaf das Confiteor murmelten oder das Dominus vobiscum. Aber ich durfte, falls ich keinen Altardienst hatte, oben neben meinem Großvater an der Orgel sitzen und auf sein Kopfnicken hin ein Pedal bedienen. Sobald er die Pfeifen in ihrem Crescendo erklingen ließ und mit der Gemeinde in stimmgewaltiger Inbrunst am Ende der Messe zu Ehren Gottes das »Te Deum« anstimmte, drückte ich mit meiner Fußspitze auf das hölzerne Klötzchen.

Nach wie vor kann ich alle Strophen auswendig mitsingen. Da ich die ewige Ruhe nicht stören will, summe ich das Loblied aus meiner katholischen Kindheit aber jetzt nur in Gedanken im Namen des Vaters und des Sohnes und des Heiligen Geistes. Diese Dreieinigkeit grüßte ich zeitlebens, wenn ich beim Besichtigen einer Kathedrale, eines Doms irgendwo auf der Welt automatisch das Kreuz schlug, obwohl ich die Amtskirche, weil sie mir zu weit entfernt schien von Gott, längst verlassen hatte.

»Es gibt keine Hölle«, unterbrach mich an dieser Stelle mein Großvater. »Es gibt auch keinen Himmel. Dass ein Paradies auf uns warten würde, was uns getröstet hätte im Angesicht des Todes, ist nichts als ein Kinderglaube, von dem ich und deine Großmutter aber überzeugt gewesen sind. Himmel und Hölle und Fegefeuer sind nichts weiter als zum Leben danach passende Allegorien.«

Ich hatte mir die Hölle immer dann als Strafkolonie Gottes vorgestellt, wenn ich überzeugt war, gesündigt zu haben. In der Kindheit ging es allenfalls um lässliche Sünden. Die jedoch wurden von seinen selbst ernannten irdischen Vertretern, die in Beichtstühlen saßen und dort auf uns kleine Sünder warteten, ausgemalt wie schwere Verstöße gegen göttliche Gebote. Wegen solcher Missetaten, gern unzüchtige Gedanken der beginnenden Fleischeslust betreffend, zumal der keusche Gottessohn für alle Sünder gestorben sei, also auch für mich, malten sie, die in Wahrheit große Sünder waren, wie sich zu spät herausstellen sollte, uns Horrorszenen höllischer Qualen.

Ihren Schilderungen zufolge brannte in der Hölle nicht nur ein ewiges Feuer, stank es nach Schwefel, wurden alle, die im Leben Schuld auf sich geladen und diese nicht rechtzeitig vor ihrem Tod gebeichtet hatten, mit Steinen traktiert, schwammen in der Unterwelt blutverschmierte Sodomiten in heißen Flüssen, peitschten Satans willige Helfer pausenlos die Todsünder aus. Tantalos dürstete, weil immer dann, wenn er trinken wollte, sich das Wasser zurückzog. Sisyphos stemmte unentwegt den Stein nach oben, und der rollte, kaum oben angekommen, wieder zurück auf den Grund. Satan und seine Teufelsbrut feierten lustvolle Orgien, und statt himmlischer Chöre erklangen verzweifelte Klagelieder.

Für Odysseus war auf seiner Rückreise in die ferne Heimat Ithaka die Hölle eine ferne schwarz-düstere Küste am Horizont. In Dantes Inferno litten historische Verräter Höllenqualen, Judas zum Beispiel, der Jesus verraten hatte, oder Brutus, der hinterrücks Caesar meuchelte. Überzeugte Katholiken wünschten einst Martin Luther und seine Anhänger in eine solche Hölle, überzeugte Protestanten den Papst samt seiner korrupten

Bischöfe, und zwar alle dort ewig rotierend auf einem riesigen Grill.

Auf die naheliegende Idee, die Beichtväter zu fragen, woher sie das denn wissen würden, es gäbe ja wohl keine Augenzeugenberichte aus der Hölle, kamen wir noch nicht. Sondern beteten, befreit von der Sündenlast durch gnädig erteilte Absolutionen, zur Buße drei Ave Maria und ein Vaterunser. Manchmal, bei schwereren Fällen, auch zwei.

»Die Hölle als Ammenmärchen, ausgedacht von Sadisten?«, fragte ich meinen Großvater.

»Eine Fabel wie die Legende vom rufenden Kuckuck, an den du dich soeben erinnert hast. Zu hoffen, dass die Bösen für ihre Untaten mit höllischen Qualen büßen müssen, ist naiv. Man kann sie nur im Diesseits bekämpfen. Eine von ihnen betriebene Hölle auf Erden gab es bereits. In den Konzentrationslagern, in sowjetischen Gulags oder in den Todescamps von Kambodscha. Post mortem wartet nicht etwa automatisch auf die Guten der Himmel und auf die Bösen die Hölle. Es gibt nur die andere Seite des Diesseits, das Jenseits. Gott ist der Jenseitige.«

Von dieser Bezeichnung für den Allmächtigen, falls man an ihn glaubte und sich ihn nicht als würdigen Alten mit Bart vorstellte, der als Weltenlenker im Himmel thronte, hatte ich schon mal gehört. Mein Großvater schien, wie bei meiner Erinnerung an den Kuckuck, erneut meine Gedanken lesen zu können.

»Bestimmt hast du davon schon mal gehört«, sagte er, »die Definition von Gottvater als dem Jenseitigen ist« – und bei diesen Worten schlüpfte er in die Rolle eines seine Schüler belehrenden Studienrats, der er auch mal gewesen war – »eine These des Theologen Karl Barth. Längst tot, schwebt hier irgendwo herum.« Dabei machte er eine Geste, die das gesamte Jenseits, seine Weite, alle Wiesen und Wälder und Felder zu umfassen schien.

»Barth hat übrigens nicht nur Gott als den Jenseitigen charakterisiert, sondern auch eine andere ewige Menschheitsfrage beantwortet. Nämlich die, ob wir allen wiederbegegnen würden, die uns im Diesseits lieb gewesen sind. Könnte sein, hat er verkündet, und wer es glaube, erfahre in der Stunde des Todes in diesem Glauben Trost. Aber hinzugefügt, die anderen, die einst uns nicht gar so lieben Mitmenschen, die treffe man im Jenseits auch.«

»Und wie trennt dieser Jenseitige dann Gut und Böse? Falls es keinen Himmel gibt und keine Hölle, kann es ja auch kein Jüngstes Gericht unter seinem Vorsitz geben, oder etwa doch?«

»Nein. Aber er sorgt für eine Gerechtigkeit, die es auf Erden nie gab. Die Bösen, die wir einst zur Hölle wünschten oder nach ihrem Tod voller Genugtuung leidend im Ort der Verdammnis glaubten, sind gleichfalls alle hier versammelt. Das Jenseits nimmt zunächst alle Toten auf. Danach erst werden sie verteilt, erst dann wird ihnen für die Ewigkeit der Platz zugewiesen, den sie sich im Leben durch ihre Taten verdient haben. So oder so verdient. Ob das in der Macht des Jenseitigen liegt, weiß ich nicht. Eine göttliche Kraft jedenfalls muss dahinterstecken, und die muss allmächtig sein. Deshalb leiden die Bösen, auch wenn die Hölle nicht sichtbar ist und nur eine Allegorie, höllische Qualen, und zwar für immer. Eine gerechte Strafe. Gott sei Dank.«

»Gott sei Dank? Es gibt IHN, glaubst du, also doch?«

»Sie dürfen zwar so reden und hetzen wie einst, doch weil sie als Strafe für ihr Tun nach ihrem Tod von wem auch immer stumm gemacht wurden, hört sie niemand mehr. Sie selbst hören sich gleichfalls nicht. Sie reden ungehört unentwegt, unerhört in alle Ewigkeit. Hitler, Stalin, Pol Pot, Ceauşescu, Mao, Mussolini, zu Lebzeiten übermächtig, endlich ohnmächtig, Himmler, Goebbels, Göring, Eichmann, Idi Amin, ach, es sind so viele. Nicht zu vergessen Heinrich VIII. oder Robespierre oder Iwan der Schreckliche, Pinochet oder Franco, Duvalier oder Saddam Hussein. Stumm zu sein ist deren Strafe. Und ob die ihnen auferlegt wurde von einem Jenseitigen oder von Gott – an den ich nach wie vor glaube, da hast du recht, auch wenn wir ihn nicht sehen können –, ist mir am Ende egal.«

»Aber die hatten doch auch Heerscharen von Vollstreckern ihrer Schandtaten und Verbrechen. Sind die etwa auch hier?«

»Ja, sind auch hier. Das Jenseits muss auch die aufnehmen.«

»Und wie werden die bestraft?«

»Sie hören, und zwar unvermittelt, immer dann, wenn sie glauben, erlöst worden zu sein, die Todesschreie ihrer Opfer. Immer und immer wieder in alle Ewigkeit. Die Hölle ist in ihnen.«

»Und die Kinderschänder, die Vergewaltiger, die Folterer, die Menschenhändler, die Sklaventreiber sind alle auch hier und nicht dort, wo sie hingehören, in den Flammen einer Hölle?«

»Auch in denen lebt die Hölle. Sie finden niemals mehr Ruhe. Ihre Schuld hält sie für alle Zeiten wach. Ihr schlechtes Gewissen schläft nie. Und quält sie jetzt. Das ist für sie die eigentliche Verdammnis.«

»Wenn das so ist, müssten hier Tausende von katholischen und evangelischen Priestern und Mönchen an Schlaflosigkeit leiden, alle jene gottverfluchten Geistlichen, die Gottes Kinder missbraucht und deren Leben zerstört haben«, erwiderte ich.

Mein Großvater schwieg.

»Es muss also Gott geben – oder meinetwegen, bleiben wir dabei, den Jenseitigen«, setzte ich nach, da ich ahnte, warum er jetzt schwieg. Auch er dürfte inzwischen erfahren haben vom tausendfachen Missbrauch sogenannter Gotteskinder durch sogenannte Gottesdiener und wie die Institutionen der Kirche deren Schandtaten zu lange totgeschwiegen oder, anstatt den

Opfern zu helfen, die Täter geschützt hatten. Denn wer außer einem Allwissenden könnte sonst über Sünder urteilen, könnte entscheiden, wer schlecht und böse gewesen ist im Leben oder gut und gütig und ihnen daran gemessen ihren Platz im Jenseits zuweisen? Und wie viele es sind, die Guten wohlgemerkt, lässt sich nicht feststellen.

»Schweben die denn auch jetzt, während wir miteinander sprechen, unsichtbar um uns herum? Oder können die gar hören, worüber wir reden?«

»Du siehst stets nur die Toten, die dir im Leben nah waren. Deine Familie. Deine Freunde. Und nur die sehen dich. Aber selbst sie dich nur dann, wenn sie dich in ihrem Leben vor ihrem Abschied noch erlebt haben. Konkret bedeutet es in deinem Fall, dass deine Urgroßmütter dir hier begegnen könnten, obwohl sie dich nur als Baby kennen. Aber meine Großeltern oder die deiner Großmutter schon nicht mehr. Denn die waren bereits tot, als du geboren wurdest. Sie sind dir also fremd, und fremde Verwandte bleiben gesichts- und körperlos, können dich auch nicht hören.«

»Klingt ziemlich kompliziert.«

»Stimmt. Ist aber nicht mehr kompliziert, wenn du diese Regel erst einmal begriffen hast. Erstens also die dir immer sichtbare Familie. Zweitens aber kannst du auch außerhalb der Verwandtschaft manche ansonsten unsichtbaren Toten treffen. Immer dann, wenn du dich in eine konkrete Situation mit ihnen hineinversetzen würdest, begegnest du ihnen. Dann werden sie für dich vorübergehend sichtbar, zeigen dir Gesicht und Körper, reden mit dir. Und manchmal, scheinbar aus dem Nichts, ganz überraschend, wird es sogar Ereignisse geben, diesseits von Familie oder von dir gezielt ausgesuchten Begegnungen mit Verstorbenen, die alle Toten gemeinsam erleben dürfen.«

»Zum Beispiel?«

»Konzerte oder ein Fußballspiel. Unter freiem Himmel, aber auch in geschlossenen Räumen, beispielsweise in Theatern, in Opernhäusern, in Museen oder wo auch immer tote Politiker Reden halten. Danach verschwinden die Gebäude wieder, lösen sich in Luft auf, so als würden sie nie existiert haben. Diese drei Möglichkeiten gelten immer. Die musst du dir merken. Werden aber bald selbstverständlich für dich sein. Festhalten und umarmen aber darfst du nur uns. Kannst uns dabei sogar spüren, als würden wir noch immer aus fester Masse bestehen.«

Spontan umarmte ich ihn, und tatsächlich, ich spürte Wärme. Obwohl ich meinen Körper im Diesseits gelassen hatte und er den seinen auch.

»Wie habt ihr eigentlich erfahren, dass ich unterwegs bin zu euch? Besteht etwa doch eine geheime Verbindung vom Diesseits zum Jenseits?«

Mein Vater, graubärtig, mager, eingefallene Wangen, schüttelte den Kopf: »Nein, die gibt es nicht. Wir wissen nur so viel, dass die Namen aller aktuell Verstorbenen unmittelbar nach ihrem letzten Atemzug ins Jenseits übermittelt werden. Aber frag mich nicht, wie das funktioniert. Dann werden die in einem Rechenzentrum abgeglichen mit den Namen derer, die hier sind, und sobald ein Treffer unter bereits verstorbenen Angehörigen erfolgt, werden die von der Ankunft informiert. So wenigstens ist es mir, als ich ankam, von deinen Großeltern und von deinem Bruder erklärt worden.«

Ich muss ungläubig geblickt haben. Falls es hier ungläubige Blicke gab.

»Abgeglichen mit all den Toten seit der Erbsünde? Das müssten doch geschätzt Hunderte von Milliarden sein. Ein Server, bevor IBM geboren wurde? Kann ich mir nicht vorstellen.«

Er zuckte mit den Schultern. »Besser weiß ich es nicht. Und was du dir einst nicht vorstellen konntest, hat hier keine Bedeutung mehr. Eher solltest du dich daran gewöhnen, dass das Unvorstellbare alltäglich sein kann.«

Eine andere Erklärung hatte mein jüngerer Bruder, der uns zugehört hatte. Ihn hatte ich zuletzt in einer Klinik getroffen, bevor er sich zwei Wochen später umbrachte. Er war damals zwanzig und deshalb jetzt der Jüngste unter denen, die ich vor mir sah. »Vielleicht hatte der Jenseitige die Idee für einen solchen Rechner, denn er hat, selbst wenn er nicht Gott persönlich ist, göttliche Kräfte, und diese hatte er bestimmt von Anfang an. Lange vor den Erfindungen von IBM. Wir haben es früher, als wir lebten, nur nicht gewusst.«

Das System beruhe offenbar auf Algorithmen der Ewigkeit, ergänzte er, die sich unserem Verstand entziehen würden. »Mit denen dürfte der Rechner programmiert sein. Er hat eine unendliche Kapazität und kann Milliarden von Namen speichern. Denn gestorben wird, da hast du recht, seit Adam und Eva das Paradies verlassen mussten. In Sekunden wird in den Dateien gesucht, in welche Familie von lange Verstorbenen die angekommenen Toten gehören, und die wird von den Neuzugängen ihrer Nächsten informiert. Deshalb wussten wir, dass du kommst, und haben dich hier auf unserer Wiese erwartet.«

»Scheint sich um eine himmlische Maschine zu handeln, um eine Himmelsmacht«, bemühte ich ein Wortspiel, wozu ich schon im Leben zum Leidwesen meines Lektors neigte, »denn die muss ja nicht nur in Deutschland oder in Europa die Toten zählen und deren Seelen hierher transferieren, sondern die auf der ganzen Welt, und das dürften je nach Anzahl der Kriege und Hungerkatastrophen fünfzig, sechzig Millionen sein, jährlich! Aber woher weißt ausgerechnet du das alles?«

Zu seinen Lebzeiten gab es kein Internet, niemand hatte von einem Wort namens Algorithmus gehört, und überhaupt hatte er sich nie für irgendwelche technischen Fortschritte interessiert.

»Ein Kumpel, der erst kürzlich verstorben ist, übrigens an Krebs wie du, hat es mir erläutert. Mehr als das, was ich dir gerade zu erläutern versuchte, habe ich nicht verstanden. Er wollte mir auch – wie heißt das? Ach ja: Twitter und Facebook – erklären, überhaupt die ganze neue digitale Welt. Aber das alles brauchen wir ja hier eh nicht. Das Jenseits ist analog.«

Mein Vater nickte. »Gott sei Dank ist es das. Gefällt mir hier am besten. Diese Stille. Diese Ruhe. Dennoch hätte ich gern noch ein bisschen länger gelebt, ein paar Wochen vielleicht, ein paar Monate. Ich hatte mich gefreut auf unsere – wie hast du es damals genannt?«

»Eine Vater-Sohn-Reise in die Vergangenheit.«

»Ja, stimmt. Eine Vater-Sohn-Reise in die Vergangenheit.«

Geplant hatten wir die im ersten Sommer der Einheit. Das lange so fremde Land da drüben war endlich erkundbar geworden ohne Grenzkontrollen, ohne Genehmigungen, ohne Stasi. Aber wir haben es nicht geschafft. Er starb vorher, und ohne ihn wollte ich nicht in die Märkische Heide fahren. Dort lag seine Vergangenheit begraben, und nur er hätte sie mir schildern können.

Sieben Jahre nach seinem Tod holte sie mich ein.

5

Mein britischer Freund George Clare, dessen trotzig-melancholische Biografie *Last Waltz in Vienna* die Zeit von der Vertreibung des Georg Klaar aus dem hitlertrunkenen Wien 1938 bis zum Einmarsch des englischen Offiziers George Clare in ein zerstörtes Reich 1945 schildert, schickte mir Ende 2002 eine E-Mail: *Michael, I just found in the index of Antony Beevor's book* Berlin: The Downfall 1945 *a familiar name, the name of Jürgs, Siegfried. Any relative of you, ein Verwandter von dir?*

Der Name meines Vaters in einem Buch über die Eroberung Berlins? *George*, antwortete ich, *he was my father, aber ich habe keine Ahnung, warum er in diesem Buch von Beevor auftaucht, please, send me the book. – Ich schick es dir*, mailte George in der zwischen uns üblichen Mischung aus Deutsch und Englisch, *have a look by yourself, schau selbst nach.* Zwei Tage später lag Beevors Bestseller auf meinem Schreibtisch. Ich riss die Zellophanhülle auf, ohne auf das Cover zu achten, blätterte hastig im Anhang nach der Zahl hinter dem Namen »Jürgs, Siegfried« und traf dann auf Seite 365 einen mir so nahen Unbekannten.

Meinen Vater.

Was ich da über ihn erfuhr, passierte am 28./29. April 1945. Der Mann, der noch nicht mein Vater war, nur einer von Millionen Soldaten, die dem Führer genannten Verbrecher gläubig ihre Jugend geopfert hatten und ihr Leben, lag schwer verwundet in einem Graben am Straßenrand kurz vor Berlin. Sowjetische Panzerverbände hatten die Deutschen auf breiter Front überrollt. Zehntausende starben in einer der letzten blutigen

Auseinandersetzungen des Zweiten Weltkrieges, auf beiden Seiten.

Beevor nennt die Ereignisse eine schreckliche, einseitig geführte Schlacht, berichtet auch, wie es zwischen SS und Wehrmacht zu Schießereien gekommen ist, weil die einen so kurz vor der absehbaren Niederlage nicht mehr fürs verfluchte Vaterland sterben wollten und die anderen denen das mögliche Überleben nicht gönnten, weil sie selbst für sich keine Chance auf Überleben sahen. Denn auf die SS wartete nach dem Sieg der Russen *entweder der Genickschuss oder ein Lager in Sibirien.*

Mein Vater gehörte zur Wehrmacht, was ich heranwachsend als Entschuldigung für die Schuld der Deutschen nicht gelten ließ. Als ich nach seinem Tod in seinen persönlichen Hinterlassenschaften nach Dokumenten suchte, fand ich – Aktenzeichen Az. 11/31/16352 – den Entscheid einer Spruchkammer, dass *auf Grund des Gesetzes zur Befreiung vom Nationalsozialismus und Militarismus vom 5. März 1946 der kaufmännische Angestellte Siegfried Jürgs, geboren am 26. März 1917 in Hamburg-Harburg, als nicht betroffen gilt und das Verfahren deshalb eingestellt wird.*

Im April 1945 war er 28 Jahre alt. Bei einem sowjetischen Angriff wurde er durch einen Granatsplitter schwer verletzt. Lungensteckschuss. Todesangst. Mit einem Bleistiftstummel notierte er auf einem Fetzen Papier seine vermutlich letzten Worte. Meine Mutter bewahrte sie ihr Leben lang auf und gab sie mir erst nach seinem Tod: *Der Schmerz ist furchtbar. Um mich herum sehe ich nur Feuer, und im Rücken fühle ich ein ungeheures Brennen … ich erhielt noch eine Reihe kleiner Splitter in Rücken, Brust und beide Oberarme. Dann rutschte ich in den Graben. Es mag 22 Uhr gewesen sein. Da habe ich dann jeden, der vorüberging, angebettelt, mir aus dem feuchten Graben zu helfen oder mich zu verbinden. Aber nichts! Jeder hatte eine andere Entschuldigung.*

Obwohl er sich aufgab, wollte er selbst jetzt alles ordentlich hinterlassen. Das pflegte er so zu halten bis an sein dann tatsächliches Ende. Seine Brieftasche mit dem Soldbuch und dem Foto seiner Frau drückte er einem vor den Sowjets fliehenden deutschen Soldaten in die Hand, *weil ich überzeugt bin, daß ich es nicht mehr lange mitmachen würde, denn mein Blutverlust ist sehr stark.*

Die folgenden Sätze, die ich wie die Entnazifizierungsurkunde in seinem Nachlass fand, schrieb er in nachgetragener Erinnerung, wahrscheinlich in einem Lazarett in der Lungenheilstätte Beelitz: … *und als es hell wurde und mir keiner mehr half, nahm ich schließlich meine Pistole, um Schluß zu machen. Dabei erwischte mich ein Unteroffizier, nahm sie mir ab und legte mich neben den Graben. Von hier bin ich dann gegen vier Uhr morgens zu einem LKW gekrochen, der mich auch mitnahm.*

Wer zu schwer verwundet war, wurde zurückgelassen, Tote in den Graben gerollt und mit Sand bedeckt. Davon gab es genug in der Märkischen Heide. Gefunden hatte Antony Beevor Zitate aus den Aufzeichnungen des Leutnants, der noch nicht mein Vater war, in einem schmalen Band *Deutsche Kriegsgräberstätten zwischen Oderbruch und Spree*, der in der Gedenkstätte Seelower Höhen ausliegt. Hier sind insgesamt 70 000 deutsche und russische Soldaten beerdigt. Geschrieben über solche »unbekannten Kameraden« hat der Historiker Gerald Ramm, und der wiederum hatte eine Abschrift der Notizen meines Vaters von meiner Mutter bekommen, als er in einer Anzeige nach Zeitzeugen jener Schlacht oder ihren Angehörigen suchte.

Das allerdings erfuhr ich erst später.

Ich bin mir nicht mehr ganz sicher, ob mein Vater mir je selbst von diesem Tag und der Nacht im Straßengraben erzählt hat oder ob es erst meine Mutter war, die darüber sprach. Wahrscheinlich war sie es.

Denn er redete selten von jener Zeit und auch danach selten über sich. Als ich das endlich ändern und seinen Selbstschutzring des Schweigens durchbrechen wollte, mit ihm jene sentimentale Vater-Sohn-Reise plante in jenes Land, das damals 1991 wieder grenzenlos schien, war es, was ich nicht wusste, zu spät. Er hatte bereits eine ganz andere Reise angetreten, während er uns noch glauben ließ, ein Sieg sei entgegen aller ärztlichen Voraussagen doch noch machbar. Die Krankheit, deren Ursache in der Verwundung vom April 1945 lag, hatte ihn besiegt, deshalb tat er so – wie immer im Leben von sich ablenkend –, als sei sie nur eine von vorübergehenden normalen Schwächen.

Solche erlaubte er sich eigentlich nie, nur dreimal habe sie ihn, wie sich meine Mutter erinnerte, in den fünf Jahrzehnten ihrer Ehe weinen sehen: als er nach der Rückkehr aus der Gefangenschaft zum ersten Mal sein damals bereits anderthalbjähriges Kind sah, mich, als 1956 seine Mutter starb, als mein Bruder das Leben aufgab. Sich auch ohne Anlass einfach mal fallen zu lassen hätte ihm sein Leben unendlich erleichtert.

Ins Oderbruch und nach Mecklenburg wollte ich mit ihm fahren. Zunächst in die Gegend, wo er am Straßenrand fast verblutet wäre, dann aufs Land, wohin er und sein Bruder als Kinder sommers von Hamburg aus geschickt worden waren, um reichen Verwandten gegen Kost und Logis im Stall und bei der Ernte zu helfen. Seine Mutter war arm, die Witwenrente des früh verstorbenen Familienvaters reichte kaum für Miete und Essen. Die Schufterei auf den Feldern nannten seine pommerschen Onkel und Tanten zynisch Sommerferien. Davon erzählte er mir bei der Ortssuche, über Landkarten gebeugt, und ich spürte, die ohnmächtige Wut des kleinen Jungen, von der herablassenden Gnade anderer abhängig zu sein, hatte er sich über die Jahre hinweg bewahrt. Ich begriff, dass diese Erlebnisse sein Handeln als erwachsener Mann geprägt hatten. Was von uns oft als Sturheit empfunden wurde, war erfahrenes und nie vergessenes Überlebensmittel.

Darüber mit mir zu reden fiel ihm schwer, und es strengte ihn an. Als ich ihn fragte, das war vier Tage vor seinem Tod, aber das ahnten wir beide ja nicht in dem Moment, ob er Angst empfinde vor dem Sterben, antwortete er Luft holend: »Eigentlich nicht, ich habe den Tod schon oft getroffen.« Dabei stand in seinen müden Augen zwar eine gewisse Angst, aber immer noch Gelassenheit, die meine Geschwister und ich immer geliebt hatten, weil sie uns Sicherheit gab.

Was Beevor von dem Bericht meines Vaters nicht hatte gebrauchen können, weil es keine ihn interessierende typisch deutsche Geschichte mehr war, sondern eine persönliche, fand ich am Ende der Aufzeichnungen aus dem Straßengraben. Ich musste nicht lange danach suchen. Sie lagen unter »Privat« in einem staubigen Regal.

Nie werde er erfahren, las ich da in der vertrauten Sütterlinschrift, die zu entziffern ich mühsam gelernt hatte, nie werde er erfahren, ob das Kind, das seine Frau im achten Monat trage und das im Mai 1945 auf die Welt kommen sollte, ein Junge sein würde oder ein Mädchen.

Der Junge, der es wurde, war ich.

Aus der Vergangenheit meines Vaters, die indirekt auch meine war, kehrte ich wieder zu ihm und meiner Familie zurück in die Gegenwart des Jenseits. Wollte mehr wissen vom Superrechner mit den Daten aller jemals Verstorbenen.

»Trifft man dank der Programmierung dieser geradezu göttlichen Maschine auch seine Freunde oder ausschließlich Familienangehörige?«

»Göttlich passt«, sagte meine Mutter, die nach dem Tod meines Vaters und dem endlich aufgedeckten Missbrauch ihres Enkels durch den katholischen Stadtpfarrer in ihren letzten Lebensjahren zwar die Kirche nicht verlassen, aber niemals mehr eine zum Gottesdienst betreten hatte. »Aber gesehen haben wir Gott noch nie, seit wir hier sind.«

Offenbar ist nicht nur ER unsichtbar. Auch die den Lebenden oft verheißene Trost spendende Sterbebegleitung durch mindestens zwei Engel ist wohl nur ein in Gleichnissen verbreiteter kindlicher Glaube. Ich zumindest hatte bei meinem Tod keine Todesengel entdeckt, die durch mein Sterbezimmer schwebten und mich nach meinem letzten Seufzer auf Schwingen fürsorglich in die andere Welt begleiteten. Obwohl ich, getauft auf den Namen Michael, sogar höheren Anspruch gehabt hätte auf die Begleitung durch den gleichnamigen Erzengel. Bei meiner Ankunft hörte ich auch keine Harfenklänge oder Hosianna-Chöre, so oft auf Erden von denen beschworen, die Gottes Lob sangen.

Bei Hosianna wiederum fiel ich erneut in die Vergangenheit, erinnerte mich an die in Bayern berühmte Erzählung vom Münchner Dienstmann Alois Hingerl, der nach seinem Tod mit einer Harfe ausgestattet auf einer Wolke im Himmel saß und frohlocken musste. Immer nur frohlocken. Bis eines Tages der liebe Gott – denn in dieser Erzählung von Ludwig Thoma war Gott selbstverständlich lieb – ein *Himmelherrgottsakrament* des unglücklichen Engels Aloisius hörte und beschloss, ihn zu erlösen und als seinen Botschafter wieder hinabzuschicken nach München, auf dass er die Bayerische Staatsregierung von Gottes Ratschlüssen informieren möge. Aloisius aber ging erst einmal ins Hofbräuhaus und bestellte sich eine Maß Bier. Die sah ich vor mir und schluckte trocken.

Dort muss er versackt sein für immer, denn nie wieder hat man etwas von ihm gehört.

Weil ich bei der Stelle lachen musste, blicke mich meine Mutter erstaunt an.

»Warum lachst du?«

»Ich hatte eigentlich beim Sterben ein, zwei Engel erwartet und himmlische Chöre, aber gerade habe ich von euch erfahren, dass es den Himmel gar nicht gibt, also auch keine Engel und keine Hosianna-Chöre. Doch beim Stichwort ›Hosianna‹ war mir ein Münchner im Himmel eingefallen. Darum habe ich gelacht.«

Mein Neffe trat einen Schritt nach vorn. Er war an einer verschleppten und in der Klinik zu spät erkannten Lungenentzündung gestorben. »Ich bin erst seit Kurzem hier und konnte deshalb allen nach meiner Ankunft ganz allgemein erzählen, was seit ihrem Tod auf der Welt passiert ist. Was nach meinem Wechsel ins Jenseits kam, Fortschritte oder Katastrophen, davon wissen wir nichts. Ich wusste so etwa den damals aktuellen Stand, aber das ist nun auch schon wieder lange her.«

»Drei Jahre«, erwiderte ich, »drei Jahre ist das her. Deine Mutter, meine Schwester, schaut seitdem Nacht für Nacht in den Himmel und spricht mit dir. Sie glaubt dich so im Tod am Leben zu erhalten. Wenigstens für sich.«

»Tröstet sie das?«, fragte er leise.

»Nein, seit deinem Tod findet sie keine Ruhe mehr.«

»Drei Jahre sind schon vergangen seit meinem Tod? Du musst wissen, hier wird nicht mehr in Tagen und Wochen und Monaten und in Jahren gerechnet, es gibt auch keine Uhren, denn die Zeit steht still. Ob etwas passiert ist vor hundert Jahren oder vor drei Jahren oder gestern, ist gleich bedeutend. Oder gleich unbedeutend. Wie du dir denken kannst, sind wir aber dennoch neugierig, Neues zu erfahren. Kannst du uns nicht mal in groben Zügen berichten, was sich alles auf der Erde ereignet hat? Wer weiß, wie lange es dauert, bis der Nächste von uns ankommt. Hoffentlich natürlich noch recht lange. Wir erzählen dir dann, wie es hier zugeht und wie du dich auf die ab jetzt für dich wesentlichen Bedingungen einstellen kannst.«

»Meine Diesseits-Chronik dürfte länger dauern. Es ist auf der Welt zu viel geschehen in den vergangenen Jahren. In Europa sind Faschisten auferstanden, deren Ideologie wir für immer erledigt glaubten nach dem Zweiten Weltkrieg, und in den USA regiert ein dummdreister Präsident, der keinen Tag enden lässt, ohne zu lügen und Andersdenkende zu beschimpfen, wobei Andersdenkende der falsche Begriff ist, denn er hat offensichtlich nicht genug Substanz im Kopf, um überhaupt denken zu können, und …«

»… lass dir Zeit«, unterbrach mich mein Vater. »Zeit spielt für dich wirklich keine Rolle mehr, glaub es mir.«

Logisch, dachte ich, logisch. Ich bin ja tot. Kann nichts mehr versäumen und muss nie mehr eine Deadline einhalten. Die meine habe ich hinter mir. An diese innere Logik der Ewigkeit musste ich mich noch gewöhnen. Vieles mehr würde ich gern wissen. Gibt es beispielsweise wie einst Tag und Nacht? Oder sieht es immer so hell, harmonisch, licht aus wie beim Blick auf Wiesen und Wälder und Flüsse? Rauschen niemals Bächlein und wehen niemals Winde, gilt dauernde Totenstille auch für sie? Muss man noch essen und trinken, und woher bekomme ich dann Speisen und Getränke? Andererseits, tot ist tot, und wer tot ist, benötigt keine Nahrung mehr, oder etwa doch? So etwas wie Manna vielleicht? Brauchen Seelen einen zu sättigenden Körper, oder liegt der für immer unter der Erde oder auf dem Meeresgrund? Wo kann man schlafen, oder muss man in Zukunft gar nicht mehr schlafen wegen der herrschenden ewigen Ruhe? Warum hat mich mein rotes Notizbuch in den Tod begleitet und liegt jetzt vor mir?

»Weil darin geschrieben steht, was dich im Leben so sehr bewegt hat, dass du es in der Ewigkeit brauchen wirst«, sagte mein Vater.

Das verstand ich zwar nicht. Aber immerhin hatte ich verstanden, kaum angekommen, dass alle meine Gedanken lesen konnten. Regel vier offenbar. Wobei mein Eindruck, erst vor Kurzem angekommen zu sein, durchaus falsch sein konnte. Wenn es keine messbare Zeit mehr gab, wenn die Maßeinheit für verrinnende Zeit aufgehoben ist, wenn Minuten und Stunden und Tage so unwesentlich sind wie Wochen und Monate und Jahre, ist es in der Tat egal, wie lange ich für meine Chronik der auf Erden abgelaufenen Ereignisse brauchen würde.

»Es hat auch in Deutschland«, begann ich erneut und klang dabei wie ein langweiliger, von sich überzeugter Oberlehrer, »eine politische Entwicklung stattgefunden, vergleichbar mit den letzten Jahren der Weimarer Republik. Verkörpert durch eine Partei, die sich Alternative für Deutschland nennt. Sie hat Millionen Wähler mit ihrem fremdenfeindlichen Populismus erreicht, ist im Bundestag vertreten und in allen Landtagen und … Aber bevor ich weiterrede: Kann ich mich irgendwo hinsetzen? Ich bin wohl ein wenig matt noch von der Reise.«

»Einfach fallen lassen«, empfahl meine Mutter. »Du fällst auf der Wiese überall weich. Wir haben ja keine Körper mehr. Keine Knochen, die brechen können, keine Sehnen, die reißen würden. Bestehen nur noch aus Seelen, und die sind bekanntlich körperlos. Wir verwandeln uns nur dann in die vertrauten festen Körper, zeitweise also in menschliche Wesen, wenn wir unter uns sind. Bleiben aber auch dann für alle außerhalb der Familie unsichtbar.«

»Also luftig«, ergänzte mein Bruder. »Klingt für dich verwirrend, aber du wirst feststellen, dass hier vieles normal ist, was unserem einst auf Logik basierenden Verstand widerspricht. Nur dann, wenn man das akzeptiert, ist zu verstehen, dass Milliarden von Körperlosen im Jenseits Platz haben. Sie benötigen nicht mehr wie einst ein Dach über dem Kopf, weil es nie mehr regnen wird. Die Wiesen und die Wälder und die Flüsse brauchen auch kein Wasser. Sie sind einfach immer da. Die Toten brauchen auch keine Küche oder einen Kühlschrank, weil sie ja nicht mehr essen und trinken müssen, um zu überleben. Sie brauchen keine Betten, weil sie bereits die ewige Ruhe in sich haben und jederzeit, egal, wo und wann sie wollen, schlafen können, verstehst du?«

Seelen dürfen also ruhen, doch sie benötigen keine Ruheplätze. Das verstand ich. Ich ließ mich fallen. Meine Angehörigen saßen erwartungsvoll vor mir. Ich konzentrierte mich wie einst an jenen Abenden, in denen ich vor einem Publikum vorgelesen oder mit Andersdenkenden in einer Talkshow gestritten hatte.

»Die AfD«, holte ich aus und vermied tunlichst, so bedeutend zu klingen wie Martin Schulz bei seiner Attacke gegen Gauland und Co., die er in einer Rede im Bundestag verwünscht hatte, was ich kurz vor meinem Tod in der *Tagesschau* gehört hatte, »ausgerechnet die rückwärtsgewandte AfD ist durch den Fortschritt namens Online-Plattformen und soziale Medien so stark geworden, weil sie dort ihre gottverdammten Lügen ohne Folgen fürchten zu müssen verbreiten können.«

An dieser Stelle, an der es stets Beifall gab oder Buhrufe, je nachdem, wo ich auftrat, in Dresden oder in Hamburg, brach ich ab, weil mir einfiel, dass meine Großeltern bestimmt nicht verstehen würden, was mit sozialen Medien oder Online-Plattformen gemeint war, denn die gab es zu ihren Lebzeiten nicht. Ich durfte nur Begriffe verwenden, die sie kannten aus analogen Zeiten. Also sollte ich erneut beginnen.

»Wir wissen, welche Typen die AfD bevölkern«, stoppte mich mein Schwiegervater, der nach meiner bisherigen Zeitrechnung zwei Jahre vor mir verstorben war. »Willy spricht oft über diese Bande.«

»Willy Brandt? Und woher weiß der das? Als er starb, hat es die Partei doch noch gar nicht gegeben.«

»Egon Bahr wird es ihm erzählt haben. Der ist ja erst nach ihm hier angekommen, der hat den Aufstieg der AfD noch erlebt. Willst du dir mal anhören, was Brandt über die neuen Rechten in seinen Reden so sagt? Ist eine für alle zugängliche Veranstaltung.« Er wartete aber meine Antwort gar nicht erst ab, löste sich behutsam von meiner Schwiegermutter, die ihren Kopf an seine Schulter gelehnt hatte und zu schlafen schien. Oder memorierte sie einen der vielen Texte, die sie einst als Schauspielerin für ihre Rollen im Theater oder im Fernsehen hatte lernen müssen?

»Ihn selbst hören? Der ist doch tot.«

»Ja, ist er. So wie du. Aber nicht wie die Bösen verstummt. Deshalb kannst du ihn erleben.«

Er nahm mich an der Hand. Zumindest glaubte ich, seine Hand zu spüren. Wir schwebten zu einem großen Gebäude und dort angekommen in einen mit vielen Menschen gefüllten Saal.

6

Der Mann auf der Bühne war unverkennbar Willy Brandt. In der ersten Reihe des Auditoriums sah ich Konrad Adenauer und Helmut Kohl und Helmut Schmidt. Ohne Zigarette. Er und sein Nachfolger im Amt unterhielten sich angeregt, hin und wieder schlug Kohl dem Hanseaten sogar lachend auf den Oberschenkel, was der sich gefallen ließ. Anders als im Diesseits. Damals achteten sie misstrauisch auf Distanz.

Und der da, war das nicht Heiner Geißler? Und der neben ihm Ludwig Erhard? Und die Frau hinter dem Rednerpult, das war doch, ja, sie war es, Rut Brandt.

Mein Schwiegervater zog mich nach vorne. Wir ließen uns auf Stühlen nieder. Die gab es hier. »In solchen Situationen muss alles so aussehen wie einst im Diesseits«, meinte er. »Und in einem Saal gab es nun mal Stühle, und es gab eine Bühne für den jeweiligen Redner. Und die kannst du jetzt vor dir sehen – so wie sie aussahen, als sie starben. Vergleichbar mit einer Holografie. Willy Brandt ist anschaubar, aber anfassen könntest du ihn nicht. Das könnte nur Rut Brandt.«

Er legte einen Finger an seine Lippen, weil er spürte, dass ich ihn etwas fragen wollte, und deutete in Richtung Willy Brandt.

»Später. Hör erst einmal zu.«

Brandt räusperte sich, so wie sich ein starker Raucher, der er unbelehrbar gewesen war, unbeugsam zeitlebens dem Verbot der Ärzte trotzend, einst zu räuspern pflegte, bevor er mit einer Rede begann.

»Die Alternative für Deutschland, liebe Genossinnen und Genossen …«

An dieser Stelle brach er ab und lachte sein kehliges Lachen. »Bitte um Entschuldigung, Bundeskanzler Adenauer und Bundeskanzler Erhard und Bundeskanzler Kohl. ›Genossen‹ ist mir aus alter Gewohnheit rausgerutscht.«

Doch die nickten nur altersmilde. Selbst Adenauer lächelte.

»Die AfD ist keine demokratische Partei wie die CDU oder die SPD oder die FDP oder die Grünen, sondern, und ich sage das ganz bewusst so deutlich, eine Melange aus antisemitischen Verschwörungstheoretikern, gewaltbereiten Neonazis, inkontinenten Altnazis, adligen Volksverhetzerinnen, völkischen Spießergesellen, abendländischen Kreuzrittern, Dresdner Vollpfosten, rassistischen Hasspredigern, frustrierten Wutbürgern, tätowierten Brandbeschleunigern.«

Wow. Treffer. Versenkt. Ich war begeistert. Klatschte laut. Der Alte war immer noch, auch nach seinem Tod, ein Charismatiker, der mit Klartext die Menschen begeistern konnte, selbst dann, wenn sein Publikum bereits tot war. Er müsste sich im Grab umdrehen, falls er nicht verbrannt worden war, was ich nicht wusste, wenn er vom Niedergang seiner Partei im Diesseits erfuhr. Wahrscheinlich wusste er es längst, denn Tote aus seiner Partei kamen auch hier an und dürften es ihm erzählt haben.

»Von den Anhängern der AfD wiederum werden diese als typische Beispiele für die Hetze der ihnen feindlich gesinnten Lügenpresse bezeichnet. ›Lügenpresse‹ ist ein Begriff aus der Nazidiktatur. Damit bezeichneten die Braunen alle liberalen Medien und verboten und zerstörten sie, als sie die Macht hatten, verjagten oder ermordeten deren Redakteure und Verleger. Die AfD dagegen bezeichnet sich selbst als verfassungstreu, nationaldemokratisch, als patriotische Heimstatt sowohl für heimatlose Konservative als auch für politikverdrossene

Protestwähler von links über die Mitte bis rechts. Hauptstadt ihrer Bewegung ist Dresden, wo demokratische Politiker bei Aufmärschen von Pegida, hochgereckt in Wutfäusten, begleitet von ›Wir sind das Volk‹-Sprechchören, an den Galgen gewünscht werden.«

Anhaltender Beifall. Auch von Helmut Kohl, auch von Konrad Adenauer.

Mein Schwiegervater, zeitlebens treuer FDP-Wähler, flüsterte: »Recht hat er, recht hat er.«

Brandt unterstrich jeden seiner Sätze mit weit ausholenden Armbewegungen: »Die AfD-Führer fürchten nur den Verfassungsschutz. Dessen Beobachtung würde sie Stimmen kosten bei anständigen Konservativen, die mit Rechtsradikalen nichts zu tun haben wollen.«

Adenauer und Kohl und Erhard und Geißler klatschten.

»Bei der Nationalhymne singen sie deshalb nur dann die erste Strophe, wenn sie unter Gleichgesinnten sind. Weil die in der Öffentlichkeit verboten ist, summen sie die aus Angst vor den Konsequenzen und denken sich dabei den zu ihnen passenden Text.«

An dieser Stelle lachten alle im Saal.

»Zweistellig vertreten ist die Partei außer in Sachsen zwar auch in anderen Bundesländern wie Thüringen, Brandenburg, Sachsen-Anhalt. Grundsätzlich deshalb Demokratieakzeptanz im Osten zu bezweifeln, weil die Menschen dort besonders anfällig sind für Parolen der rechtspopulistischen Rattenfänger, weil doch nicht zusammengewachsen ist, was zusammengehört, wie ich damals zutiefst überzeugt war, ist unangebracht. Denn verbreitet ist die AfD mittlerweile auch in allen alten Bundesländern. Vornehmlich in Bayern, obwohl es da mit der CSU bereits seit vielen Jahrzehnten eine Alternative zu Rechtsradikalen gibt.«

Da stand Franz Josef Strauß auf, verstorben nach einem Herzinfarkt bei einem Jagdausflug, und rief: »War immer meine Rede, meine feste Überzeugung, rechts von uns in der CSU darf kein Platz mehr sein für eine andere Partei.« Und setzte sich wieder hin.

Brandt nickte ihm zu. »Du hättest sie vorgeführt, Franz Josef, du hättest ihnen das Wasser abgegraben, dich hätten sie gefürchtet, du fehlst!«

Strauß freute sich über dieses Lob und lief rot an.

»Aus den Weiten Russlands stammende Spätaussiedler«, nahm Brandt wieder seinen Faden auf, »die in Vorflüchtlingszeiten aufgenommen wurden, sobald sie einen deutschen Schäferhund in ihrer Verwandtschaft aufweisen konnten, trieben die Prozentzahlen in manchen westdeutschen Regionen und Städten sogar in ostdeutsche Höhen. Die AfD bietet ihnen überall dort eine Plattform, wo sie, schwach im Geiste, aber stark im Schritt, vereint marschieren: gegen Flüchtlinge, egal, woher die kommen; gegen eine Übernahme leer stehender Kirchen durch den Islam, auch wenn kein Muslim, der halbwegs bei Verstand ist, im Osten beten will; gegen Schwule in der Küche, weil nur Frauen dorthin gehören; gegen Dunkelhäutige in der U-Bahn oder in der Fußball-Nationalmannschaft. Die AfD ist keine Alternative für Deutschland, sondern eine alternative Schande!«

Jetzt standen alle im Saal auf und klatschten.

Brandt griff zu einer Gitarre, die neben dem Rednerpult lag, und begann mit dem traditionellen Arbeiterlied »Auf, auf zum Kampf, zum Kampf sind wir geboren«. Viele sangen begeistert mit. Adenauer und Erhard und Strauß und Kohl natürlich nicht. Doch sie applaudierten ihrem ehemaligen politischen Gegner. Sie schienen sich inzwischen mit ihm gut zu verstehen, so wie soeben erlebt beim Wortwechsel zwischen Strauß und Brandt.

Als das Lied beendet war, nahm ihm Rut Brandt die Gitarre ab und begleitete ihren Willy, den ihr einst so Untreuen, von der Bühne. Das Publikum sang die Nationalhymne. Die dritte Strophe. Alle gemeinsam.

»Sind die denn wieder ein Paar?«, fragte ich erstaunt meinen Schwiegervater.

»Nein, was im Diesseits getrennt war, bleibt auch im Jenseits getrennt. Aber sie schweigen sich nicht mehr an, sie reden miteinander. Gilt auch für Hannelore und Helmut Kohl. Alle, wirklich alle, die sich im Leben nicht ausstehen konnten oder sich sogar bekämpft haben, gehen hier friedlich miteinander um, manchmal sogar freundschaftlich wie Brandt und Kohl. Die göttliche Verheißung: *Friede auf Erden und den Menschen ein Wohlgefallen*, hat sich früher nie erfüllt. Aber hier im Jenseits ist sie Programm. Wenn ewige Ruhe als Pflicht verordnet ist, von wem auch immer die Anweisung kommt, ist das so etwas wie das elfte Gebot, oder meinetwegen sogar das erste. Himmlische Zustände, auch wenn es den Himmel, wie du erfahren hast, gar nicht gibt.«

»Weshalb konnte ich eigentlich plötzlich meinen Körper sehen und die Körper aller anderen auch – und konnte klatschen wie alle anderen? Ihr habt mir doch erklärt, dass wir alle körperlos sind und ich nur meine Nächsten erkennen kann?«

»Du hast wieder mal nicht zugehört«, seufzte er. »So wie früher. Noch einmal: In bestimmten Situationen, an bestimmten Plätzen, in die du dich hindenkst, zu denen du dich hinbewegst, geschieht die Umwandlung automatisch. Bei anderen, die frei sind für alle, gleichfalls. Dann kannst du alle sehen, die du unterwegs nie sehen würdest, weil sie unsichtbar sind. Und die wiederum, die dir auf der Reise begegnen, würden dich auch nicht sehen. Einmal begriffen, ist es einfach zu verstehen. Logisch sozusagen, obwohl Logik hier nicht mehr erforderlich ist, um etwas zu begreifen. Du wirst es bald als normal empfinden, glaub mir. Das haben wir alle geschafft.«

Tatsächlich erblickte ich jetzt außer ihm niemand mehr. Der Saal war verschwunden und mit ihm alle, die ich gerade noch gesehen und erlebt hatte.

»Soeben hast du aber selbst hören und erleben können, dass Brandt der begnadete Menschenfischer geblieben ist, der er mal war und der sogar Tote mit einer leidenschaftlichen Wutrede begeistern kann. Selbst diejenigen, die ihn zeitlebens nie gewählt haben, so wie ich.«

Wir schwebten zurück zur Familie. Früher hätte man gesagt: Wir machten uns auf den Heimweg.

7

Ich hatte ein wesentliches Prinzip des Jenseits verstanden. Denn vor mir ruhten meine Großeltern und meine Eltern und mein Bruder, und ich sah sie alle. Hinter denen lagen eine alte Frau und ein alter Mann, die ich nicht erkannte. Oder sollten das meine Urgroßeltern sein? Und die vor ihnen Sitzenden Großtanten und Großonkel, die ich als Kind erlebt hatte? Und der Mann, der ein wenig abseits saß, könnte das der Holländer sein, der in die Familie eingeheiratet hatte, der mir das Rauchen mit der Marke Golden Leaf beibrachte und den ersten Schnaps einschenkte, goldgelben Genever, den ich aber unbemerkt in einen Blumentopf schüttete, weil ich harte Getränke schon damals und von da an ein Leben lang verabscheute? Den ich bewunderte, weil er in der konservativen katholischen Sippe bei Familienfeiern zum Frühstück schon sein erstes Bier trank? Was sich mein Vater, der Protestant, ebenfalls eingeheiratet, nie getraut hätte.

Dieser für seine leichte Lebensart von mir bewunderte Onkel aus Maastricht starb an Krebs, als seine Töchter, meine Großcousinen, zwei oder drei Jahre alt waren. »Krankheiten«, sagte er, denn offensichtlich konnte auch er meine Gedanken lesen, »die gibt es im Jenseits nicht mehr. Krankheiten wie die unseren betreffen den Körper, und wir haben unsere Körper im Diesseits gelassen.«

»Gilt das etwa auch für Parkinson oder Alzheimer? Die wuchern doch im Kopf.«

»Auch dein Kopf liegt unter der Erde oder schwimmt in Resten irgendwo auf dem Meer herum. Die Gedanken dagegen sind frei oder, um deine Frage zu beantworten: befreit von dem, was sie belastet hat.«

Ein junger Mann, gekleidet in eine grüne Soldatenuniform, legte seinen Kopf in den Schoß meiner Großmutter. Ihn hatte ich wirklich noch nie gesehen. Ihn kannte ich nicht. Wer war das?

»Das ist mein geliebter Sohn, mein einziger. Er war neunzehn, als sein Leben endete. Ich musste erst selbst sterben dürfen, um ihn wiederzusehen«, antwortete sie auf meine stumme Frage.

Ich erinnerte mich daran, dass oft von ihm gesprochen wurde, ein Foto von ihm auf dem Klavier meines Großvaters stand, und ahnte, warum meine Großmutter mich bemuttert hatte wie ihren verlorenen Sohn. Und eine weitere Erinnerung überfiel mich. Ich sah mich hockend auf einem Treppenabsatz im Haus meiner Großeltern. Ich muss zwölf, dreizehn Jahre alt gewesen sein. Ich lauschte meinem Großvater, als er, der Umgebung entrückt, am Klavier saß und Beethovens »Grande Sonate Pathétique« das Haus erfüllte. Meine Großmutter weinte immer still, fast lautlos, wenn diese Sonate ertönte. Ihr Sohn hatte, bevor er 1944 in Hitlers Krieg befohlen wurde, zum Abschied dieses Stück gespielt und ihr versprochen, sich bei seiner Heimkehr leise ins Klavierzimmer zu schleichen und den wehmütigen zweiten Satz zu spielen. Falls eines Morgens also das Adagio erklingen sollte, würde sie wissen, er ist wieder da.

Aber er kam nie wieder. Ein Nazibonze überbrachte meiner Großmutter die Nachricht, dass ihr Sohn für »Führer, Volk und Vaterland« sein Leben gegeben habe, Heil Hitler. Seinem Vater, ihrem Mann, meinem Großvater, durfte sie nur ein Telegramm an die Front schicken, dass sein Jüngster gefallen sei.

Erlaubt waren grundsätzlich drei Worte. In diesem Fall lautete die Nachricht: *Paul ist gefallen*.

Ihren Schmerz konnten sie nicht miteinander teilen. Wo er verscharrt worden war in Russland, erfuhren sie auch nach dem Krieg nicht, und über die wahren Schuldigen an seinem Tod redeten sie nie. Mag sein in stiller Zwiesprache mit Gott, an dessen Reich von Ewigkeit zu Ewigkeit sie ja glaubten, aber das wusste ich nicht. Ich habe erst sehr viel später erfahren, meine Patentante hat es mir erzählt, Schwester meiner Mutter, jüngste Tochter meiner Großeltern, warum meine Großmutter immer weinen musste, wenn mein Großvater diese bestimmte Sonate Beethovens spielte.

Nach der Befreiung verdrängten sie wie fast alle der noch einmal Davongekommenen die zwölf Jahre der deutschen Schande als einen Betriebsunfall der deutschen Geschichte. Was nichts daran änderte, dass ich sie liebte, und dies erst recht, erwachsen geworden, nachdem ich in den nachgelassenen Dokumenten meines verstorbenen Großvaters die Begründung fand, warum er bereits wenige Monate nach Kriegsende, eingesetzt von den Besatzern, wieder eine Schule leiten durfte. Weil er, der konservative Katholik, zwar fürs Vaterland in den Krieg gezogen war, sich aber geweigert hatte, in die NSDAP einzutreten.

»Ja, so war es«, bestätigte mein Großvater. »Gottes Gnade und unser Glaube an ihn haben uns die Kraft gegeben, den Gottlosen zu widerstehen. Es belastete mich jedoch mein Leben lang, und ich habe diese Schuld immer wieder gebeichtet, mitschuldig geworden zu sein, weil ich für diese Verbrecher in den Krieg gezogen bin. Freiwillig auch noch, freiwillig!«

Ich hatte schon wieder vergessen, dass jeder und jede die Gedanken des anderen und der anderen lesen kann. Dass hier nichts mehr geheim blieb. Einfach nichts.

»Doch, das geht«, sagte meine Mutter. »Immer dann, wenn du deine Gedanken für dich behalten willst, musst du dir ein Passwort denken. Dich verschlüsseln. Danach bleiben die Gedanken allen Mitdenkern verborgen. Hast du eines?«

Ja, ich hatte ein ganz bestimmtes, und ich gab es mir.

Dann ließ ich mich fallen. Setzte die versprochene Chronik fort, die ich begonnen hatte, als ich unterbrochen worden war. Berichtete ihnen, wie es ein neureicher New Yorker Prolo geschafft hatte, die US-Wahlen zu gewinnen, und dass seitdem die Vereinigten Staaten von einem Präsidenten geführt werden, der dumm ist und eitel, der täglich lügt und seine Kritiker bedroht, der Frauen behandelt wie ein jederzeit für ihn bereitliegendes Stück Fleisch.

»Und wie heißt der?«, fragte mein Vater.

»Trump heißt der, Donald Trump. Seine Wähler, beschränkt wie er, jubeln ihm zu, wo und wann auch immer er lügt. Allerdings wächst die Schar derer, die ihn möglichst bald loswerden wollen. Am liebsten durch ein Impeachment.«

»Impeachment?«, fragte meine Großmutter. »Was bedeutet das?«

»Amtsenthebung. Grob gesagt: Wenn die Mehrheit der Abgeordneten dafür ist, wird er aus dem Weißen Haus gejagt.«

Ich erzählte ihnen in Stichworten vom Referendum in Großbritannien, wo eine knappe Mehrheit der befragten Wahlberechtigten für den Austritt aus der EU gestimmt hat, den Brexit. Und warum die englische Regierung unfähig war, diesen Volksentscheid in Taten umzusetzen. Erzählte ihnen von Bolsonaro, Wahlsieger in Brasilien, der ungeachtet aller Folgen für das Weltklima den Regenwald abholzen lässt.

»Ist übrigens, was alles über ihn aussagt, ein Bewunderer von Trump, der wiederum ihn lobpreist.«

Erzählte von unserem geliebten Sehnsuchtsland Italien, wo

die Rechtsradikalen der Lega Nord zusammen mit den Anarchisten von Cinque Stelle gemeinsam regieren, reden und handeln wie einst Mussolini, gegen Migranten hetzen und gegen ihre liberalen europäischen Nachbarn. Berichtete ihnen, dass bereits mehr als 20 000 Menschen auf der Flucht nach Europa im Mittelmeer ertrunken waren und dass die Europäische Kommission unfähig war, zudem heillos zerstritten, Mitgliedsstaaten wie Polen oder Ungarn zu sanktionieren, die sich weigerten, Flüchtlinge in ihr Land zu lassen.

Erzählte ihnen, dass dagegen Deutschland eine Million Menschen aufgenommen hatte, die in ihrer Heimat verfolgt worden waren. »Die Kanzlerin wurde für diese Geste der Menschlichkeit weltweit gelobt, aber von ihrer eigenen Partei kritisiert und vom gemeinen Volk übelst beschimpft als Vaterlandsverräterin.«

Berichtete ihnen von Flüchtlingsheimen, die deutscher Mob in Brand gesteckt hatte. Verschwieg nicht, wie viele Flüchtlinge junge deutsche Mädchen vergewaltigt und ermordet hatten, was stets zu neuen Ausbrüchen von Fremdenhass geführt und der AfD neue Wähler zugetrieben hatte. Berichtete ihnen, dass im Syrischen Bürgerkrieg bereits Hunderttausende ihr Leben verloren hatten. Berichtete ihnen, dass islamistische Terroristen in Berlin, Paris, London, Brüssel blutige Attentate verübt hatten. Berichtete …

»Gibt es auch irgendetwas Positives aus den vergangenen Jahren?«, unterbrach mich an dieser Stelle mein Vater. »Was du aufzählst, ist schlicht grauenhaft. Ich bin froh, tot zu sein. Verglichen damit haben wir einst in geradezu glücklichen Zeiten gelebt, trotz aller unserer Sorgen und Ängste und Probleme.«

Mit Problemen meinte er bestimmt nicht nur die materielle Not in einem nach dem Krieg zerstörten Land. Nach den

Völker vernichtenden Schlachtgesängen, dass morgen die ganze Welt den Deutschen gehören werde, errichtete die Generation meiner Eltern auf diesen Trümmern eine kleine heile Gegenwart, baute für ihre Zukunft die Außenwelt abschirmende Wände. Familiäre Schutzräume wurden die beste aller Welten. Abgesehen von denen, die den Untergang des »Dritten Reiches« als Kapitulation empfanden statt als Befreiung von einem Terrorregime, versprach sich die Mehrheit der Deutschen vom Rückzug ins Private eine saubere neue Identität.

Verbunden mit dem Versprechen kommenden Wohlstandes für alle, der Voraussetzung für Glück, entsprach dieses Streben ihren Bedürfnissen. Die Vergangenheit zu bewältigen wäre die eigentliche Befreiung gewesen. Doch was geschehen war, wurde verdrängt, die Schuld der Deutschen lebendig begraben. Auch meine Eltern hatten, begeistert und verführt, »Deutschland, Deutschland über alles« mitgesungen. Auch ihre Vergangenheit war unbewältigt. Fragen nach ihrer Mitschuld an deutschen Verbrechen prallten an einer Mauer des Schweigens ab. Was wir unseren Lehrern nie durchgehen ließen, die uns versicherten, nichts von Konzentrationslagern und nichts vom Völkermord und nichts von Gaskammern gewusst zu haben, blieb so in der Familiengruft.

Im Laufe der Jahre bröckelte die Mauer. Erst waren nur Risse sichtbar, dann brachen die Eltern, wie immer mehr Deutsche ihrer Generation, eigenhändig Stein um Stein heraus und stellten sich der auftauchenden Wahrheit. Und als beide, ihren Töchtern und ihren Söhnen folgend, vor allem mir, dem Ältesten, Willy Brandt, dessen Rede ich gehört hatte, zum Kanzler wählten, einen Mann, der im reaktionären Weltbild christlicher Konservativer bis dahin als Vaterlandsverräter verortet war, weil er vor der Gestapo flüchten musste, blieben von der Mauer nur Restbrocken übrig.

Die liegen in ihrem Grab. Über dem schwebte befreit ihr Geist. Hierher, ins Jenseits.

»Ich nehme ihn erst einmal mit ans Wasser«, sagte meine Mutter. »Dabei fallen ihm bestimmt auch ein paar positive Ereignisse ein.«

8

Wir schwebten zu einer Sandbank an einem Fluss, auf der sich viele Menschen versammelt hatten. Alle für mich sichtbar. Unterwegs kamen wir an einem Golfplatz vorbei. Ich glaubte in einem Spieler einen alten Freund zu erkennen, Arzt einst, der einige Monate vor mir gestorben war. Knochenkrebs.

Auf einer Kiste am Flussufer stand eine Frau. Sie trug blassblaue Jeans, bestickt mit bunten Blumen. Früher hätte ich darauf getippt, dass die Hosenfrau aus dem Osten kam.

»Du hast recht, ist sie. Aber jetzt denk dir schnell dein Passwort, denn wir sind hier unter toten Ossis, und Gedanken lesen können die inzwischen alle auch.«

Ich dachte mir mein Passwort, dann hörte ich der Frau zu. Sie brauchte kein Mikrofon und sprach, wie sie es nannte, über Besserwessis, die Mehrheit erwachsener Deutscher West.

Auch über mich also.

»Nachdem denen überraschend eine neue Zielgruppe für Belehrungen zufiel, nämlich wir, gerade aus eigener Kraft, ich wiederhole: aus eigener Kraft« – lautstarker Beifall an dieser Stelle – »auferstanden aus Ruinen, passten sich diese Besserwisser den gewendeten Zeiten an. Fortan erklärten sie ihren fremden Verwandten, also uns, sowohl die beginnende neue als auch unsere gerade untergehende alte Welt. Vom real existierenden Alltag dort hatten sie zwar keine Ahnung, weil sie noch nie drüben waren, aber dennoch feste Urteile. Von uns, ihren sogenannten Brüdern und Schwestern, wurden sie, wenn wir unter uns waren, deshalb Besserwessis genannt.«

Jubel unterbrach sie. Einige skandierten den alten Kampfruf: »Wir sind das Volk! Wir sind das Volk!« Die Frau genoss den Beifall, bat wieder um Ruhe und steigerte sich weiter in heiligen Zorn:

»Wenige Monate nach dem damals von allen Deutschen – außer den Saarländern Oskar Lafontaine und Erich Honecker – bejubelten Fall der Mauer belegten aber die zum ersten Mal seit der Staatsgründung 1949 nicht mehr gefälschten DDR-Bilanzen, dass unser Land im Koma lag. Kombinate verrottet, Flüsse vergiftet, Städte baufällig. Das wussten wir, ahnten es zumindest, war für uns nichts Neues. Wir hingen schon lange am Tropf, um es mal so zu sagen. Hatten bisher aber keine Infusionen bekommen. Jetzt gab es moderne Intensivstationen. In die zogen über Nacht Typen aus dem Westen ein und versprachen Heilung – Politiker, Banker, Wirtschaftsmanager, Beamte, Vertreter, Fußballtrainer, Gebrauchtwagenhändler, Juristen, Journalisten. Dem Ruf des geeinten Vaterlandes folgten, das ist wahr, zwar auch leidenschaftliche Patrioten, aber zu viele in der BRD längst nicht mehr vermittelbare Maulhelden.«

Zustimmender, anhaltender Beifall. »BRD« verstanden sie alle. So wurde die Bundesrepublik Deutschland drüben nicht nur abwertend von Staats wegen genannt, in der gleichgeschalteten Presse sowieso. Sondern auch von denen, die ihren Staat hassten und lieber in der BRD gelebt hätten.

»Die Invasoren wurden geködert mit Buschzulagen, die ihnen ein Leben in Dunkeldeutschland, wie sie es nannten, erträglich machen sollten. Sie verkündeten den Eingeborenen, also uns, dass dank ihres Einsatzes uns bald Besseres blühen würde, Baumärkte, Sonnenstudios, Videotheken – und warum es in der Planwirtschaft nie habe besser werden können. Denn da gab es keine Baumärkte, gab es keine Sonnenstudios, gab es

HO-Läden voller leerer Regale, gab es keine Videotheken, nur Privatpornos, gefilmt in Datschen oder an bewachten Nacktstränden an der Ostsee.«

Erneut Sprechchöre: »Wir sind das Volk! Wir sind das Volk!«

»Die Frau ist ein Naturtalent«, flüsterte ich, »auch wenn ich nicht in allen Punkten mit ihr übereinstimme. Und das alles ohne Mikro! Wer ist sie?«

»Regine Hildebrandt«, antwortete meine Mutter, »geliebt im Osten, verhasst im Westen, an Krebs gestorben vor fünfzehn Jahren, oder sind es schon siebzehn? Wann bist du gestorben?«

»2019.«

»Dann sind es siebzehn, bald achtzehn Jahre.«

Erneut jemand, der wie ich gegen den Krebs verloren hatte. Aber da ich meine Gedanken mit meinem Passwort verschlüsselt hatte, blieben sie in meinem Kopf. Regine Hildebrandt war mal Ministerin im Kabinett von Stolpe in Brandenburg, ich hätte sie also erkennen müssen. Jetzt nahm sie ein Megafon in beide Hände und reckte sich hoch auf ihrer Kiste.

»Als selbst nach Jahren der vollzogenen Vereinigung nur auf einzelnen Feldern um die sogenannten Leuchttürme Dresden, Leipzig, Weimar, Jena herum blühende Landschaften sichtbar waren, wuchs gegen die Besserwessis zusammen, was zusammengehörte – wir, das Volk. Besserwessis wiederum dünkten sich in ihren Vorurteilen bestätigt, dass wir Ossis, geprägt von vierzig Jahren sozialistischer Planwirtschaft, zur Faulheit neigten. Dieser unverschämten Logik blieben sie über Jahre treu, genährt von der Überzeugung, die besseren Deutschen zu sein. Unter sich trauerten sie jenen Zeiten nach, in denen es genügt hatte, einmal pro Jahr am Tag der nie mehr für möglich gehaltenen deutschen Einheit in ihre Fenster Kerzen zu stellen, die aus dem hellen Westen zu uns ins dunkle Deutschland leuchten sollten, weil wir angeblich nicht mal Kerzen hatten. Oder gütigst uns an Weihnachten Jeans, Schokolade, Kaffee zu schicken.«

Da brach der Jubel selbst dann nicht ab, als sie versuchte, ihn zu dämpfen. Schließlich gab sie, jedoch sichtbar zufrieden, auf und mischte sich unter ihr Volk, umarmte viele Menschen, schrieb hin und wieder mit einem Stift ihren Namen sogar auf ihr entgegengestreckte Handflächen.

Als meine Mutter und ich das Flussufer verließen, erstarben erneut alle Geräusche. Seelenwanderer sind nun mal lautlose Gestalten. Zwischen Bäumen sah ich eine Blockhütte. Vor ihr stand ein Mann. Verblüffend. Der sah nämlich höchst lebendig aus.

»Es handelt sich bei ihm um Henry David Thoreau, den amerikanischen Philosophen«, klärte mich meine Mutter auf. »Das wusste ich auch nicht, bevor es mir dein kluger Großvater mal erzählt hat, als wir Thoreau und seine Hütte zum ersten Mal sahen.«

»Aber warum können wir den sehen, obwohl wir doch nur die sehen können, mit denen wir verwandt sind – oder die uns mal als Freunde nahestanden?«

»Gottgefällige Einsiedler behalten nach dem Tod ihre sichtbare Gestalt. Warum? Weiß ich auch nicht, aber es ist so. Vielleicht als späte Belohnung für ihre Entbehrungen als Eremiten? Vielleicht sind sie als sichtbar ausgewählt worden, weil sie sich freiwillig unsichtbar gemacht hatten, zurückgezogen lebten in Wäldern? So wie Thoreau, der sich in die Einsamkeit einer selbsthändig erbauten Blockhütte in die Wälder zurückgezogen hatte, wo er, ungestört von Ablenkungen, über das Wesen der menschlichen Existenz nachdenken wollte. Alles nur aus zweiter Hand, wie gesagt, alles erfahren von meinem Vater. Ich fand das so interessant, dass ich es mir gemerkt und fast auswendig gelernt habe.«

Was er in der Einsamkeit empfand, hatte Thoreau in seinem Essay *Walden oder Leben in den Wäldern* beschrieben. Ein Klassiker, den auch ich in einer Phase alternativer Lebensentwürfe, aus denen allerdings nie etwas wurde, gelesen hatte. Nachhaltige Wirkung hatte er bei allen, die nach dem richtigen im falschen Leben suchten. So nannten Hippies dann mal ihre Reisen, die für viele bekanntlich im tödlichen Drogenrausch endeten.

»Thoreau dagegen kämpfte, hellwach, gegen Sklaverei und mutig für das Recht auf gewaltfreien Widerstand gegen staatliche Gewalt. Noch hundert Jahre nach seinem Tod beflügelte er Politiker wie Mahatma Gandhi oder Martin Luther King, die sich auf ihn beriefen. Er besaß drei Stühle in seinem Waldhaus. Die sind ebenfalls unsterblich geworden, weil sie von Soziologen als Metaphern benutzt werden. Ein Stuhl für die Einsamkeit. Einer für die Freundschaft und einer für die Gesellschaft.«

Ich drückte meine Mutter bewundernd und ließ meine Gedanken wieder frei.

»Dich beschäftigt eigentlich etwas ganz anderes«, sagte sie. »Warum du Menschen erkennen kannst, so wie Regine Hildebrandt oder einen Einsiedler wie Henry David Thoreau, und andere nicht. Ewig sichtbar für dich ist immer und ausnahmslos deine Familie, sonst würdest du uns unter all den Toten niemals finden. Sobald du dich in einer bestimmten Situation befindest, zufällig oder geplant außerhalb der Familie, wirst du Gesichter identifizieren können und ihre Körper sehen. Sowohl Freunde aus deinem Leben als auch Menschen, die du nur einmal oder sogar nie getroffen hast. Berühmte Tote, die Jahrzehnte oder Jahrhunderte vor dir verstorben sind, würden dir dann hier begegnen in der Gestalt, in der sie starben. Müsste für einen Journalisten, wie du einer bist, wie du einer gewesen bist, doch spannend sein zu erleben, oder etwa nicht?«

In der Tat. Die von Reportern im Diesseits an berühmte Zeitgenossen oft gestellte Frage, welche historische Person sie gern interviewen würden, falls so etwas denn möglich wäre, ist im Jenseits kein Spiel mit Konjunktiven, sondern machbar.

»Ich könnte mir also aussuchen, mit wem ich reden möchte, eine Liste mit allen mir einfallenden Namen erstellen, ohne Beschränkungen, ohne Zeitdruck?«

»Die Zeit ist tot wie alles und wie alle. Du kannst dir aus zweitausend Jahren Geschichte die Großen aus allen Epochen der Menschheit aussuchen. Von Julius Caesar bis John F. Kennedy, von Leonardo da Vinci bis Johann Wolfgang Goethe, von Joseph Haydn bis John Lennon.«

»Das heißt, die alle könnte ich erleben, wobei erleben das falsche Wort ist, besser gesagt: beobachten, wie Brandt und Hildebrandt, weil sich in solchen Momenten Gegenwart und Vergangenheit verbinden zu einer Situation, zu einer gemeinsamen Szene?«

Sie nickte.

»Ob du dich in ein Atelier von Pablo Picasso beamst oder zu einem Konzert mit Karajan oder zu Dreharbeiten mit Marilyn Monroe oder in den Pariser Autobahntunnel, in dem Prinzessin Diana tödlich verunglückte, oder zu Elvis Presley nach Las Vegas oder zu Golda Meir in einen Kibbuz – alles ist machbar, alles ist denkbar, alles ist vorstellbar. Alle sehen aber aus wie in den Stunden ihres Todes. Das Jenseits ist ja kein Jungbrunnen.«

»Und mit ihnen könnte ich auch sprechen?«

»Zumindest könntest du es versuchen.«

»Und in welcher Sprache? In Hollywood wäre es wahrscheinlich einfach, denn alle sprechen Englisch. Bei Picasso käme ich wohl mit Französisch durch, aber wenn ich zum Beispiel Kleopatra treffen würde und wissen will, ob sie tatsächlich gemeinsam mit Antonius Selbstmord begangen hat oder ob sie ermordet wurde, müsste ich einen Dolmetscher finden, der Koptisch für mich übersetzen kann. Falls es stimmt, dass die damals Koptisch sprachen und nicht Griechisch.«

»Nein, auch einen Dolmetscher brauchst du nicht, der wäre unter den Milliarden von Toten hier auch kaum so schnell zu finden. Du kannst auch nicht wie früher im Internet nach Experten suchen, weil es im Jenseits kein WLAN gibt. Aber so wie jeder die Gedanken des anderen lesen kann, falls die nicht verschlüsselt sind, können alle einander verstehen. Was du sagst, wird für deine Gesprächspartner übersetzt, deren Sprache simultan in deine.«

»Aber wie finde ich diejenigen, die ich sehen will? Ich weiß ja nicht, wo die sich hier aufhalten oder wohin sie unterwegs sind. Und viel wichtiger: Wie finde ich zurück zu euch unter all den unsichtbaren Seelen?«

»Ein einziger Gedanke genügt. Dann bist du wieder bei uns. Mehr noch. Wenn du an bestimmte Menschen in deinem Notizbuch denkst, könntest du darin blättern und nachlesen, was du mal über die aufgeschrieben hast,«

»Das verstehe ich nicht.«

»Du musst nicht mehr alles verstehen. Das ist neu für dich. Das widerspricht dir eigentlich. Es reicht, wenn du vieles als gegeben einfach hinnimmst. Egal, wie absurd es dir auch scheinen mag. Falls du, sagen wir, Frank Sinatra hören willst, denk dir sein Tonstudio, und im nächsten Moment bist du bei ihm vor Ort. Falls du Sigmund Freud in seinem Arbeitszimmer erleben willst, während er eine Patientin therapiert, die auf seiner Couch liegt, stell dir die Szene vor, und schon bist du in Wien.«

»Klingt ziemlich verrückt.«

»Hier ist alles verrückt. Nicht etwa irre, sondern verrückt zur Wirklichkeit einst. Daran wirst du dich gewöhnen müssen.«

»Aber noch einmal: Wie komme ich zurück?«

»Mit derselben Methode. Du hast freie Auswahl. Wir als Familie gehören zusammen in alle Ewigkeit. Sobald du an einen von uns denkst, siehst du den vor dir, und schon bist du zu Hause. Du kannst an mich denken oder an deinen Vater oder an deine Großeltern oder an deinen Bruder.«

Der lebte bereits ein Jahrzehnt bei den Toten, bevor als Erster mein Vater ihm ins Jenseits folgte. Bis dahin muss es für ihn einsam gewesen sein, denn er war jung, als er sich umbrachte, und seine gleichaltrigen Freunde blieben im Leben zurück.

Unsere Großeltern hatten seinen Suizid nie akzeptiert, ihn verdrängt und ihn nach seinem Tod nie mehr erwähnt. Wenn bei Familienfeiern von ihm erzählt wurde, begründeten sie Verwandten gegenüber sein viel zu frühes Ableben mit einer unheilbaren Krankheit. Diese Notlüge entsprach ihrem katholischen Glauben. Selbstmördern wurde damals von der Kirche ein christliches Begräbnis verweigert, ihre Leichen verscharrte man in einer Ecke an der Friedhofsmauer. Sie sollten die Verstorbenen, die an das ihnen laut Verkündigung zustehende Himmelsreich geglaubt hatten, nicht in deren ewiger Ruhe stören. Nach Überzeugung der Kirche hatten Selbstmörder sich eines Frevels an Gottes Willen versündigt, weil sie ihr Leben selbstbestimmt beendet hatten, statt es in Gottes Namen zu ertragen. Dafür sollten sie über ihren Tod hinaus bestraft werden.

Dennoch konnten meine Eltern und meine Schwestern und ich ihn in Würde verabschieden, durften ihn gemeinsam zu Grabe tragen. Ein Pfarrer, unserem Schmerz näher als seinem Arbeitgeber, der Amtskirche, vertraute ihn der Gnade Gottes an. Und die ist unendlich. Auf dem Grabstein steht eine der letzten Zeilen aus Aufzeichnungen, die mein Bruder während seines Klinikaufenthalts verfasst hatte: *Ich habe Deinen Namen nicht vergessen, jeder Tag trägt mich der Heimat zu, und manchmal kann ich's kaum erwarten, wieder Kind unter Kindern zu sein.*

Die Sehnsucht, zurückzukehren in eine angstfreie Kindheit, muss in ihm gewachsen sein, bis er ihr schließlich nachgab. Was ihm nur dann möglich schien, wenn er sich dem Erwachsenwerden verweigerte. Psychiater hatten ihn nach adoleszenten schizophrenen Schüben, die monatelang behandelt worden waren, als geheilt entlassen. Meine Eltern holten ihn in der Klinik ab, fuhren mit ihm heim. Endlich war er wieder im Haus der Kindheit, seiner Kindheit. Sein Zimmer unverändert. Sein Klavier. Sein Schreibtisch. Seine Bücher.

In der folgenden Nacht brachte er sich um. Er war nicht überzeugt davon, geheilt worden zu sein, hatte keine Hoffnung mehr gehabt, je wieder musizieren und schreiben zu können wie einst als Jugendlicher. Mein Vater, der ihn auf dem Bett liegend fand, wie schlafend, überlebte den Tod seines jüngsten Sohnes um vierzehn Jahre. Er wirkte in der ihm verbleibenden Zeit zwar äußerlich stark, war aber innerlich erstarrt. Schon in guten Zeiten sprach er nie über sein Inneres, nie über das, was ihn bewegte. Zündete nach dem Tod seines jüngsten Sohnes Nacht für Nacht eine Kerze an, setzte sich ins Zimmer meines Bruders, hörte sich immer wieder von Tonbandkassetten, die er in einer Kiste gefunden hatte, seine Stimme an.

Er traf ihn erst wieder, als auch er hinüberwechselte zu den Toten.

»Hast du ihn je gefragt, warum er sich umgebracht hat?«, wollte ich jetzt von unserem Vater wissen, denn inzwischen waren meine Mutter und ich wieder dort angekommen, von wo wir gestartet waren. Mitten in der Familie.

Er schüttelte den Kopf. »Nein.«

»Aber warum denn nicht?«

»Wahrscheinlich fürchtete ich seine Antwort. Ich fühlte mich zeit meines restlichen Lebens schuldig an seinem Tod, als hätte ich den verhindern können, habe ihn aber nicht verhindert.«

Wie auf Verständnis hoffend schaute er dabei zu einer alten Frau, die links neben ihm saß. Seine Mutter. Meine andere Großmutter, die ich als kleiner Junge erlebt hatte. Wir Kinder nannten sie *Anderoma*. Neben ihr saß ein Mann. Ähnlich jung wie der, den meine mir nahe andere Großmutter in ihren Armen hielt.

»Ein weiterer Onkel von dir«, erklärte die andere Oma, an deren Gestalt und Gesicht ich mich nur vage erinnerte. »Auch ihn hast du nie erlebt, weil du ja erst nach seinem Tod auf die Welt gekommen bist. Auch er ist im Krieg geblieben. Gefallen fürs Vaterland. Scheiß Vaterland. Scheiß Krieg. Der Bruder deines Vaters, mein erstgeborener Sohn, wurde in Griechenland verscharrt. Ich habe zeitlebens nie erfahren, wo er ruht.«

Ihr Mann, Beamter der Deutschen Reichsbahn, der mein anderer Opa hätte sein können, war verstorben, als seine beiden Söhne noch kleine Kinder waren. Die staatliche Rente, die ihrer Mutter als Witwe eines Beamten zustand, reichte knapp zum Leben.

Deshalb mussten sie in ihren Schulferien bei reichen Verwandten in Mecklenburg auf deren Feldern schuften. Das hatte mir mein Vater erzählt, als wir kurz vor seinem Tod unsere gemeinsame Reise in seine Vergangenheit planten. Nach seinem Abitur, da war er siebzehn, begann er als kaufmännischer Lehrling in einer Speiseölfabrik, begrub er seinen Traum, Geschichte oder Musik zu studieren, weil das nicht finanzierbar gewesen wäre, wovon auch. Er leistete mit seinem Lohn einen Beitrag für den mütterlichen Haushalt.

»Ich habe dir ja oft erzählt, dass in dem Gymnasium, wo 25 Jahre nach deinem Abitur auch ich mal zur Schule ging, auf einer Ehrentafel die besten Schüler eines jeden Jahrgangs verzeichnet waren und immer dann, wenn ich mal wieder eine Fünf schrieb, als Vorbild auf dich hingewiesen wurde. Von manchen Lehrern sogar aus persönlicher Erfahrung, weil sie dich noch unterrichtet hatten.«

»Das hat dich genervt«, lachte er endlich mal genüsslich. »Ich kann mich sehr genau daran erinnern.«

Wischte dann mit einer einzigen Handbewegung die Erinnerung weg und löschte damit auch sein Lachen.

»Aber du wolltest mich eigentlich wohl etwas anderes fragen.«

»Ja, ich wollte von dir wissen, warum du noch immer so viel Angst hast, unseren Jüngsten über die Nacht seines Selbstmords zu befragen. Denn falls ich das richtig verstanden habe, gibt es hier so etwas wie Angst oder auch Schmerz doch nicht mehr. Sind gestorben mit unserem Tod.«

Mein Vater antwortete nicht. Auch meine Mutter schwieg.

Dann schaute sie mich an und bat leise, kaum vernehmbar, ob ich denn nicht ... jetzt, da ich tot sei, mit ihm reden könne.

»Du hattest doch eine besondere Beziehung zu ihm.«

Jetzt schwieg ich. Hatte ich die wirklich? Zu seinem 20. Geburtstag, kurz vor seinem Tod, schrieb ich ihm einen Brief von Bruder zu Bruder und bat, falls ich mich recht erinnerte, er möge mir bei meinem nächsten Besuch in der Klinik erzählen, was ihm in der Familie stinke und was er an uns nicht möge und ob das alles zu tun haben könnte mit seiner Krankheit. Den genauen Wortlaut weiß ich natürlich nicht mehr.

Mein Bruder, der alles mitgehört hatte, lächelte bei der Vorstellung, nach so vielen Jahrzehnten zu beantworten, warum er sich von seinem Leben verabschiedet hatte, als es ihm nicht mehr lebenswert war.

Er zog mich fort von unseren Eltern.

»Willst du das wirklich wissen?«

Ich nickte.

9

Mein Bruder begann zu erzählen.

»Ich musste noch zur Schule gehen, als du dich von uns verabschiedet hast zum Studium und bald bei dieser Zeitung in München volontiert hast. Ich habe jede Gelegenheit benutzt, mich den üblichen Familienabenden vor dem Fernsehapparat zu entziehen. Das ist nicht abschätzig gegen unsere Eltern gemeint, für sie war das okay, es war aber nicht das, was ich Abend für Abend ertragen konnte. Ich habe lieber allein in meinem Zimmer gelesen, habe irgendwann eine Band gegründet, Musik gemacht, habe eigene Texte gesungen.«

»Und dich wahrscheinlich, gib es zu, wie einst auch wir in deinem Alter unter der Uhr, wie man das nannte, mit Freunden getroffen auf ein kleines Bier.«

»Ja, stimmt. Schmeckte nicht so bitter, eher sogar süß.«

»Alt mit Schuss, wenn ich mich recht erinnere.«

»Genau so«, lachte er, »genau so.«

»Und wir kauften damals in der Milchbar nebenan einzelne Zigaretten für zehn Pfennig, die wir zum Bier rauchten, und kamen uns wie richtige Männer vor.«

»Auch das stimmt. War bei uns genauso.«

»Hattet ihr nicht sogar für einen Auftritt eine Kritik bekommen in der Lokalzeitung? Worauf die ganze Familie stolz war?«

»Ja, in der stand was, Vater hat den Artikel bestimmt aufbewahrt. Zwei Tage nach meinem Abitur zog ich aus, so wie du nach deinem Abitur sofort abgehauen bist, und fing auch an zu studieren, weit, weit weg von unserer kleinen Stadt, in der wir lebten. An der Universität kam ich zum ersten Mal mit Haschisch in Berührung, das gab es bei uns in der Provinz nicht, und ich fühlte mich freier denn je.«

»Aber dabei blieb es doch nicht. Hast du nicht auch LSD geschluckt?«

»Ja, habe ich. Die Wirkung war zunächst großartig. Ich sah Welten, von denen ich noch nie etwas gesehen oder gehört hatte. In allen Farben. Ich wurde geradezu süchtig nach solchen Visionen.«

Diese Trips, so erklärten es ihm und uns nach seinem Zusammenbruch die Ärzte, hatten einen schizophrenen Schub ausgelöst. Der hatte meinen Bruder aus der realen Welt geschleudert in eine dann nur ihm real scheinende irreale. Er hörte Stimmen. Er sah Gespenster. Unterbrochen war sein Abdriften jedoch immer wieder für eine gewisse Zeit durch eine Rückkehr in die Wirklichkeit.

»Das hatte uns hoffen lassen, dass du irgendwann wieder der werden würdest, der du für uns warst. Der Jüngste hat traditionell eine besondere Stellung in jeder Familie, eine eigene. Die hattest auch du. Unsere Eltern konnten sich in ihrer Liebe und mit ihrer Fürsorge ganz auf dich konzentrieren, weil wir Älteren bereits weggezogen waren. Bis dann auch du ausgezogen bist.«

»Ich war nie so, wie ihr mich gesehen habt. War nie der, den ihr in mir vermutet habt. Wenn ich für unsere Rockband eine Melodie komponierte oder wenn ich für einen Song einen Text schrieb, wollte ich damit nicht etwa beweisen, dass ich etwas besonders sei. Musik zu machen und Songs zu schreiben waren meine Gegenwelt zu der Welt unserer Eltern. Ihre Nähe erdrückte mich, auch wenn ich sie auf meine Art liebte. Ich musste mich befreien, deshalb musste ich raus.«

»Was du ja auch geschafft hast. Aber …«

»Weiß schon, was du fragen willst: warum ich mich dann ausgerechnet in meinem Zimmer umgebracht habe. Ich wusste, dass ich als geheilt galt nach den Monaten in der Psychiatrie, aber ich wusste natürlich auch, dass es jederzeit einen Rückfall geben könnte und dass ich dann ein Pflegefall werden und eingeschlossen sein würde in der Abteilung, in der ich Monate lang immer unter Aufsicht war. Eine schreckliche Vorstellung. Dorthin wollte ich nie mehr. Deshalb musste ich raus aus einem Leben, das mich erwarten könnte, nämlich angewiesen zu sein auf andere. Ich habe allen vorgespielt, unseren Eltern wie den Ärzten, meinen Freunden, auch dir bei deinen Besuchen, in eurem, in ihrem Sinne wieder normal und gesund zu sein. Hatte mir aber längst ein Mittel besorgt, das ich brauchte, um in der normalen Welt nicht mehr leben zu müssen. Mich umzubringen, bedeutete meine endgültige Heilung.«

»Hättest du das alles in einem Abschiedsbrief geschrieben, wäre es für unsere Eltern leichter gewesen, mit dem Verlust weiterleben zu müssen. Das hätte sie zwar kaum weniger leiden lassen, aber sie hätten eine Erklärung vorgefunden, die sie vielleicht getröstet hätte. Du hast dich an jenem Abend von ihnen stattdessen mit ›Gute Nacht, bis morgen‹ verabschiedet und in deinem Zimmer die Tabletten geschluckt. Warum bloß auf diese Art?«

»Weil es schnell ging. Als ich aufwachte, war ich hier im Jenseits. Ich kannte zwar niemand, denn von unserer Familie war noch keiner da. Doch für mich zu sein hatte mich nie gestört. Im Gegenteil. Ich liebte es. Außerdem war ich beschäftigt, denn all das, was wir dir erzählt haben von den hier geltenden anderen Umständen und Regeln, musste ich höchst mühsam lernen, war dabei allein auf mich gestellt.«

»Und wie hast du das geschafft, ohne jemand befragen zu können?«

»Ich ließ mich treiben. Schwebend treiben. Immer dann, wenn ich Konkretes zu sehen glaubte, Szenen oder Menschen, blieb ich stehen und hörte den Reden oder Gesprächen zu. Ich war ja unsichtbar. Das hat wahrscheinlich nach unserer alten Zeitrechnung viele Jahre gedauert, aber Jahre zählen in der Ewigkeit nicht mehr.«

»Und als unser Vater ankam, warum hast du dann nicht endlich mit ihm über die Nacht deines Selbstmords gesprochen?«

»Ich wollte ihm nicht wehtun.«

»Und weil auch er dich nie gefragt hat, habt ihr das Thema Selbstmord verdrängt?«

Er schwieg.

»Würdest du mit mir darüber reden? Nicht jetzt. Irgendwann einmal. Wir haben noch genügend Gelegenheiten dafür. Es gibt noch vieles, was ich erst einmal für mich begreifen muss vom System Jenseits.«

Er nickte und ließ sich wieder fallen.

Ich mich auch.

In der Tat brauchte ich Zeit für mich, obwohl es keine Zeit mehr gab. Darüber wollte ich in Ruhe nachdenken und anhand konkreter Beispiele ausprobieren, ob das, was ich glaubte begriffen zu haben, tatsächlich auch funktionierte. In Situationen, bei Ereignissen, an Orten, vor allem auch mal an solchen, die mich prägten, immer mal abzutauchen in mein Leben vor dem Tod. Ich verschlüsselte meine Gedanken und öffnete eine mit bewegten Bildern gespeicherte persönliche Datei.

Mein eigenes Kopfkino.

Auf diese simple Art hatte ich tiefschwarze Kliniknächte nach der Krebsoperation überstanden, in denen ich nur schlafen wollte und insgeheim hoffte, nie mehr aufwachen zu müssen. Irgendwann hatte ich mich jedoch für den Kampf gegen den großen Schlaf entschlossen und psychisch selbst behandelt, mit

Erinnerungen aus meinem Leben, statt mich mit Psychopharmaka ruhigstellen zu lassen. Zurückzuschauen an lebensleichte Augenblicke meines Lebens half mir über Todeswünsche hinweg. Die Vergangenheit wurde zur hilfreichen Gegenwart, als würde ich sie just in den Momenten gesund wie einst erleben.

Im Unterschied zu dem, was ich hier erfahren könnte in Begegnungen mit wem auch immer – Picasso, Churchill, Karajan, Gutenberg, Kennedy, Mozart, Shakespeare, Rilke, Bach –, könnte ich Selbsterlebtem begegnen, eingefroren in jener Zeit, in der es passiert war. Eine Art dritte Dimension im Jenseits. Alle würden so jung sein, wie sie damals waren, jung also auch ich. Falls die Freunde inzwischen verstorben sein sollten so wie ich, könnte ich sie sogar erneut sehen, diesmal in der Ewigkeit und in der Gestalt, in der sie starben.

Das Jenseits funktionierte auch als Zeitmaschine. Ich war neugierig und fuhr meinen biografischen Rechner hoch, bis ich die dort gespeicherten Szenen und Menschen sah. Meine Vergangenheit erlebte ein Comeback, eine Wiederauferstehung.

10

USA, Florida, Key West: Ich saß im Garten und pfiff ein Lied. Kolibris in Bäumen und auf Stromleitungen zwitscherten mir die Melodie nach. Wir gründeten einen A-capella-Twitter-Chor. Eine Katze blinzelte mir zu. Wir kannten uns. Wenn bei Einbruch der Nacht die Toten auf dem Friedhof gegenüber zu wispern begannen, kam sie durch eine Klappe ins Haus, in dem ich schrieb. Dem deutschen November war ich entflohen. In Florida war zwar im Kalender gleichfalls der November angebrochen. Aber hier wurde er bestrahlt von der Sonne, erwärmt vom Golfstrom, ist deshalb keiner üblen Nachrede mehr wert.

Die Katze miaute und legte sich auf die Porch, schlabberte mit spitzer Zunge Wasser aus dem Pool, über dem Glühwürmchen tanzten, putzte sich ihren Tag vom Fell und wartete ab, was ihre Bezugsperson, meine Frau, als Mahlzeit anzubieten hatte. Geräucherte Putenbrust war ihr am liebsten.

In Key West suchten sich Katzen einen Lieblingsmenschen auf Zeit, und jeder Mensch fand umgekehrt Lieblingskatzen auf Zeit. Die meisten *cats* waren heimatlos, namenlos, aber sie waren frei. Streunten durch die Straßen, wo vor vielen Häusern Trockenfutter für sie bereitlag, schliefen tagsüber auf Grabsteinen oder parkenden Autos, verschwanden irgendwann über Nacht, versteckten sich zum Sterben in Büschen, tauchten nie wieder auf.

Sie passten sich denen an, die ständig hier lebten. In Key West schien es keine Werktage zu geben, an denen seine Bewohner arbeiteten oder wenigstens so taten. Sie ließen nur lässig die Zeit vergehen. Was natürlich nicht stimmt. Sie arbeiteten wirklich. Um sich Key West leisten zu können, also ihre Stadt, mussten sie viel leisten. Sich von Touristen zu ernähren galt deshalb als *hard work*. Denen führten sie ihre Stadt vor. Erzählten an jeder Ecke eine passende Geschichte, die sie sich täglich aufs Neue ausdachten. Ob die stimmte, war egal. Sie musste nur stimmig sein und gut klingen in den Ohren der Touristen. Mehr wurde nicht verlangt.

Sonntags waren Einheimische auf dem Cemetery mit ihren Toten vereint unter sich, so wie ich jetzt im Jenseits mit den meinen. Der Friedhof ist berühmt wie alle anderen Sehenswürdigkeiten in Key West – das Domizil von Hemingway, der Mallory Square, die lärmtrunkene Duval Street.

Touristen wollten ausgerechnet in Key West über den Tod nichts hören. Wollten im Meer schwimmen, unter Palmen die Tage verträumen, zum Angeln fahren, nach Muscheln und Korallen tauchen, Gaukler und Maler und Musiker auf dem Mallory Square bestaunen, allabendlich dort den Untergang der Sonne beklatschen, als habe die exklusiv für sie einen Auftritt inszeniert, wollten Conch Fritters verschlingen, Margaritas on the Rocks aus Plastikbechern trinken, ungern nüchtern zu Bett gehen – und dies möglichst nie allein.

Wer für immer in Key West bleiben wollte, nicht nur für Wochen wie ich, brauchte Geld. Viel Geld. Zog aus der südlichsten Stadt der Vereinigten Staaten, neunzig Meilen übers Meer von Kuba entfernt, nur dann weg, falls doch noch eine größere Sehnsucht lockte als die alltägliche hier. Die meisten hatten ihre Endstation Sehnsucht erreicht, waren angekommen da, wohin sie schon immer wollten.

Und blieben deshalb bis zu ihrem Ende.

So wie mein Freund, der auf den Florida Keys sein Ziel gefunden hatte. Ich sehe es vor mir, als würde ich es in diesem

Augenblick erleben, sehe ihn vor mir, als würde er mir jetzt gerade zuwinken. Noch drei Monate vor seinem Tod standen wir beim Weihnachtsturnier von Key West auf dem Tennisplatz. Flogen im Doppel bereits in der ersten Runde raus. Er spielte viel besser als ich, trainierte jeden Tag, mal mit dem Sheriff, mal mit dem New Yorker Ex-Banker, seinem Nachbarn.

Ansonsten saß er tagsüber auf seiner Porch, trank Eistee, schaute CNN, las die *New York Times*. Artikel über Kultur und Style hatten ihn nie interessiert, er hielt mir, seit wir uns aus gemeinsamen Münchner Zeiten kannten, stets spöttisch vor, zu viel zu lesen und zu viel zu schreiben und deshalb mit dem Rücken zum wahren Leben zu stehen.

Er liebte das wahre Leben und erlebte in dem jede sich ihm anbietende wahre Liebe. Wirklich jede. Er rauchte Gitanes. An den Folgen ist er gestorben. Lungenkrebs. Da ich inzwischen tot bin wie er, kann ich mich nicht nur an ihn erinnern in jenen Zeiten, als wir jünger waren, kann ihn lebend vor mir sehen wie er damals aussah, sondern könnte ihn jetzt treffen und mit ihm reden. Jederzeit. Mit diesem Ausblick auf die Zukunft lösche ich die Vergangenheit und sehe wieder die Gegenwart vor mir.

Meine tote Familie.

»Habe ich das jetzt richtig verstanden? Ich kann mir eine bestimmte Vergangenheit zwar in meine Gegenwart holen hierher, aber mit denen, die dabei auftauchen, nicht mehr reden so wie früher? Weil die Szenen, die ich sehe, damals stattfanden, als wir noch lebten?«

»So ist es, du siehst Szenen wie die aus einem Stummfilm«, antwortete mein Bruder. »Mit den Toten dagegen, die in Ewigkeit mit dir leben werden, und zwar mit allen Toten, egal, ob du sie tatsächlich getroffen oder von ihnen nur gehört oder gelesen hast, kannst du kommunizieren, weil sie, wie wir alle, und nun auch du, hier irgendwo schweben. Was nicht funktioniert, ist ein Comeback der Vergangenheit, gepaart mit deinem Wissen post mortem. Klingt kompliziert, aber du wirst auch das bald begreifen.«

»Sollte ich nicht mal einen Versuch unternehmen«, wollte ich von ihm erfahren, »sollte ich mich mal treffen mit Prominenten, die ich in der Wirklichkeit nie getroffen habe?«

»Nur so wirst du es begreifen.«

»Ist es denn egal, wie lange die bereits im Jenseits sind? Ob die schon Jahrzehnte oder gar Jahrhunderte vor mir gestorben sind? Kann ich alle besuchen, mit allen reden, die mich interessieren? Und genügt es, dass ich sie mir vorstelle, an sie denke – und Sekunden später stehe ich ihnen gegenüber? Könnte ich mich in eine Vorlesung von Einstein, in ein Konzert von Karajan, in das Atelier von Warhol oder Monet oder Vermeer oder Picasso versetzen und ihnen bei der Arbeit zusehen?«

»Nicht nur zusehen, sie nicht nur beobachten, du kannst dich auch mit ihnen unterhalten. Vergiss aber nicht: Du siehst sie so, wie sie aussahen, als sie starben, also alt, und nicht mehr so, wie du sie vielleicht mal auf Fotos gesehen hast früher.«

»Kommst du mit?«

»Hast du etwa Angst alleine, ausgerechnet du?«

»Ein wenig, ja.«

»Brauchst keine Angst zu haben. Nie mehr. Ab jetzt sind Angst und Schrecken, Katastrophen und Kriege ausgelöscht. Alles, alles tot. Und alle, die sich einst nicht ausstehen konnten, die sich das Leben schwer machten, sind hier friedlich vereint. Alles Gewesene ist vorbei. Gilt aber nicht für Menschenhändler, Mörder, Folterer, Kinderschänder, Despoten, aber das weißt du schon. Ähnlich wie Krankheiten geheilt sind, an denen man starb, auch deine Krankheit, sind anderen ihre allzu menschlichen einstigen Sünden vergeben. Hier bist du schmerzfrei gesund in alle Ewigkeit.«

»Klingt für mich wie ein Gnadenerlass, wie ein Generalpardon.«

»Ließe sich so deuten, falls man unbedingt eine Erklärung braucht für das Unerklärliche, es nicht akzeptiert, ohne nach einer inneren Logik zu suchen, ohne seinen Verstand einzuschalten, statt es schlicht und einfach hinzunehmen als eine Amnestie dank der Gnade Gottes oder der des Jenseitigen. Ich bleibe mal beim Beispiel Picasso, weil du den gerade erwähnt hast. Wenn du dich zu ihm denkst, triffst du bei ihm nicht auf Besucher wie da Vinci oder Rembrandt oder Rubens, denn die sind Jahrhunderte vor Picasso hier angekommen und haben noch nichts von ihm gewusst. Du triffst, wenn überhaupt, bei ihm auf Künstler, die ihn schon kannten, bevor sie gestorben sind, oder die nach ihm starben und seinen Weltruhm erlebt haben. Hast du das Prinzip verstanden?«

Ich nickte.

»Soll ich dich nun begleiten?«

»Nein, nein, ich will es allein schaffen. Sonst begreife ich es nie. Und ich beginne mit Picasso. In welchem seiner zahlreichen Ateliers würde ich ihn denn antreffen?«

»Stell dir entweder sein erstes Atelier in Paris vor oder eines später an der Côte d'Azur«, empfahl er mir und ließ sich wieder fallen.

Ich verschlüsselte meine Gedanken, stellte mir das Atelier eines Malers vor, irgendeines – bemalte Leinwände, verschmierte Paletten, halb volle Terpentinbehälter, trockene Pinsel, jungfräuliche Farbtuben, aufgeklappte Staffeleien –, denn ein spezielles von Picasso hatte ich nicht im Kopf. Aber gespeichert ein Bild von ihm bei der Arbeit.

11

Sekunden später, zumindest kam es mir wie Sekunden vor, stand ich in einem schmalen Flur, der von Tauben bewohnt war, die links und rechts in Weidenkäfigen auf hölzernen Stangen saßen. Alle stumm und alle reglos, kein aufgeregtes Geflatter, keiner der gewohnten Gurrlaute. Ich ging näher ran an die Gitter und sah, warum die Tauben still waren. Es handelte sich um Tauben aus Porzellan oder aus Keramik, so genau konnte ich das im Halbdunkel nicht erkennen. Sie wirkten lebendig nur beim ersten Blick.

Der Gang endete in einem hellen Raum. Durch das offene Fenster sah ich die grauen Dächer von Paris, den Eiffelturm, den Montmartre und die verwundete Kathedrale von Notre-Dame. Das Großfeuer hatte ich noch live im Fernsehen erlebt.

Vor einer Staffelei stand mit freiem Oberkörper, in kurzer Hose und barfuß, in der rechten Hand eine Zigarette, in der linken einen Pinsel, Pablo Picasso. Der erste Popstar der Kunstgeschichte als alter, faltiger Mann. Er war 91-jährig gestorben. Picasso drehte seinen Kopf in meine Richtung und lächelte mir zu.

»Lass dich einfach fallen, so wie alle anderen hier. Stühle oder Sessel gibt es bei mir nicht. Die braucht man nicht mehr.«

Wie mir meine Mutter vorausgesagt hatte, verstand ich ihn sofort. Er sprach Spanisch, ich sprach Deutsch. Wir benötigten keinen Übersetzer. Was aber hatte er mit den anderen gemeint?

Ich schaute mich um.

»Darf ich vorstellen?«, sagte er, als würde es sich um die Vernissage einer Ausstellung handeln, bevölkert von Gästen, die sich nicht kannten, ließ Asche auf den Boden fallen, wenigstens schien es mir so, und schlug, ohne Zigarette oder Pinsel abzusetzen, einen großen Bogen, der den ganzen Raum umschloss.

»Links von meiner Staffelei sitzt mein bester Freund Henri Matisse, lange vor mir gestorben, sitzen meine Geliebten Eva Gouel und Fernande Olivier, sitzt meine wilde Dora Maar, sitzt meine geliebte Frau Olga Chochlowa, und neben ihr ist unser Sohn Paolo. Rechts von mir«, und Picasso deutete jetzt in die Richtung des offenen Fensters, »Marie-Thérèse Walter und Jacqueline Roque, die sich, wie du gelesen haben wirst, umgebracht haben.«

Nicht seinetwegen, stellte er sofort klar, beide starben schließlich erst viele Jahre nach seinem Tod. Als sie ankamen und ihn trafen, hätten sie ihm erzählt, dass sie sich aus purer Angst vor dem Alter freiwillig aus dem Leben verabschiedet hatten.

»Die Dame mit dem kurzen Haarschnitt in der Ecke ist Gertrude Stein. Als wir uns kennenlernten, mochte sie meine Bilder überhaupt nicht. Für ihren amerikanischen Geschmack zu unruhig, zu wirr, zu abstrakt. Dennoch hat sie mir geholfen, hat mir Käufer beschafft über ihre Kontakte zu wichtigen Galeristen. Sie hat mich, selbst wenn das pathetisch klingen mag, von der Armut befreit. Und ich habe sie gemalt. Übrigens ist sie die einzige Frau unter all meinen Frauen, mit der ich nie eine Affäre hatte.«

Logisch, dachte ich, Gertrude Stein machte sich nichts aus Männern. Sogar aus einem Mann wie Picasso nicht.

Ich verbeugte mich nach links und nach rechts. Ein Händedruck schien mir unangebracht. Auch wusste ich nicht, ob das unter Toten noch üblich war. Wir alle waren ja körperlos, und Seelen per Handschlag zu begrüßen schien mir absurd.

Picassos Frauen waren nicht mehr strahlend jung und schön wie einst, als sie sich dem Feuerkopf hingaben. Der Tod hatte ihre Gesichter im Alter eingefroren wie auch Picassos Gesicht.

»Was führt dich zu mir?«, fragte er. »Malst du auch?«

»Nein, ich schreibe. Artikel, Bücher. Das heißt: Ich habe geschrieben. Jetzt bin ich tot, so wie du. Meine Neugier auf Menschen hat mich offenbar überlebt. Die spüre ich nach wie vor. War mal unabdingbar für meinen Beruf.« Und wusste, kaum hatte ich es ausgesprochen, wie geschwollen sich das anhören dürfte.

»Also bist du ein Schriftsteller, ein Poet.«

»Nein. Nur ein Journalist.«

Ich trat zur Stirnwand, an der Zeichnungen, Skizzen, Fotos hingen. Die meisten von denen zeigten Picasso bei der Arbeit an »Guernica«, das er 1937 nach der Bombardierung der Stadt Guernica durch die deutschen und italienischen Verbündeten der Franco-Faschisten gemalt hatte. Das Original, ein riesiges Wandgemälde, hängt im Museo Reina Sofía in Madrid, ist so berühmt wie Pablo Picassos »Demoiselles d'Avignon«. Reproduziert als Tapisserie hatte ich es mal im Gebäude der Vereinten Nationen in New York gesehen.

Dora Maar hat ihn während der Arbeit an diesem Bild fotografiert. Sie war die Einzige, die ihn besuchen durfte in den sechs, sieben Wochen, in denen »Guernica« entstand. Sie und er waren trotz Picassos Seitensprünge auf andere Frauen fast zehn Jahre lang ein Paar. Sie war seine Geliebte, war seine Muse, und sie war sein Modell. Er malte sie als Frau im »Gelben Pullover«, er verewigte sie in »Guernica«, wo sie mit schreckverzerrtem Gesicht eine Lampe über sterbende zerfetzte Tiere und verzweifelte zerrissene Menschen hält, er porträtierte sie auf seine Art in vielen »Weinenden Frauen«, mal mit rotem Hut, mal mit gelbem Schal, mal pur. Er begehrte sie, er quälte sie, er verließ sie.

Als sich der Egomane in Françoise Gilot verliebte, vierzig Jahre jünger als er, und von Dora Maar trennte, stürzte sie in Depressionen, war selbstmordgefährdet, unterzog sich einer Elektroschocktherapie. Ihr Psychiater Jacques Lacan sah am Ende seiner Behandlung nur zwei Alternativen: Einweisung in eine geschlossene Anstalt, um einen Suizid zu verhindern, bis sie geheilt sein würde, oder sie musste sich eine neue Gottheit suchen, der sie sich so bedingungslos hingeben könnte wie Picasso. Ausgerechnet im Schoß der katholischen Kirche, wo Frauen entweder eine vom Satan geschaffene Versuchung sind oder aber Gottes Vertretern auf Erden zu dienen haben als androgyne Wesen, fand die verlassene Frau Zuflucht.

Das alles war bekannt. Auch mir. Gedruckt in vielen Büchern über Dora Maar.

Zum Abschied schenkte ihr Picasso ein Haus auf dem Land, in dem sie bis zu ihrem Tod 1997 lebte. Dort vergrub sie sich in ihre Erinnerungen, dort bewahrte sie alles auf aus ihren mit ihm verlebten Jahren: bemalte Streichholzschachteln, vollgekritzelte leere Zigarettenpäckchen, signierte Papiertischtücher aus dem Deux Magots, in dem sie sich kennengelernt hatten. Er damals 56 Jahre alt, sie 28. Die Versteigerung dieser kleinen Picasso-Werke erbrachte für ihre Erben 25 Millionen Euro. Sogar der bemalte Klodeckel des Hauses – *Da kann Dora beim Scheißen auf meinem Werk sitzen*, soll der unverbesserliche Macho die Verzierung zynisch kommentiert haben – erzielte bei der Versteigerung eine hohe Summe.

Picasso behielt, auch das war nachzulesen, in einer Vitrine sichtbar für alle, die ihn besuchten, einen Handschuh mit getrockneten Blutflecken, der Dora Maar gehört hatte. Denn als sie sich zum ersten Mal im Deux Magots trafen, hatte sie ein kleines Taschenmesser immer wieder spielerisch in die Lücken zwischen ihren behandschuhten Fingern auf der marmornen Tischplatte gestoßen und sich dabei mitunter ins Mark getroffen. Picasso war angeblich spontan fasziniert gewesen von dieser Frau.

»Stimmt diese merkwürdige Anekdote überhaupt?«, fragte ich eine der alten Frauen, die ich für Dora Maar hielt.

Sie nickte. Ja, die stimme.

Picasso hatte inzwischen seine Zigarette achtlos auf dem Fußboden ausgedrückt. »Seit ich tot bin, rauche ich wieder, das ging nicht mehr am Ende meines Lebens, weil ich ein Sauerstoffgerät brauchte, um überhaupt auch nur atmen zu können. In der Klinik gab es keine Raucherzimmer.«

Er lachte.

Erst als ich später wieder auf dem Rückweg war zu meiner Familie, fiel mir ein, dass ich ihn zu fragen vergessen hatte, wie er denn im Jenseits an Zigaretten gekommen war, denn Kioske oder Automaten gab es hier nun bestimmt nicht, oder ob er sich eine Zigarette täuschend ähnlich nur gemalt und so getan hatte, als könne er an ihr ziehen und den Rauch einatmen.

Picasso starb 1973. Seine ehemalige Geliebte Marie-Thérèse Walter folgte ihm vier Jahre danach: Selbstmord. Gleichfalls Suizid seine zweite Ehefrau, Jacqueline Roque, die neben Marie-Thérèse saß und sich 1986 umbrachte. Die einzige Frau, die ihn verlassen hat und nicht wie alle anderen, die ihn irgendwann langweilten, von ihm verlassen worden war, Françoise Gilot, Mutter seiner Tochter Paloma und seines Sohnes Claude, zögerte das Wiedersehen mit ihm noch möglichst lang hinaus. Sie lebt, mittlerweile 97 Jahre alt, in New York.

»Haben Sie …?«

Er unterbrach mich: »Wir bleiben beim Du. So halten es nicht alle im Jenseits, aber ich empfinde es unter Toten als passend, sich zu duzen. Nach unserem Ende sind wir doch alle gleich.«

»Hast du«, begann ich erneut, »nicht nur deine verstorbenen Lieben wieder getroffen, sondern auch deine geliebten toten Tiere?«

Er zeigte in eine Ecke des Ateliers.

»Schau selbst.«

Und tatsächlich, da saßen sie am Boden vereint. Allerdings nicht lebend wie die menschlichen Toten, sondern von ihrem Mitmenschen Picasso für die gemeinsame Ewigkeit erschaffen: die Affen, manche vor einer kleinen Staffelei, das Käuzchen, oft auf seinen Schultern sitzend fotografiert. Dackel Lump, der sich angewöhnt hatte, nachts wach zu bleiben wie sein Herr, dann bis mittags zu schlafen wie der. Die Ziege, die fürchterlich gestunken haben musste. Die weiße Maus, die er in einer Schublade beherbergte. Die Katze Mimiche, eine von den vielen Katzen, die ihr Leben mit Picasso teilten. Die Tauben, die ihn umflattert hatten unter den Dächern in Paris oder in seinen Villen in der Provence. Eine seiner Tauben wurde sogar weltberühmt – Picassos Friedenstaube, die der Kommunist, Parteimitglied mit eigener Meinung, 1949 zeichnete.

»Erwachen Tiere nach ihrem Tod etwa auch zu einem ewigen Leben wie Menschen?«, wollte ich wissen.

»Nein, die vermodern in der Erde. Und für ihre Seelen gibt es irgendwo in der Ewigkeit einen anderen Platz. Hat man mir zumindest so erzählt. Der Mensch gilt auch hier noch immer als höheres Wesen. Deswegen wird bösen Menschen tierisches Verhalten attestiert aufgrund ihrer grausamen Taten. Aber kein Tier, das sage ich dir, kein Tier würde sich so brutal verhalten wie Menschen. Sie folgen ihren Instinkten nur, wenn sie Hunger haben, fressen andere Tiere aber nie, um die zu quälen. Ich habe meine Tiere mit meiner Art unsterblich gemacht«, und dabei lachte er so, wie der junge Picasso gelacht haben dürfte, »Stiere. Fische. Ziegen. Tauben. Eulen. Hunde. Katzen. Affen. Einfach alle. In Zeichnungen. In Gemälden. In Skulpturen.«

«Woran arbeitest du?«, fragte ich, nach wie vor verblüfft, dass ich mit einem Genie wie Pablo Picasso per Du war, und zeigte auf die teilweise bemalte Staffelei. »Warum malst du überhaupt so, wie du malst?«

»Ich male so, wie andere zum Beispiel ihre Autobiografie schreiben. Die bemalten Leinwände, vollendet oder auch nicht, sind Seiten meines speziellen Tagebuches. Deshalb nummerierte und datierte ich auch alles, was ich gemalt oder gezeichnet habe.«

»Aber du weißt doch, dass für viele Menschen deine Gemälde schwer zu verstehen sind.«

»Ach, die Menschen wollen immer alles gleich kapieren. Ein Bild von mir aber muss niemand verstehen. Ich verstehe es ja auch nicht immer. Warum haben sie nicht versucht, beispielsweise das Lied eines Vogels zu verstehen? Man nimmt doch auch Blumen, Bäume, Häuser, die ganz alltägliche Umgebung als selbstverständlich hin, ohne sie jedes Mal zu hinterfragen. Warum eigentlich nicht auch die Malerei?«

»Das erklärt aber noch nicht deine Art der Kunst.«

»Ich male deshalb so, wie ich male, weil es meine Gedanken sind. Anders kann ich es nicht erklären. Die Blaue Periode zum Beispiel ist entstanden in der Trauer um meinen Freund Casagemas, der sich aus Liebeskummer umgebracht hatte.«

»Und die Reaktion der Öffentlichkeit hat dich nie interessiert?«

»Viele begreifen moderne Kunst schon allein deshalb nicht, weil ihnen nie beigebracht wurde, sie zu begreifen. Schreiben und Lesen und Singen, das hat man gelernt, aber wie man sich der Kunst nähert, wissen die wenigsten. Dabei gibt es da viel zu sehen. In jedem guten Bild eine Poesie von Farben, Schatten und Licht und Melodien. Während ich male, entwickelt ein Bild ein Eigenleben, das täglich wechselt. Ein Gemälde wird zu einem Lebewesen. Die Bilder leben aber erst dann, wenn sie betrachtet werden. Für mich ist wesentlicher, dass sie Gefühle auslösen. Denn meine Malerei ist stärker, als ich es sein kann, als ich es bin. Immer dann, wenn ich ein Gemälde beginne, werde ich ins All geschleudert, ins Unbekannte, und weiß nicht, wo ich landen werde. Man muss jedoch immer wieder noch mehr wagen, selbst wenn man sich dabei das Genick bricht.«

Ein ziemlich guter Satz, dachte ich: immer noch mehr zu wagen, ohne Angst vor einem Genickbruch zu haben. Den würde ich in meiner roten Kladde notieren.

»Aber dieses Gemälde, vor dem du jetzt stehst, in dem vermischt du doch, wie ich zu erkennen glaube, alle möglichen Stile und Farben, und zu verstehen ist das doch nur durch deine Biografie als Maler, also deine alten Gemälde.«

»Meine alten Gemälde sind mir egal. Ich bin neugierig, und das war ich immer schon, auf die, die ich noch nicht gemalt habe. Ein solches Bild wie dieses hier, das habe ich noch nie gemalt. Habe es auch zuvor nicht malen können, als alle und auch ich noch lebten. Jetzt will ich meine Frauen alle um mich versammeln. Am Tisch sitzend, gemeinsam wie Jesus und seine Jünger beim Abendmahl auf dem Gemälde von Leonardo da Vinci. Die Frauen sind alt gestorben, so wie ich alt gestorben bin. Ich will sie deshalb malen, wie sie aussahen nach ihrem Tod. Mich auch. Ich sitze in der Mitte.«

Das dachte ich mir, lieber Gott Picasso. Da ich meine Gedanken rechtzeitig verschlüsselt hatte, konnte er sie nicht lesen. Er mischte alle und alles mit allem, was die Palette an Farben und sein Kopf an Erinnerungen anbot, und malte sich so sein Leben selbst passend. Das dürfen nur Genies.

»Blau? Rosa? Klassizistisch? Kubistisch? Suchst du dir für jede Geliebte eine passende Epoche aus deiner Zeit als Künstler?«

»Beim Malen bedeutet zu suchen gar nichts. Auf das Finden kommt es an. Falls es gelingt, ist das der Augenblick eines Malers. Sein Blick auf die Welt, wie jeder sie schon zu kennen glaubt, löst bei Betrachtern ein Gefühl aus, etwas zum ersten Mal zu sehen.«

Dass er im Finden von keinem übertroffen worden war zu seinen Lebzeiten, wusste er natürlich. Wer mehr als 50000 Werke hinterlassen hat – Gemälde, Zeichnungen, Collagen, Skulpturen –, muss niemand mehr etwas beweisen. Ein frühes Werk aus seiner Rosa-Periode, der »Knabe mit Pfeife«, das damals keiner kaufen wollte, ist einige Jahre nach seinem Tod für 100 Millionen Dollar versteigert worden. Da war der Erfinder des Kubismus bereits der am teuersten gehandelte Maler auf der Welt. Doch für das Bild, das er im Jenseits malen wollte, brauchte selbst er, das Genie, noch ein ganz bestimmtes Modell.

»Also warte ich sehnlichst auf Françoise. Sie muss auf dem Gemälde zu meiner Rechten sitzen. Ich weiß aber nicht, wie sie heute aussieht. Zuletzt habe ich sie auf einem Foto kurz vor meinem Tod gesehen, und das ist nun auch schon verflucht lange her. Sie war damals noch eine junge Frau. Weiß auch nicht, was sie macht und wie es ihr geht, weiß nur, dass sie noch lebt, denn andernfalls wäre sie ja bereits hier.«

Da wusste ich mehr als er. In der *New York Times*, die ich abonniert hatte, war anlässlich eines Buchs mit Skizzen von ihren Weltreisen ein Porträt der alten Frau erschienen. Sie sprach mit einer jungen Reporterin über Kunst und das Leben und die Kunst, zu leben. Françoise Gilot führte sie durch ihr Atelier, in dem sie noch immer täglich arbeitete. Über Picasso reden wolle sie allerdings nicht. Sie habe alles, was zu sagen ist, in ihren Memoiren gesagt. Die er, dessen Namen sie nicht nannte, im Übrigen vergeblich versucht hatte zu verbieten. Sie habe, diktierte sie stattdessen der Journalistin in den Notizblock, eine eigene große Karriere als Künstlerin und nicht, weil sie ein paar Jahre mit einem Berühmten verbracht hatte.

»Es geht ihr gut. Sie lebt in New York. Arbeitet noch. Sieht regelmäßig ihre Kinder. Deine Kinder.«

Er reagierte nicht, obwohl er wissen dürfte, worauf ich anspielte. Picasso hatte den Kontakt zu seinen Kindern für immer abgebrochen, nachdem ihn ihre Mutter verlassen hatte.

Alle anderen, die mit ihm am Tisch sitzen sollten, hatte er schon gemalt, allen ein bestimmtes Tier zugewiesen. Auf Doras Schoß saß ihr einst über Nacht verschwundenes Malteserhündchen, Geschenk ihres Geliebten. Der hatte ihr täglich auf Papierfetzen einen Ersatz für das vermisste Lebewesen ausgeschnitten, mit der Glut einer Zigarette den Figuren Augen und Schnauze eingebrannt.

Die beiden Selbstmörderinnen durften ihre Katzen streicheln. Seiner ersten Ehefrau Olga hatte er eine Taube als Kopf gemalt, Henri Matisse die kleine Eule auf die Schulter gesetzt, die einst nur auf seiner Schulter saß. Gemalt war diese Tischgesellschaft mal im kubistischen Stil, mal im klassizistischen, mal in Blau, mal in Rosa.

»Keiner außer mir soll sie erkennen. Und mit erkennen meine ich nicht ihre Gestalt, jetzt, da sie tot sind. Sondern erkennen im biblischen Sinne, versteht du?«

Ja, das verstand ich. In der Liebe, denn so steht es im Buch der Bücher, und das weiß jeder, der in dem schon mal geblättert hat, und sei es auch nur aus Langeweile, weil es in irgendeinem gottverlassenen Hotelzimmer in der Nachttischschublade lag, erkennen sich die Menschen. Sex blieb ihnen als göttlicher

Funke vergönnt nach der Vertreibung ihrer Vorfahren aus dem Paradies, als glücklicher kleiner Tod vor dem mal großen.

Ich wollte wieder zu meiner Familie, konnte schließlich, falls ich das alles richtig verstanden hatte, jederzeit wieder vorbeischauen, winkte Picasso und seinen Frauen und Freunden und, ja, auch den Tieren zu, verbeugte mich, holte mir meinen Bruder in den Kopf, und der stand augenblicklich vor mir.

12

Ganz gegen seine Art, denn er verabscheute zeitlebens Oberlehrer, fing er an zu dozieren. »Du hast Picasso höchstselbst erlebt, nicht nur als Theorie des Systems Jenseits, sondern unter den Bedingungen der hiesigen Wirklichkeit. Die entzieht sich jeder Logik. Bei deinen künftigen Begegnungen mit wem auch immer wirst du deshalb nicht mehr so angespannt sein wie beim Treffen mit ihm, sondern verrückt anmutende Umstände als normal empfinden. Verrückt hat hier grundsätzlich eine andere Bedeutung. Die Koordinaten des früheren Daseins sind verrückt worden und haben nichts mehr zu tun mit verrückt im Sinne von geisteskrank, so wie ich bei meinen schizophrenen Schüben. Verrückt zu sein nach dem Tod ist eher vergleichbar mit dem Verrücken von Möbeln. Daran wirst du dich schnell gewöhnen.«

»Können sich denn alle Toten, egal, aus welchem Land sie kommen, egal, was sie in ihrem Leben gemacht haben, einen prominenten Toten ins Gedächtnis holen, Mann oder Frau, und sind danach bei denen so wie ich gerade im Atelier bei Picasso?«

»Nein, so simpel geht es nun auch wieder nicht. Die ewige Ruhe würde sonst im Chaos erwachen. Die meisten Toten haben von Beethoven oder Mozart oder Shakespeare oder Goethe noch nie etwas gehört, fallen als Bewerber für ein Treffen mit denen also schon mal aus. Zweitens gibt es selbst unter Gebildeten nur wenige, die erfahren haben, dass ein Treffen mit Picasso oder eben Goethe oder Mozart oder wem auch immer aus dieser Klasse überhaupt denkbar ist. Und drittens würde es selbst dann nur jenen gelingen, deren Neugier auf andere Menschen und Epochen mit ihrem Tod nicht gestorben ist. Also auch nicht auf die uns einst so lieben Zeitgenossen, die im Leben schon davon überzeugt waren, alles zu wissen. Letzteres trifft vor allem, wie du weißt, auf Journalisten zu.«

Jetzt hatte er die Rolle des Oberlehrers abgelegt und redete wieder mit dem ironischen Unterton in der Stimme, den ich kannte.

»Und wen hast du schon getroffen? Wer hat dir das erklärt, was du mir gerade erzählst?«

»Ich war, nachdem ich angekommen war, wie schon gesagt, nur auf mich angewiesen. Ganz allein auf mich. Von nahen Angehörigen, die mich hätten empfangen können, so wie wir dich empfangen haben, war noch niemand tot. Also musste ich sie mir vorstellen – Mutter, Vater, Großeltern. Figuren wie in einem Traum. Irgendwann muss ich wohl nicht nur von ihnen geträumt haben, sondern – halt dich fest, aber es war so – von Mozart. Glaubte gar, in diesem Traum eine seiner Sonatinen zu hören, die ich oft geübt hatte. Jetzt von ihm selbst gespielt. Plötzlich stand ich neben ihm, sah ihn am Flügel sitzen, hörte ihn. Das war ein verrückter Moment, den man natürlich, falls man so etwas glaubt, auch eine göttliche Erleuchtung nennen könnte. Anschließend wollte ich mehr wissen – ob es ein Zufall war oder ob ein System dahintersteckt. Habe mir als Test Goethe in Weimar vorgestellt. Es funktionierte. So, genau so habe ich das Prinzip Jenseits begriffen und immer wieder angewandt, bis ich darauf verzichten konnte, als unserer Großeltern eintrafen und unser Vater und schließlich auch unsere Mutter.«

Ich wusste plötzlich, wen ich als Nächsten treffen wollte.

»Ich auch«, sagte er und grinste. »Ich auch. Du hast schon

wieder mal vergessen, dein Passwort zu aktivieren. Gutenberg zu besuchen ist eine richtig gute Idee. Ohne ihn hättest du dir einen anderen Beruf suchen müssen. Das Treffen wird länger dauern als das mit Picasso. Weil seit seiner Erfindung Jahrhunderte vergangen sind und weil ihn womöglich niemand über deren Folgen informiert hat. Das alles musst du ihm dann erzählen, und die Geschichte von Zeitungen, Magazinen, Flugblättern, Büchern, die mit dem gedruckten Wort die Welt verändert haben.«

Mein Vater hob, ihn unterbrechend, einen Finger, zeigte auf mich, als wollte er mich ermahnen wie einst, als ich sein Kind war. »Du wolltest uns doch noch erzählen, was nach unserem Tod passiert ist, aber nicht nur von Konflikten und von Despoten. Zu Gutenberg kannst du immer noch schweben.«

Erwartungsvoll setzte er sich neben meine Mutter auf die Wiese.

»Es gibt«, begann ich und merkte, dass auch ich jetzt dozierte, »selbstverständlich Fortschritte. Endlich ist begonnen worden, Plastikmüll zu entsorgen, der alles Leben in den Weltmeeren zu ersticken droht. Das war zu eurer Zeit noch kein Problem, schlichtweg deshalb, weil niemand darüber auch nur nachgedacht hat. Inzwischen weiß das jeder. Selbst Supermärkte haben das begriffen und nach einer großen Marketingaktion alle Plastikverpackungen verbannt. Kam bei ihren Kunden gut an, förderte zudem den Umsatz und half der Umwelt. Da mussten auch die Energiekonzerne umdenken, um nicht als Verursacher von Umweltdreck angeprangert zu werden. Weshalb endlich der Ausstieg aus der Steinkohle begonnen hat, was bedeutet, dass Kohlebergwerke stillgelegt werden, weil sie die Luft verpesteten. Autos mussten ihren Abgas-Ausstoß kontrollieren lassen, und wenn der zu hoch war, wurden sie aus den Städten verbannt. Und endlich, auch das gehört zum Fortschritt, hat sich die katholische Kirche bekannt, tausendfach Kindesmissbrauch durch homosexuelle Priester über Jahrzehnte totgeschwiegen zu haben. Endlich hat die evangelische Kirche zugegeben, in ihren christlichen Heimen Kinder gequält und geprügelt zu haben. Endlich …«

»Und was hat sich politisch in Europa und in Deutschland verändert?«, unterbrach er mich.

»Dass wir in Deutschland seit 2005 von einer Frau regiert werden, Angela Merkel, hat dir Mutti sicher schon erzählt, oder?«

Er nickte.

»In Frankreich hat ein junger Mann gegen alle alten Parteien die Wahlen gewonnen, die Sozialisten marginalisiert, aber auch die rechtsradikale Marine Le Pen und ihren Front National geschlagen. Emmanuel Macrons Bewegung ist keine der klassischen Parteien, wie du sie noch kennst, sondern eine Volksbewegung und heißt La République en Marche. Er beruft sich auf bürgerliche Werte, was bei den Franzosen gut ankam. Bei uns in Deutschland haben 250000 Menschen in Berlin gegen rechten Nationalismus und für ein freies Europa demonstriert. Darauf können die Deutschen, also wir, auch stolz sein. Trotz dieser verdammten AfD. Wir sterben, allen Kassandrarufen zum Trotz, übrigens auch nicht aus, denn die Geburtenrate ist erstmalig seit dreißig Jahren gestiegen. Was noch wäre wichtig? Ach, das darf ich nicht vergessen, die weltverändernde MeToo-Bewegung.«

»Was ist denn das?«, fragte mein Großvater. »Noch eine neue Partei?«

»Nein. Wieder eine Bewegung. *Me too* bedeutet so viel wie ›auch ich‹.«

Um dies zu erklären, musste ich weit ausholen und erzählte ihm und den anderen, dass unter diesem Motto – eigentlich ein sogenannter Hashtag, aber den zu erläutern schien mir zu kompliziert – Tausende von Frauen weltweit im Internet ...«

Erneut blickte er mich verwirrt an. »Internet? Was ist denn das schon wieder?«

»Ich versuche es mal möglichst einfach zu beschreiben. So wie man telefonieren kann, indem man eine Nummer wählt, kann man inzwischen, und zwar auf der ganzen Welt außer in Nordkorea, mit allen Menschen kommunizieren, die einen Computer besitzen, aber eben statt über eine Telefonnummer über eine elektronische Adresse erreichen. Stellt euch einfach vor, der Computer sei das Telefon. Du kannst zum Unterschied bei meinem Anruf nicht meine Stimme hören, sondern auf dem Bildschirm eine Nachricht von mir empfangen und die gleich beantworten.«

»Aber warum ruft man denn dann nicht einfach an?«

»Kannst du immer noch, selbstverständlich. Aber das Internet ist immer empfangsbereit, immer erreichbar. Auch dann, wenn du schläfst. Um wieder zurückzukommen auf MeToo – im Internet und im Fernsehen, in Zeitungen, in Magazinen haben Frauen öffentlich gemacht, wie sie im Showbusiness, in der Politik, der Wirtschaft, in den Medienunternehmen sexuell belästigt worden sind. Die meisten hatten bisher geschwiegen, weil sie ihre Karriere nicht gefährden wollten oder weil sie sich schämten oder fürchteten, als verführerische Schlampen vorgeführt zu werden.«

»Aber wovor hatten sie denn Angst?«, fragte meine Mutter. »Sie haben doch nichts Schlimmes getan. Sie waren doch Opfer und keine Täter?«

»Die Männer, die sie belästigt oder vergewaltigt hatten, besaßen Macht und hatten mächtige Freunde. Die Frauen besaßen keine Macht und hatten keine mächtigen Freunde. So einfach könnte ich das erklären. Bis eine Frau die Mauer des Verschweigens brach und einen der mächtigsten Produzenten Hollywoods öffentlich bezichtigte, von ihm abhängige Schauspielerinnen regelmäßig schwer sexuell belästigt zu haben. Auch sie. Andere Frauen folgten ihrem Beispiel. Die Öffentlichkeit war empört, und der Mann verlor seine Macht und seine Freunde und seine Firma. Vielen anderen seiner Art erging es ähnlich – Managern, Politikern, Wirtschaftsbossen, Professoren, Journalisten. Sie verloren ihre Macht, ihre Freunde, ihre hoch bezahlten Jobs. Die MeToo-Bewegung veränderte in nur einem Jahr weltweit die Gesellschaft. Der Missbrauch betraf, das darf ich nicht vergessen, auch homosexuelle Filmstars, die sich an Jungen vergangen hatten. Ähnlich wie katholische Priester in ihren Gemeinden ihre Macht ausgenutzt haben, wie man mittlerweile weiß.«

»Widerlich, richtig widerwärtig. So etwas gab es«, unterbrach mich mein Vater, »zu meinen Lebzeiten und denen deines Großvaters nicht. Da wurden Frauen anständig behandelt, und wir …«

»… ihr habt stattdessen«, unterbrach diesmal ich ihn, »andere Länder besetzt, andere Völker unterdrückt, den Ersten und den Zweiten Weltkrieg begonnen, habt Millionen Juden umgebracht, Kinder, Frauen, Männer, habt Schuld auf euch geladen, wenn auch nicht persönlich, das weiß ich, aber eure Mitschuld auf uns, eure Kinder und Enkel, übertragen, weil im Namen Deutschlands gemordet wurde und ihr nun mal Mitläufer, also Teil des mörderischen Systems gewesen wart.«

Beide schwiegen. Sowohl mein Vater als auch mein Großvater senkten die Köpfe. Als ich sie so zusammengesunken vor mir sah, tat es mir leid, dass ich sie attackiert hatte.

»Entschuldigt meinen Ausbruch. Ich habe leicht reden aufgrund meines Geburtsjahres. Ich kam nie in die Versuchung, bei den Nazis mitmachen zu müssen. Konnte nie schuldig werden.«

»Du musst dich nicht bei uns entschuldigen«, sagte mein Vater und schaute auf. »Es ist ja wahr, du hast ja recht.«

Ich hörte an dieser Stelle auf mit meiner Chronik. Sie würden für sich alles verarbeiten müssen, was ich ihnen erzählt oder vorgeworfen hatte.

»Wir können ja immer darüber reden, immer wieder. Haben genügend Zeit zur Verfügung. Einverstanden?«

Sie nickten. Ja, einverstanden.

»Kannst du mit mir mal einen Spaziergang machen, einen unsichtbaren, einen unhörbaren?«, fragte ich meinen Bruder. »Sagt man das hier noch so – Spaziergang? Obwohl wir nicht spazieren, sondern schweben?«

Er verstand, was ich eigentlich von ihm wollte. Mit ihm allein sein, um mit ihm zu reden. Und er ahnte auch, worüber ich mit ihm sprechen wollte. Wir schwebten gemeinsam über die Wiese. Am Rand standen aufgereiht wie zum Appell Männer in Uniformen und Männer in ziviler Kleidung, darunter nicht eine einzige Frau. Alle mit aufgerissenen Mäulern.

Kein Laut war zu hören. Ich sah auch kein Publikum, das ihnen zuhörte, so wie bei der Rede von Willy Brandt oder Regine Hildebrandt. Ich erkannte Hitler und Stalin, ich erkannte Mao Zedong und Mussolini, ich erkannte Goebbels und Göring, ich glaubte in einem Mann mit der Harfe Nero zu erkennen und in dem Mann neben ihm Pinochet, ich erkannte Ceauşescu und Franco.

»So werden sie bestraft«, erklärte mein Bruder. »Im Jenseits kannst du die Hölle inmitten der himmlischen Landschaft live betrachten. Die alle werden unerhört stumm brüllen müssen – für immer. Können nicht mal hoffen auf ein Jüngstes Gericht, denn das gibt es nicht. So wie es dir unser Großvater erklärt hat.«

Dann zog er mich fort von den Bösen.

»Was ich nicht verstanden habe«, begann ich und kam auf das mich tief bewegende Thema, »warum du ausgerechnet mit einem Suizid zurückkehren wolltest in eine angstfreie Kindheit. Du hast doch genau dieser Kindheit entfliehen wollen. Raus aus dem immer gleichen Alltag. Abends gemeinsam mit unseren Eltern vor dem Fernsehapparat zu sitzen. Es passt für mich nicht zusammen, deine Sehnsucht nach einer Zeit, der du dich so bald wie möglich entzogen hast. Der Kindheit. Und dann plötzlich zurück in ebenjene Kindheit?«

»Scheint tatsächlich ein Widerspruch zu sein«, antwortete er. »Stimmt. Aber nur scheinbar. In der Kindheit war ich im wahrsten Sinne der Worte unschuldig, unbelastet, unwissend. Hatte vor nichts und niemand Angst, weil ich geschützt war durch die Familie. Behütet von unseren Eltern wie von unserer jüngsten Schwester. Die blieb ja zu Hause, selbst dann, als sie in eine eigene Wohnung umgezogen war, und so blieb sie in Wahrheit daheim. Ich zog weg, aber dann überfiel mich diese Scheißkrankheit, die Schizophrenie. Um der für immer zu entfliehen, gab es nur eine einzige Möglichkeit. Ich musste zurück in die Kindheit. Das ist eine Metapher. Also wartete ich darauf, dass sie mich als gesund entlassen würden. Und am selben Abend, an dem ich wieder zu Hause war, in der gewohnten Umgebung der Kindheit, hielt ich diesen Zustand für immer fest. Was nur möglich war, indem ich mich von meinem Leben befreite.«

»Und hattest kein schlechtes Gewissen dabei? Du hast doch geahnt, nein, du musst gewusst haben, dass ein Selbstmord des Jüngsten die Familie, vor allem unsere Eltern, erschüttern würde.«

»Doch, das wusste ich. Aber Suizid war die einzig mir selbst bestimmte Rettung vor der Zukunft.«

»Und warum wolltest du dich ausgerechnet zu Hause umbringen? Du dürftest dir doch längst schon das Gift beschafft haben, hast es bestimmt nicht erst am Tag deiner Entlassung besorgt, hättest es ja bereits in der Klinik schlucken können.«

»Da war ich nie allein, immer unter Kontrolle!«

»Aber das erklärt noch nicht, warum du nicht mit unseren Eltern darüber gesprochen hast, nachdem sie hier angekommen waren. Was wäre denn so schrecklich gewesen, da nun alle tot waren, wenn du ihnen die wahren Beweggründe für deinen Selbstmord geschildert hättest?«

»Ich wollte ihnen nicht wehtun. Sie haben genug gelitten meinetwegen.«

»Hast du mir nicht erklärt, dass es im Jenseits keine Angst mehr gibt und keinen Schrecken mehr und also auch keinen Schmerz?«

»Stimmt. Aber dennoch war ich zu feige. Könntest du …?«

Ich zögerte. Dann nickte ich.

»Falls es sich ergibt, ja. Aber du solltest in der Nähe sein.«

Jetzt zögerte er. Dann nickte auch er. Wir umarmten uns, lösten uns voneinander und kehrten zurück zu unserer Familie.

»Wolltest du nicht Gutenberg aufsuchen?«, fragte mein Vater, als wollte er verhindern, dass ich erneut eine Debatte über die Schuld der Väter oder Mütter beginnen würde.

»Mach ich. Eilt ja nicht. Es eilt schließlich nie mehr etwas im Jenseits, leider.«

»Warum leider?«

»Weil ich es in meinem Job liebte, wenn etwas eilig war, wenn etwas dringend erledigt werden musste, wenn für die Abgabe eines Textes die Deadline drohte. In solchen Fällen war ich stets in Bestform. Dass Zeit keine Bedeutung mehr hat, weiß ich inzwischen. Deshalb leider …«

Es ließ sich sogar logisch erklären, obwohl Logik im System Jenseits unwesentlich ist, um die hier aufscheinende Wirklichkeit zu begreifen. Ob ich zum Beispiel gestern bei Picasso im

Atelier gewesen oder ob das Monate her war, wusste ich nicht. Wusste aber inzwischen, dass die einst automatische Berechnung von Zeiteinheiten, gemessen nach Sekunden, Minuten, Stunden, Tagen, Wochen, Monaten, Jahren, ausgelöscht war. Tote müssen keine Termine mehr einhalten.

13

Bevor ich zu Gutenberg schwebte, wann auch immer, wollte ich in Stichwörtern aufschreiben, was er mit seiner Erfindung bewirkt hat. Wie er die Geschichte beeinflusst hat, war durch Millionen Büchern beweis- und nachlesbar, die nach seinem Tod gedruckt wurden. Aber wusste er das auch? Hatte er Nachkommen, die ihm davon erzählt hatten, dass ohne seine Erfindung die Reformation womöglich erst ein Jahrhundert später begonnen hätte? Weil Martin Luthers Anschläge an der Schlosskirche zu Wittenberg nur deshalb das gemeine Volk erreichten und nicht nur die oberen Zehntausend, weil sie dank Gutenberg auf Flugblättern in Massen verbreitet werden konnten?

Nicht gedruckt in seiner Werkstatt, das ist wahr. Das hätte schon eine einfache Recherche in einem Lexikon, in einem Archiv, einer Bibliothek ergeben können. Aber einfache Recherchen im Jenseits scheitern schon daran, dass es keine Archive gibt. Zumindest hatte ich davon noch nichts gehört.

Gutenberg war schon tot, als Luther auf die Welt kam. Die sogenannte Lutherbibel, zunächst das Neue Testament, wurde erst 1522 in der Werkstatt von Gutenbergs Kollege Lotter gedruckt, illustriert von Lucas Cranach. Auflage dreitausend Exemplare, ausverkauft in drei Monaten. Ein Bestseller. Die Übersetzung der lateinischen Bibel in eine Sprache, Deutsch, die im Volk zumindest all jene verstanden, die lesen konnten, war Mitte des 16. Jahrhunderts hunderttausendfach gedruckt und verkauft worden.

Das gehört zum Allgemeinwissen. Das wusste auch ich, und

ich weiß es immer noch. Nichts Neues also. Aber ihm dies zu erzählen dürfte ihn überfordern. Die gedruckte Volksbibel war schließlich erst der Beginn der durch seine Erfindung ausgelösten Ereignisse. Ohne seine Erfindung, Texte basierend auf einer einzigen Vorlage – in welcher Menge auch immer – nachdrucken zu können, gäbe es keine Bibliotheken, keine Buchverlage, keine Zeitungen und keine Journalisten. Auch ich hätte mir einen anderen Beruf suchen müssen. Wie langweilig. Picasso ist in der Kunst ein Jahrhundertmann, wollte ich mir aufschreiben, aber Gutenberg in der Weltgeschichte mehr – ein Jahrtausendmann.

Ich schlug meine rote Kladde auf. Schrieb auf »Stichwörter Gutenberg«.

Bei meiner Suche nach leeren Seiten, in denen ich sie notieren konnte, stieß ich auf einen Text, den ich nach einem Gang über den Dorotheenstädtischen Friedhof in Berlin auf der Rückfahrt nach Hamburg geschrieben hatte. Analog, handschriftlich. Wollte schon weiterblättern, begann aber doch zu lesen. In meine jetzige Lebenslage, nach meinem Tod, passten die damaligen Aufzeichnungen. Und als ich mich selbst las, stiegen wie schon bei der Erinnerung an die Katzen und den Friedhof und die Sonne von Key West Bilder in mir auf, als würde ich die Grabsteine in Berlin vor mir sehen und jetzt so beschreiben können, wie ich sie damals beschrieben hatte:

Dieser Friedhof, begann mein Text, dieser Friedhof ist ein Friedhof der deutschen Einheit. Die Grabenkämpfe zwischen Ost und West sind begraben, die sie über Jahrzehnte bestimmende Ideologie ruht unter Steinen. Alltägliche Geräusche einer großen Stadt – Hupen von Autos, Alarmsirenen der Feuerwehr, Einsatzgeheul der Polizei – schaffen es nur gedämpft über die Mauern des Dorotheenstädtischen Friedhofs in Berlin.

Zwar haben sich die Toten tagsüber an den neugierigen Besuch von Lebenden gewöhnt, denn der Friedhof gilt als Sehenswürdigkeit, aber für Touristen erheben sie sich nicht. Selbst notorische Störenfriede wie Fritz Teufel, Herbert Marcuse oder George Tabori stören nicht mehr, sie wollen schlafen.

Ein weites Feld. Da liegen die Opfer des einst die Nation beherrschenden Ungeistes, dort Geistesgrößen, die deutsche Geschichte geprägt, geschrieben, verfasst haben. Der Friedhof, angelegt 1762, ist so berühmt wie der Friedhof Père Lachaise in Paris, wo Balzac und Bizet begraben sind, Maria Callas und Casanova, Daladier und Faure, Molière und Édith Piaf, Proust und Rossini, Simone Signoret und Sarah Bernhardt.

Nachdem die benachbarte Kirche bei der Bombardierung in den letzten Kriegstagen 1945 zerstört worden war, wurde der Berliner Totenacker, wo wie auf dem in Paris viele Prominente in ewiger Ruhe versammelt waren, als Dorotheenstädtischer Friedhof auf dem Stadtplan verzeichnet. Einst nur auf dem für Ostberlin, denn auf DDR-Karten war Westberlin ein weißer Fleck.

Jetzt ist der Friedhof offiziell sowohl einer für die Toten Ost als auch für die Toten West. Nach dem Exitus des zweiten deutschen Staates liegen sie vereint in der Mitte von Berlin. Unter Denkmalschutz Seit an Seit auf 17000 Quadratmetern mit all jenen, die lange vor ihnen ihre letzte Reise antraten. Dichter und Denker, Politiker und Publizisten, Musiker und Maler, Schauspieler und Regisseure, Bankiers und Industrielle, Mediziner und Baumeister, Revolutionäre und Widerstandskämpfer. Es sind so viele, dass unter den Seelen des Nachts, wenn kein Lebender sie mehr belauschen kann, leidenschaftliche interdisziplinäre Dispute auf allerhöchstem Niveau zwischen grauen Steinen, Obelisken und Stelen stattfinden dürften. Und die Gläubigen unter ihnen, unhörbar für mich, vielleicht den Schlusschoral aus der Johannes-Passion von Bach singen:

Ach Herr, laß dein lieb Engelein
am letzten End die Seele mein
in Abrahams Schoß tragen,
den Leib in sein'm Schlafkämmerlein
gar sanft, ohn einge Qual und Pein,
ruhn bis am jüngsten Tage.
Alsdenn vom Tod erwecke mich,
daß meine Augen sehen dich
in aller Freud, o Gottes Sohn,
mein Heiland und Genadenthron,
Herr Jesu Christ, erhöre mich, erhöre mich,
ich will dich preisen ewiglich.

Bis zu seinem Tod wohnte Bertolt Brecht nebenan in der Chausseestraße. Auch sein letzter Weg führte zum Nachbargrundstück. Dort schläft er neben seiner Frau Helene Weigel, beide begraben unter Findlingen, direkt an der Rotklinkermauer. Helenes Stein sich kauernd in die Ecke, Bertolts Stein frei stehend höher im Abstand daneben. So nah waren sie sich im Leben nur bei der gemeinsamen Arbeit. BB suchte ruhelos in jeder Frau eine andere.

Zu den Größen auf dem Dorotheenstädtischen, die Unerhörtes, Neues, Unsterbliches der Welt hinterließen in Musik und Kunst, Architektur und Malerei, Dichtung und Forschung, gehören ebenso Unternehmer und Ingenieure, Firmengründer und Tüftler. Sie waren reich genug, um sich ihr letztes Heim von den besten Baumeistern ihrer Zeit errichten zu lassen.

Schusslöcher erinnern an manchen Monumenten an die letzten Kriegstage 1945. Diese Spuren werden auch nicht ausgebessert. Sie mahnen die Heutigen, nie zu vergessen die Schuld der anderen Deutschen. Kollektive Scham ist eine Verpflichtung, sie stirbt nicht mit den Schuldigen.

Schweigend stehe ich vor der Gedenkstätte an diejenigen, die von der SS in der Nacht vom 22. auf den 23. April 1945, wenige Tage vor der Befreiung durch die Sowjets, in Berlin erschossen oder zuvor im Konzentrationslager ermordet wurden. Gemeinsam unter einem gusseisernen T-Kreuz und einer Grabplatte versammelt, wird ihnen, deren letzte Ruhestätten unbekannt sind, die ihnen gebührende Ehre erwiesen: Hans von Dohnanyi, Dietrich und Klaus Bonhoeffer, Justus Delbrück und Hans John, Friedrich Justus Perels und Wilhelm zur Nieden und und und … *Selig sind, die um Gerechtigkeit willen verfolgt werden. Denn das Himmelsreich ist ihr*, Matthäus, Kapitel 5, kündet die Inschrift auf dem Stein.

Viele Prominente haben auf dem Dorotheenstädtischen Friedhof einen Platz. Auch jene, die im Prinzip das hehre Ziel der Befreiung des Menschen von allen Bösen des Kapitalismus und Imperialismus bejahten, ihre Augen aber nicht verschlossen hatten vor dem wirtschaftlich moribunden wie moralisch verdorbenen System: der Philosoph Rudolf Bahro, einer der wichtigen Dissidenten der DDR, oder der 1963 in Ungnade gefallene Leipziger Literaturwissenschaftler Hans Mayer, dessen Urne aus dem Westen, wohin er sich vor den Stasi-Zensoren abgesetzt hatte und wo er verstorben war, nach der Wiedervereinigung hierher überführt wurde.

Und da Christa Wolf, die verehrte Schriftstellerin, und da das Grab von Wieland Herzfelde, Gründer des legendären und bis heute aktiven Malik-Verlags. Auch er wie sein Bruder Helmut, der sich dann als Grafiker John Heartfield nannte, ein Kämpfer gegen die Unmoral der Herrschenden. Auf dem Stein des berühmten Zeichners, der seine Kunst in Fotomontagen als Mittel der politischen Propaganda einsetzte, steht als einzige Inschrift senkrecht sein Initial H. Im Sockel dann die Namen: John Heartfield und Gertrud Heartfield.

So wie sie liegen manche prominenten Ehepaare, einander noch immer treu ergeben, vereint im Tod: Arnold und Beatrice Zweig. Hanns und Steffy Eisler oder Lilly und Johannes R. Becher. Sein Text für die von Eisler komponierte DDR-Nationalhymne »Auferstanden aus Ruinen« wurde von Böswilligen wie mir im November 1989, als sich das Volk erhob, umgedichtet in die uns passender scheinenden Zeilen »Aufgestanden in Ruinen«. Gesungen wurde Bechers Originaltext da schon lange nicht mehr, die Hymne beschränkte sich instrumental auf Eislers Komposition.

Da Ivan Nagel und dort Henning Rischbieter. Der eine erst Kritiker, dann Intendant, der andere immer nur Kritiker und Chef des Magazins *Theater heute*, in dem die Leistungen derer beurteilt wurden, die sich längst auch hier niedergelassen haben und warten auf die Spielzeiteröffnung am Jüngsten Tag. Deutsches Theater dieser Klasse dürfte eine göttliche Inszenierung werden. Mit Otto Sander zum Beispiel, dem der Himmel über Berlin und die Nächte in der Paris Bar das einzig wahre Leben bedeuteten. Oder Walter Schmidinger, der stets lebensfremd wirkte, sobald er das Theater verließ, und immer voller Leben, sobald er auf der Bühne stand.

Und da, ganz allein, Wolfgang Herrndorf, berühmt geworden mit seinem Roman *Tschick*, unheilbar erkrankt an einem bösartigen Hirntumor, was er in seinem Tagebuch *Arbeit und Struktur* in verzweifelter Ironie beschreibt, bis er seine Aufzeichnungen abbrach und sich in einer Sommernacht 2013 am Ufer der Spree erschoss. Und dort, das muss es sein, das Grab von Heiner Müller. Eine Vogeltränke in Form eines Aschenbechers, ironische Würdigung des früher und sicher jetzt in alle Ewigkeit – sofern es Nachschub aus Kuba gibt – Zigarre rauchenden Dramatikers, macht es unverwechselbar.

Die Ehrengräber auf dem Dorotheenstädtischen, mit denen Bürgerinnen und Bürger geehrt werden, die sich um Staat, Stadt, Gemeinwohl und Gesellschaft verdient gemacht haben, pflegt der Senat Berlins. Das Grab von Ernst Litfaß, der als Buchhändler und Verleger seine Karriere begann, unter dem wunderbaren Titel *Berliner Krakehler* während der Revolution 1848 ein satirisches Blatt herausgab, das umgehend verboten wurde nach dem Sieg der Reaktion. Aber unsterblich wurde, weil in jeder Stadt irgendwo seiner gedacht wird durch die nach ihm benannten und von ihm einst erfundenen Litfaßsäulen.

Aus der Neuzeit die Gräber von Günter Gaus, dem großen Journalisten und beredten Advokat ostdeutscher Biografien, dem ehrlichen Makler zwischen den verfeindeten Brüdern und Schwestern in seiner Amtszeit als Ständiger Vertreter der Bundesregierung in der DDR. Und in seiner Nähe die Dirigenten Wolfgang Rennert und Otmar Suitner, und dort der bewunderte Friedrich Kittler, und hier der kluge linke Politiker Lothar Bisky.

Fritz Teufel hat sich selbst verewigt. Angeklagt wegen anarchistischer und anderer Umtriebe, wurde er einst von einem irdischen Richter aufgefordert, gefälligst aufzustehen, wenn er ihn befrage. Teufel antwortete: *Wenn's denn der Wahrheitsfindung dient.* Und so wörtlich steht es jetzt geschrieben auf seinem Grabstein.

Der Revolutionär Martin Luther, großmächtige Kopie der einst von Schadow geschaffenen und im Zweiten Weltkrieg zerstörten Statue, predigt allen und über alles, seine Bibel aufgeschlagen in den Händen, dass Gott eine feste Burg ist.

Ist er das?

Nein, das hatte ich nicht aufgeschrieben. Der Satz fiel mir erst jetzt beim Nachlesen meiner Reportage ein.

14

Zur Vorbereitung für mein Treffen mit Gutenberg machte ich mir also ein paar Notizen mit Daten und Namen aus seinem Leben. So wie einst, wenn ich mit Recherchen für einen Artikel oder für ein Interview mit einem Prominenten begann.

Gutenberg hieß eigentlich Gensfleisch, wurde geboren auf dem Hof seiner Eltern, dem Hof Gutenberg, weshalb er künftig Johannes Gutenberg genannt wurde. Er hat den modernen Buchdruck erfunden mit beweglichen Metalllettern, Stahlstempel, Kupfermatrizen, er produzierte Bibeln, Ablassbriefe, Kalender, Urkunden. Ich schreibe in Druckbuchstaben Wörter wie Mönch oder Adel, denn deren Monopol auf das abgeschriebene Wort hatte Gutenberg mit seiner Erfindung gebrochen.

Ob er im Alter von 68 Jahren starb, was für die damalige Zeit biblisch gewesen wäre, oder gar erst mit 71, ist nicht überprüfbar. Sein Sterbedatum steht zwar fest: 3. Februar 1468. Aber nicht belegbar ist, wann er geboren wurde. Vermutlich im Jahr 1400, es kann auch 1396 gewesen sein. Ich male ein Fragezeichen hinter das Stichwort »Alter«.

Dass ich so etwas überhaupt weiß, als gehöre solches Wissen bei Bedarf zu meiner journalistischen Halbbildung, und als sei mir dies ausgerechnet im Jenseits passend in den Sinn gekommen, wo es ja kein WLAN und kein Internet gibt und damit auch keine Recherchen mithilfe von Google oder Wikipedia, liegt an einem verrückten Selbstversuch, der überraschend erfolgreich war. Ich hatte mir ein Lexikon vorgestellt, und als es gedruckt vor mir lag auf der Wiese, hatte ich unter G wie Gutenberg gefunden, was ich vor dem Gespräch mit ihm speicherte. So gerüstet traf ich bei ihm in seiner Werkstatt ein.

Die roch nach Druckerschwärze. Den Geruch mochte ich. Der war mir vertraut. Den habe ich nie vergessen. Den atmete ich tief ein. Vor einem bleiverglasten Butzenfenster stand er, Johannes Gutenberg. Er entsprach der im Lexikon abgebildeten Zeichnung. Sein langer Bart, der direkt unter seiner Nase begannt und ihm bis über die Brust reichte, war zweigeteilt. Auf dem Kopf trug er eine mit Hermelin umrandete Mütze. Was mir auffiel, waren seine großen wachen Augen. Am Fenster der Werkstätte stand ein hölzerner Tisch und auf dem geordnet metallene Lettern, mit denen er wahrscheinlich gerade Wörter und Zeilen gesetzt hatte. Vermutete ich jedenfalls, denn bedruckte einzelne Papierbögen lagerten auf einem Schemel

Gutenberg war nicht allein in seiner Werkstatt. Ein Mann, den ich erst jetzt entdeckte, drehte an einer riesigen Spindel, mit der er eine schwere Metallplatte nach unten auf eine Druckplatte presste. Es durfte sich bei ihm um Gutenbergs Helfer handeln, seinen Pressbengel. So wurde dessen Handwerk benannt, entsprechend seiner Aufgabe. Er war kein Bengel mehr, kein junger Mann. Ich schätzte ihn, als er sich mir kurz zuwandte, auf Ende vierzig, war nicht so alt wie sein Meister, als ihn sich der Tod holte. Gutenberg stand ein, zwei Meter entfernt von ihm am Fenster und hielt einen bedruckten Papierbogen hoch, prüfte die Zeilen. Er konnte, und so ist es hier geblieben, nur bei Tageslicht arbeiten.

»Was wollen Sie?«, schnauzte er mich plötzlich an und legte den Ausdruck auf den Schemel. »Wer sind Sie? Hat Sie der verdammte Fust geschickt, um meine Schulden einzutreiben? Hat er noch immer nicht genug an mir verdient? Scheren Sie sich raus, los, raus. Hier gibt es nichts mehr zu holen.«

Es zahlte sich schon jetzt aus, dass ich mich über sein Leben kundig gemacht hatte. Soweit dies möglich war, denn vieles aus seiner Biografie, beginnend ja bereits bei seinem Geburtsdatum, war einfach nicht nachprüfbar. Ohne die Informationen aus dem Lexikon hätte ich diesen Wutausbruch nicht verstanden:

Ein reicher Mainzer Bürger namens Fust, Advokat von Beruf, hatte Gutenbergs Arbeit finanziert und sich als Sicherheit für sein Darlehen die Druckerpresse und alle zum Druck nötigen Elemente überschreiben lassen – die per Hand gegossenen Bleilettern, die im Unterschied zur üblichen dünnen beim Holzdruck-Verfahren leimige ölige schwarze Tinte, die leeren Papierbögen. Ohne Fusts Kredit hätte Gutenberg die 42-zeilige Bibel, die ihn dann mal berühmt machen sollte, nicht herstellen können. Ohne Fust, der seinen Start-up beförderte mit 800 Gulden, hätte Johannes Gutenberg seine kühnen Pläne nicht verwirklichen können, ohne ihn wäre er längst vergessen.

Denn das in der Branche Übliche – Ablassbriefe, Kalender, Urkunden – konnten damals auch andere aus seiner Zunft drucken und damit ihren Lebensunterhalt verdienen. Revolutionär dagegen war Gutenbergs Idee, sich nicht zu beschränken auf die Fertigung von einzelnen Aufträgen. Sondern die unterschiedlichen Schritte bei der Herstellung zu koordinieren in einem einzigen Arbeitsprozess. So gelang es ihm, mehrere Bücher gleichen Inhalts zu drucken, statt immer nur eines erneut abschreiben zu lassen.

»Ich bin hier, weil ich von Ihnen mehr darüber erfahren will, Meister Gutenberg, wie Sie damals auf diese großartige Idee kamen«, erwiderte ich, bewusst ihn als Meister ansprechend, weil ihm das gefallen durfte. »Fust kenne ich nicht, weiß aber, dass der Ihnen damals Geld geliehen hat und dass Sie mit ihm anschließend in Streit gerieten. Er ist längst so tot wie Sie und schwebt irgendwo im Jenseits herum.«

»Und woher kommen Sie?«, fragte er. »Auch aus Mainz?«

Dass sich alle Toten duzten, schien er entweder nicht zu wissen oder aber als unpassend zu betrachten. Er blieb beim Sie. Ich auch.

»Aus einem anderen Jahrhundert, aus einer Zeit nach Ihrer Zeit.«

Das verwirrte ihn. Mit meiner Antwort vermochte er nichts anzufangen.

»Aus einer anderen Zeit?«

Ich hatte nicht daran gedacht, dass er zwar seit mehr als sechshundert Jahren tot war, aber nach wie vor in der Welt lebte, von der er geprägt war. Wie sich die Welt seitdem verändert hatte, ahnte er nicht. Offenbar hat ihn noch nie ein Nachgeborener, etwa aus seiner Familie, besucht und ihm erzählt, was seit seinem Tod alles passiert war auf der Welt. Vielleicht hatte er aber auch keine Nachkommen, weil er nie verheiratet gewesen ist?

Er konnte mich also nicht verstehen.

Was allerdings klappte wie bei meinem Treffen mit Picasso, war die sprachliche Verständigung. Gutenberg drückte sich in einer Melange von Französisch und Hessisch aus, da er sowohl in Straßburg als auch in Mainz gelebt hatte. Sätze, die ich nie hätte kapieren können ohne das bei Picasso erfahrene Jenseits-Prinzip, wonach ein jeder mit jedem sprechen kann und ein jeder jeden versteht, ohne Dolmetscher einschalten zu müssen. Mein Hochdeutsch wiederum durfte sich für ihn gleichfalls nach einem ihm fremden Dialekt anhören. Aber auch er verstand mich.

»Ich komme aus einer Zeit nach Ihrer Zeit. Ich komme aus der Zukunft. Warum dies möglich ist, erkläre ich Ihnen noch. Jetzt will ich Sie nur bitten, Meister Gutenberg, mir zu erzählen, wie Sie auf die geniale Idee gekommen sind, Dutzende

Bücher nach einer einzigen Vorlage zu drucken, statt wie üblich jedes einzelne Buchexemplar herzustellen.« Ich zeigte auf die Druckerpresse und den Pressbengel, der die Spindel drehte und dabei die Metallplatte nach unten auf den Druckstock drückte. »Und ich würde Ihnen danach erzählen, was Ihre Erfindung nach Ihrem Tod in den vergangenen Jahrhunderten – das meinte ich übrigens mit der Bemerkung aus einer anderen Zeit – bewirkt und verändert hat in der Welt.«

Er schaute mich dennoch misstrauisch an, offenbar unentschlossen, ob er mir glauben konnte. Endlich schloss er kurz die Augen, öffnete sie wieder, stellte sich ans Fenster, nahm einen der Papierbögen vom Schemel und begann. Anfangs noch zögerlich, dann mehr und mehr von seiner Erzählung mitgerissen:

»Ich wollte nicht nur Ablassbriefe oder Urkunden oder Türkenkalender drucken. Das war mir auf Dauer zu langweilig. Ich hatte eine bessere Idee. Doch es fehlte mir an den nötigen Mitteln, um eine Maschine in Auftrag geben zu können, mit der sich Bücher drucken ließen. Dass es die Bibel sein sollte, stand von Anfang an fest. Was denn sonst? Ich lieh mir also 800 Gulden von dem erwähnten Fust und überließ ihm dafür als Pfand die Druckerpresse und alles, was zum Drucken der Bibel nötig war.«

»Zum Beispiel?«

»Bewegliche Lettern aus Metall statt aus Holz. Die hielten länger. Einen Handgießapparat. Mit dem ließen sich die einzelnen Buchstaben genauer und vor allem schneller herstellen. Die ölige Druckfarbe, die teurer war als die üblichen dünnen, schwarzen Farben. Winkelhaken, um die Buchstaben in Zeilen zu setzen, die eingesetzt wurden in die Druckerpresse, die Sie hier vor sich sehen. So haben wir die Bibel drucken können, 42 Zeilen pro Seite, in Latein. Es gab ja als Grundlage nur handgeschriebene Übersetzungen in lateinischer Sprache.«

»Und wie viele Exemplare waren das pro Arbeitsvorgang?«

»So genau weiß ich das nicht mehr. Aber es dürften ungefähr 200 gewesen sein. Alle Bibeln wurden danach ausgemalt mit Illustrationen, Zeichnungen, Vignetten. Jedes einzelne Exemplar per Hand verschönert. Deshalb sieht jede Bibel außer dem von mir verwendeten Blocksatz auch auf jeder Seite anders aus.«

»Wenn ich Sie recht verstehe, Meister, war nicht der Buchdruck als solcher Ihre Erfindung, denn drucken konnten, wie Sie wissen, bereits die Chinesen lange vor Ihrer Zeit. Die hatten ja das Papier erfunden und auch hölzerne bewegliche Lettern. Entscheidend war Ihre Idee, einen in sich schlüssigen koordinierten Produktionsprozess zu entwickeln, um mit einem Druckstock viele Bücher herzustellen. Viele dürfte übertrieben sein, aber Dutzende, oder?«

»Das stimmt. Mehrere gedruckte Exemplare desselben Buches gab es bis dato nicht. Falls man von einem bestimmten Buch ein weiteres Exemplar haben wollte, musste es Seite für Seite abgeschrieben werden, meist von Mönchen oder Nonnen in Klöstern, im Auftrag der Kirche oder im Auftrag der Obrigkeit. So behielten sie ganz nebenbei auch die Kontrolle über Gläubige und Untertanen. Von der Bibel gab es außerdem nur eine lateinische Fassung, und Latein wiederum verstanden und sprachen nur Nonnen, Mönche, Pfarrer oder gebildete Höflinge. Das Volk wurde dumm gehalten, was es tatsächlich ja war, und das sollte auch so bleiben, denn so ließ es sich leichter beherrschen im Namen Gottes oder im Namen eines Fürsten.«

Das hörte sich ziemlich aufmüpfig an. War Gutenberg etwa insgeheim ein Revolutionär?

Ich bohrte nach.

»Ohne Sie hätte Luther noch so viele freche Thesen an die Kirchentür schlagen können, das wäre aber nie über die Stadtgrenzen von Wittenberg hinaus aufgefallen.«

Gutenberg schaute mich verwirrt an.

»Luther? Thesen? Kirchentür? Wittenberg?«

Ich hatte vergessen, dass er weder wusste, wer Luther war, noch mit Thesen und Kirchentür und Wittenberg irgendetwas Konkretes verband. Würde ich ihm alles mühsam erklären müssen. Es gab nur einen Einzigen, der das ohne Probleme, ohne Recherchen konnte, der alles wusste, Luther natürlich. Der war zwar irgendwo im Jenseits, aber leider nicht hier in Gutenbergs Werkstatt.

»Doch«, meinte der Mann, der plötzlich neben mir aufgetaucht war. »Hier bin ich.«

Jetzt dürfte ich verwirrt geschaut haben, so wie eben Gutenberg.

Luther freute sich.

»Mein Sohn, du hast dir vorgestellt, ich sei hier«, sagte er und hielt sich dabei an das gebräuchliche Du im Jenseits. »Das habe ich mitbekommen, weil dein Gedanke unverschlüsselt war, und deshalb bin ich hier. Außerdem interessiert mich Gutenberg aus naheliegenden Gründen persönlich auch ganz besonders. Ohne ihn hätte ich noch so viele Thesen an die Kirchentür nageln können, nichts wäre geschehen. Oder erst sehr viel später.«

Er nahm seine schwarze Mütze ab und streckte Gutenberg die Hand entgegen.

»Meister Gutenberg. Endlich treffe ich dich. Ich heiße Martin Luther, und ich bin dir auf ewig zu Dank verpflichtet.«

Gutenberg schaute ihn fragend an.

»Zu Dank verpflichtet? Warum denn das? Wir kennen uns doch gar nicht.«

Ich zog Luther zur Seite.

»Sie, Entschuldigung: du, Martin, du musst ihm Schritt um Schritt und von Anfang bis zum Ende berichten, wie du auf die Thesen gekommen bist, wie du sie öffentlich gemacht hast und was die ausgelöst haben und die Welt so verändert haben wie seine Idee. Dann wird er es verstehen.«

Und Luther erzählte.

Dass er als Augustinermönch und Theologieprofessor sich damals immer öfter immer mehr erregt hatte über die amtlichen Ablassbriefe, mit denen die Kirche ihre Gläubigen ausbeutete. Sie versprachen die Vergebung aller Vergehen, wenn verängstigte Sünder dafür bezahlten. Was im Namen Gottes, der dafür missbraucht wurde, nichts anderes gewesen sei als Geldschneiderei.

»Solle der Papst doch sein eigenes Vermögen einsetzen, wenn er neue Kirchen bauen wolle, habe ich gepredigt, statt das Kirchenvolk auszupressen. Besonders widerwärtig war seine Drohung mit Fegefeuer und Hölle, um sie gefügig zu halten. Irgendwann habe ich das nicht nur in Wittenberg verkündet, wo ich damals lebte, sondern alles aufgeschrieben, was mir nicht im Einklang zu sein schien mit der christlichen Lehre. Das waren meine Thesen.«

Gutenberg hörte ihm gespannt zu. Auch der Pressbengel hatte seine Arbeit unterbrochen.

»Und die nagelte ich 1517 an die Schlosskirche zu Wittenberg. Der Leipziger Drucker Melchior Lotter hat sie auf ein Blatt drucken lassen, und das Blatt habe ich dann an der Kirche angebracht. Ein handschriftliches Pamphlet gegen die sich göttlichen Willen und Gottes Auftrag anmaßende Macht der Kirche hätten Regen und Wind zunichtegemacht.«

Mir fiel ein, im Zuge der 500-Jahr-Feiern in einer Zeitung gelesen zu haben, dass es inzwischen erhebliche Zweifel gab, ob das damals tatsächlich so abgelaufen war, wie es Luther gerade erzählt hatte. Ich verzichtete aber, darauf jetzt näher einzugehen, denn das würde Gutenberg zusätzlich verwirren und Luther auch nicht gefallen.

»Ich wurde aufgefordert von den Oberen der Kirche, meine Thesen zu widerrufen, weigerte mich aber«, fuhr Luther fort. »Wurde daraufhin per Reichsbann zum Ketzer erklärt. Ich bekam aber mit der Zusage für freies Geleit eine letzte Chance, um in Worms vor dem Kaiser Abbitte zu leisten. Ich habe eine Nacht lang darüber nachgedacht, mich jedoch entschlossen, nicht nachzugeben. Mein Schlusssatz lautete dementsprechend: *Gott helfe mir, Amen.* Dann machte ich mich schleunigst aus dem Staub und versteckte mich unter falschem Namen auf der Wartburg. Dort übertrug ich die Bibel ins Deutsche. Und jetzt kommst du ins Spiel, Johannes, ja du. Denn die Bibel auf Deutsch wurde in den Jahrzehnten danach gedruckt im Volk verbreitet. Ohne deine Erfindung wäre das nicht gelungen. Ohne deine Erfindung hätte es keine Reformation gegeben, so hieß die Bewegung, denn eigentlich wollte ich ja nur, dass sich die Kirche reformieren sollte. Letztlich kam es dann zu einer Spaltung in Katholiken und Protestanten.«

Luther schaute mich fragend an. Ich nickte ihm zu.

»Sehr gut, sehr gut. Das reicht. Mehr musste es nicht sein.«

Woraufhin er seine Mütze aufsetzte, zum Pressbengel an den Druckstock ging und sich den Mechanismus der Spindel und der Metallplatte erklären ließ.

Ich wendete mich wieder an Gutenberg.

»Hat sich Ihre Erfindung für Sie eigentlich auch finanziell ausgezahlt?«

»Nein, hat sie nicht. Hätte mich der gütige Adolf von Nassau nicht in seinen Hofstaat aufgenommen und mir eine Leibrente zugesichert, Essen und Trinken und Unterkunft, wäre ich im Armenhaus gelandet. Ich war kein guter Geschäftsmann. Glaubte immer nur, ich sei einer.«

Zum ersten Mal lachte er. Nicht etwa verlegen. Eher so, als sei er erst seit seinem Tod befreit von einer großen Last.

»Und hatten Sie am Hof von Nassau noch eine Werkstatt?«

»Ja, genau die hier, in der wir gerade stehen.«

Dann legte er den Papierbogen, den er prüfend ins Licht gehalten hatte, auf den Schemel neben der Druckerpresse, setzte sich auf einen Hocker und schaute mich neugierig an.

»Jetzt sind Sie dran.«

»Verstorben sind Sie, Meister, den Urkunden zufolge 1468. Wie Sie erwähnten, am Hofe des Alfred von Nassau. Bereits knapp fünfzig Jahre später existierten dem Vorbild Ihrer Werkstatt folgend mehr als 250 Druckereien dieser Art, und es wurden in ganz Europa Bücher in hohen Auflagen hergestellt.«

Zu spät fiel mir ein, dass er mit einem geografischen, einem kulturellen, gar einem gesellschaftspolitischen Begriff »Europa« auch nichts würde anfangen können. Ein Europa in diesem Sinne gab es zu seinen Lebzeiten nicht. Nur über den Kontinent verteilt einen Flickenteppich aus Herzog- und Fürstentümern, Königreichen, einen Kaiser des Heiligen Römischen Reiches, einen Papst als Oberhaupt der einzigen alleinherrschenden Kirche. Wie sollte ich ihm erklären, wie sich seit seinem Tod die Welt verändert hatte, und dies zudem in Worte fassen, die er verstand? War das nicht schlicht unbegreifbar für einen Menschen, der nie erfahren hatte, was seitdem alles passiert war bis in die Neuzeit?

Wie lange es dauern würde, sechshundert Jahre Geschichte aufzublättern, war zwar unwesentlich. Zeit spielte ja keine Rolle mehr. Das wusste ich inzwischen. Ich begann also, was man in meinem Wortschatz, in meiner Sprache eine Tour d'Horizon nennen würde, und mit einer Chronik aus meinem Beruf. Was Gutenberg offensichtlich freute, denn hin und wieder lächelte er zufrieden.

»Ohne Ihre Erfindung, das ist unstrittig, ohne die Möglichkeit, das freie Wort gedruckt zu verbreiten, wo auch immer, an wen auch immer, hätte es keine politischen Umwälzungen von unten nach oben gegeben, keine Revolutionen, keine Aufklärung. Verbreitet in Flugblättern, in Schriften, in Büchern und ...«

Er unterbrach mich.

»Halt, halt. Ist zu viel für mich. Muss ich erst einmal verarbeiten, besser noch, mir Satz für Satz, Wort für Wort aufschreiben, damit ich es immer wieder nachlesen und mir merken kann. Werden Sie mich noch einmal besuchen können und mir noch mehr erzählen?«

»Selbstverständlich, Meister, jederzeit.«

Hatte aber bereits eine bessere Idee.

Denn ihm zu berichten von denen, die direkt oder indirekt ihre Werke oder ihre Karrieren letztlich seiner Idee zu verdanken haben, Poeten wie Politiker, Erfinder wie Entdecker, würde nicht nur ihn überfordern. Sondern auch mich. Es ging schließlich um sechshundert Jahre. Wie dramatisch sich in denen die Gutenberg vertraute Welt verändert hatte, was in dieser Zeit erfunden wurde und revolutionäre Folgen hatte so wie seine Erfindung des Buchdrucks, ließ sich niemals – und gar noch lückenlos – aus meiner im Diesseits erworbenen Halbbildung aufzählen.

Allein von den wichtigsten Tüftlern und Erfindern zu erzählen, würde nach diesseitiger Zeitrechnung Jahre dauern. Wo fängt man an, wen lässt man weg, wer darf niemals fehlen: Galileo Galilei und sein Fernrohr, Isaac Newton und sein Spiegelteleskop, Benjamin Franklin und der Blitzableiter, die Brüder Montgolfier und ihr Heißluftballon, Carl Benz und das erste Automobil, Alexander Graham Bell und das Telefon, Otto Hahn und die Kernspaltung, Konrad Zuse und der erste digitale Rechner, ohne dessen Daten und Namen sammelnden Nachfolger hier die täglich, stündlich, minütlich ankommenden Toten nicht registriert werden könnten, und und und. Viele und noch vieles mehr – auf jeden Fall zu viel für mich.

So wie ich mich vor meiner Reise über Leben und Werk des Johannes Gutenberg informiert hatte, indem ich mir ein Lexikon vorstellte und dort unter G nachschlug, wagte ich deshalb einen Versuch, der passen würde zu ihm. Ich dachte an den in analogen Zeiten geschätzten Kulturkalender, herausgegeben von einem Werner Stein, unter uns auf der Suche nach Fakten deshalb stets *Der Steinsche* genannt, in dem auf über 2000 Druckseiten chronologisch Jahr um Jahr weltbewegende Ereignisse verzeichnet waren: in Politik und Religion, Technik und Wissenschaft, Musik und Kunst, Literatur und Philosophie, und das von der Frühgeschichte bis zur Neuzeit. Es gibt ihn zwar schon lange nicht mehr gedruckt – was die Welt bewegte oder veränderte, kann im digitalen Zeitalter gegoogelt oder auf Wikipedia nachgelesen werden.

Aber für ihn wäre *Der Steinsche* ideal. Ich stellte es mir vor, und wie bei meinem Experiment mit dem Lexikon lag sein *Kulturfahrplan* im nächsten Moment vor mir. Ich schlug das Jahr 1468 auf und zeigte die Seite Gutenberg. »Hier, Meister, sehen Sie selbst. Für das Jahr 1468 ist ein einziger Tod verzeichnet. Ihrer. *Johannes Gutenberg (Gensfleisch), Erfind. d. Buchdrucks mit beweglichen, gegossenen Lettern.* Sie können in aller Ruhe, Seite für Seite, in all den folgenden Jahren bis 2000 nachlesen, was auf der Welt passiert ist, politisch, kulturell, technisch, und es wird Jahr um Jahr dank des Fortschritts mehr und mehr Eintragungen geben. Dieses Buch schenke ich hiermit Ihnen zur gefälligen Lektüre.«

Neugierig näherte sich der Pressbengel. »Ich werde es ihm vorlesen«, sagte Gutenberg, als ob er geahnt hatte, was ich fragen wollte. »Lesen kann er nicht. Nur Erlesenes drucken.«

»Und wie steht es um Sie, Meister? Das Buch ist in hochdeutscher Sprache verfasst. Mich haben Sie verstanden, aber gilt das auch für gedrucktes Hochdeutsch?«

»Mal sehen, ob ich es kann.«

Er nahm das Buch, blätterte bis zum Jahr 1468 und las mir die Notiz über Gutenberg vor, die ich ihm vorgelesen hatte. »Kein Problem.«

»Noch etwas, bevor ich mich wieder auf den Weg mache. Das wird Sie freuen. Sie sind weltberühmt. Wirklich weltberühmt. In der Heimat sowieso. Die Johannes-Gutenberg-Universität in Mainz ist nach Ihnen benannt, und in vielen deutschen Städten stehen Gutenberg-Denkmäler. Es gibt zudem Gutenberg-Gesellschaften auf der ganzen Welt. Sie sind, das darf ich so sagen, seit Ihrem Tod unsterblich.«

Doch er hörte mir schon nicht mehr zu. War vertieft in das Buch. Luther las mit. Beide beugten sich über das Buch. Auch *Der Steinsche* ist unsterblich.

Ich verließ Gutenbergs Werkstatt und schwebte, Ziel vor Augen meine Großmutter, zurück zu meiner Familie. Totenstille umfing mich.

Aber plötzlich hörte ich laute Musik. Rock 'n' Roll. Eindeutig Rock 'n' Roll.

Neugierig ließ ich mich fallen.

15

Bisher hatte ich außer den Reden von Brandt oder Hildebrandt noch nichts gehört, was an das einstige Leben erinnerte, ganz zu schweigen von Musik. Verblüfft versuchte ich herauszubekommen, woher sie kam, und ließ dabei meine Seele auf der Stelle baumeln. Eine baumelnde Seele gehörte einst zum Wortschatz minderbegabter Journalisten, sobald sie, auf der Suche nach Umschreibungen für Entschleunigung, mal wieder hart im Klischee landeten.

Jetzt aber beschrieb eine baumelnde Seele genau meine Lage.

Ich sah vor mir eine große satte grüne Wiese und auf der viele Menschen, die ich alle sehen konnte, aber noch nie gesehen hatte. Es mochten Tausende sein … Ich ließ mich unter sie fallen. Vor ihnen war eine große Bühne aufgebaut, links und rechts riesige Lautsprecherboxen. In der Mitte, leicht erhöht auf einem Podium, ein gewaltiges Schlagzeugensemble, hinter dem ein Mann saß und trommelte, vor ihm, ein Mikrofon schwenkend, ein wilder Typ, neben ihm, sich bewegend im Rhythmus, zwei langhaarige Gitarristen. Eine Szene, wie ich sie von vielen Popfestivals kannte, die ich mal erlebt hatte.

Daher also kam die Musik, die ich gehört hatte. Rock 'n' Roll, eindeutig. Und das im Jenseits!

Ich schlängelte mich durch die Menge nach vorn. Rempelte dabei niemand an. Alle waren körperlos, so wie ich. Seelen stoßen nirgendwo an. Ich sah viele alte Frauen und viele alte Männer. Alle sangen mit. Sie kannten die Melodie, sie kannten den Text, sie kannten den Sänger.

Auch ich kannte ihn – Freddie Mercury. Er war verstorben an den Folgen seiner Aids-Erkrankung. Die da oben waren jung gewesen, als ihr Leben endete. Wir da unten hatten sie überlebt und so im Gedächtnis behalten, wie sie ausgesehen haben. So jung, wie damals wir alle es gewesen sind.

Aus der Nähe betrachtet waren mir auch die anderen vertraut, die Backstage standen und offenbar auf ihren Auftritt warteten. Eine All-Star-Band. Alle tot. Alle unsterblich. Janis Joplin, Buddy Holly, Jimi Hendrix, Jim Morrison, Kurt Cobain, Michael Jackson. Elvis Presley, John Lennon, Amy Winehouse, Leonard Cohen, David Bowie, Whitney Houston, Marvin Gaye, Maurice und Robin Gibb. Manche, wie Cohen oder Bowie, hatten geschafft, was anderen nicht vergönnt gewesen war – erst alt sterben zu müssen.

Mercury sang einen der großen Hits von Queen, »Who Wants to Live Forever«, im Jenseits eine Nationalhymne für diejenigen unter den toten Fans, deren Leben, egal, wie alt sie geworden waren, vom Rock 'n' Roll geprägt worden war. Auf die Buddies von seiner Band musste Mercury allerdings verzichten, die lebten alle noch. Die Musiker, die ihn jetzt begleiteten, hatten alle selbst Starqualitäten – Ex-Who Keith Moon am Schlagzeug war, wie so viele Rockstars, an einer Überdosis von Beruhigungsmitteln gestorben. Leadgitarrist Brian Jones, Gründer der Rolling Stones, vollgedröhnt mit Drogen in einem Pool ertrunken. Der dünne Farbige neben ihm, berühmt geworden beim legendären Woodstock-Festival, weil er die US-Hymne »The Star-Spangled Banner« auf seiner E-Gitarre mit schrillen Riffs bösartig genial in ihre Einzelteile zerlegte, konnte nur Jimi Hendrix sein. Heroinabhängig, als ihn der Tod vom Rauschgift befreite und in die Stille holte. Dort war er wieder gesund, so wie alle hier von Krankheit und Verfall und Sucht befreit sind. Das hatte mir mein Onkel aus Holland bereits erklärt.

Jubel nach dem letzten Ton. Freddie Mercury reckte kurz die rechte Faust in die Menge, ging nach hinten und ließ sich fallen. Keith Moon räumte seinen Platz am Schlagzeug für Levon Helm, einst Chef von The Band, Brian Jones legte seine E-Gitarre ab, ließ sich von einem der Roadies stattdessen einen Bass reichen, Jimi Hendrix gab sein Instrument weiter an Kurt Cobain, und dann, zurück in den frühen Rock 'n' Roll, trat Buddy Holly, tödlich verunglückt bei dem Absturz seines Privatflugzeugs, ans Mikrofon und besang Peggy Sue.

Alle sangen den Refrain mit: *Oh, Peggy, my Peggy Sue*, auch ich, wobei wie einst das letzte *Sue* endete als lang gezogenes, lautes *Suehuehue*.

Dann zwei Beatles am Mikrofon. Der eine, Leadgitarrist George Harrison, jüngster und stillster der Fab Four, an Lungenkrebs gestorben und nie so umschwärmt wie Paul McCartney oder gar verehrt wie der, mit dem er jetzt auf der Bühne stand, John Lennon, der in New York vor dem Dakota Building erschossen worden war. Aber gleichfalls unsterblich. Harrison sang seinen Hit »My Sweet Lord«, beim Refrain begleitet von John.

Bei der dritten Wiederholung blieben beide stumm. Denn zu ihnen herauf schallte ein vieltausendfacher *My-Sweet-Lord*-Chor der Toten. George und John, im Leben zuletzt eher verfeindet statt befreundet, grinsten sich an, als hätten sie nichts anderes erwartet. Es passte ideal, als habe es der Jenseitige persönlich so arrangiert, dass anschließend John Lennon »Imagine« anstimmte und wieder alle, die tot endlich den Traum Lennons erfüllten, *living life in peace* mitsangen. Modisch geprägt von der Epoche, in der sie gestorben waren. Schlabberhosen in grellen Farben. Die Frauen in bunten Röcken, die Haare offen und lang. Manche Männer auf der Bühne zeigten Muskeln unter engen T-Shirts und trugen nach hinten gekehrte Baseballcaps. Die Mädchen im Backgroundchor wiederum – denn es handelte sich eindeutig um Mädchen, nicht um Frauen, mussten also alle früh gestorben sein –, sie trugen Leggings und Tops.

Die Scheinwerfer erloschen.

Bis auf einen.

Der suchte ein Ziel.

Als er es gefunden hatte, setzte leise das Orchester ein. Ein Lichtstrahl verharrte auf Elvis Presley. Auftritt des King. Jetzt schwieg das Publikum. An »Are You Lonesome Tonight« hatten alle, auch ich, höchst eigene Erinnerungen, und die ließen sich nicht lautstark mit Fremden teilen. Am Ende gab es dem König zu Ehren dann aber minutenlang Standing Ovations. So hätte man es genannt im Diesseits. Elvis schien gerührt zu sein, mag aber auch sein, dass mich mein Eindruck täuschte.

Bevor sich die aufkommende melancholische Stimmung ausbreiten konnte, tauchten grell blitzende Spots die Bühne in ein farbiges Gewitter. Michael Jackson, der nachgeborene König, stieg aus einer ihn bedrohenden, übel aussehenden Horde teuflischer Gestalten auf. Er sang und tanzte sie mit »Thriller« in die Unterwelt zurück, aus der sie gekommen waren. Alles nur Show. Kaum war ihr Auftritt zu Ende, verwandelten sie sich wieder in friedfertige Tote, die sich für den einsetzenden Jubelsturm bedankten. Nur Michael Jackson war nicht mehr zu sehen. Wie ausgelöscht.

Rio Reiser besang, wie es wäre, wenn er nicht der gewesen wäre, der er war, sondern der König von Deutschland, und falls ihm das zu langweilig sein würde, was er gemacht hätte als Helmut Kohl, Ronald Reagan, Helmut Schmidt, Franz Josef Strauß. Beim Refrain *Das alles und noch viel mehr würd ich machen, wenn ich König von Deutschland wär* sang ich selbstverständlich mit.

Von ihm übernahm Amy Winehouse, früh an einer Überdosis verstorben. *Back To Black*, einer ihrer letzten Smash Hits, passte in das einmalige Konzert:

And life is like a pipe
And I'm a tiny penny rolling up the walls inside
We only said goodbye with words
I died a hundred times

Wo blieb Janis Joplin? Wo war Jim Morrison? Kaum hatte ich an sie gedacht, begannen sie zu singen. Das bei Picasso und Gutenberg erfahrene Jenseits-Prinzip, sich bestimmte berühmte Tote zu erdenken, um sie erleben zu können, funktionierte auch hier.

Freedom's just another word for nothin' left to lose
Nothin', don't mean nothin' hon' if it ain't free, no no

Wir sangen zusammen mit Janis Joplin im Chor, weil wir »Me and Bobby McGee« nie vergessen hatten, die Hymne der Jugendkultur, die mit uns alt geworden war, die wir sie Zeile für Zeile, Ton für Ton kannten. Wie bei einem Best-of-Medley setzte Jim Morrison, über dessen geschmücktes und von Fans umlagertes Grab auf dem Friedhof Père Lachaise ich in jungen Jahren mal geschrieben hatte, direkt nach Janis Joplins letzter Songzeile mit »The End« ein. Es passte perfekt.

Can you picture what will be
So limitless and free
Desperately in need of some stranger's hand
In a desperate land

Noch während er sang, noch während der letzten Zeile verschwand er, verschwand die Bühne, schien sich aufzulösen und mit ihr all die Stars, die ich gehört hatte. Hatte ich das alles etwa nur geträumt? Die Festivalwiese, die gerade voller Menschen gewesen war, war leergefegt. Lange aber hörte ich als fernes Echo das »Hallelujah« von Leonard Cohen, *cold and broken*, auf der Suche nach der Liebe.

Also doch kein Traum.

16

Meine Großmutter erwartete mich. Die letzten Jahre ihres Lebens hatte sie im Niemandsland verbracht. Hatte ihre Biografie vergessen. Wusste nicht mehr, wer sie mal gewesen war oder wer die ihr fremden Menschen waren, die sie besuchten. Stets aufs Neue zum Beispiel fragte sie bei jedem Besuch meine Mutter oder ihre andere Tochter, meine Tante: *Und wer sind Sie?* Deren Antworten hatte sie wenig später wieder vergessen und begann erneut mit ihren Fragen.

Als sie auch meinen Großvater nicht mehr erkannte, ihren Mann, mit dem sie mehr als sechzig Jahre verheiratet war, bei jeder Berührung durch ihn zurückschreckte, Angstschreie ausstieß, wurde sie im Heim auf die Pflegestation gebracht. Mein Großvater besuchte sie dort zwar jeden Tag, aber wer er war, hatte sie da längst vergessen. Manchmal sang sie unvermittelt ein Kinderlied, und wenn wir einstimmten, war sie glücklich. Manchmal wies sie meinen Vater aufgeregt auf einen weißen Elefanten hin, der am Fenster vorbeiflog, und als er ihr bestätigte, ja, ich sehe den gerade auch, strahlte sie zufrieden.

Sie war an Alzheimer erkrankt. Aber damals war die Krankheit, außer in der Wissenschaft und bei Neurologen, ein noch unbekanntes Gespenst. Zeitweise Verwirrung bei alten Menschen galt als Alterserscheinung, und wenn es die erwischte, blieben sie umsorgt in ihrer Familie zu Hause. In einem Land, in dem fast die Hälfte der Einwohner als Single ihr Leben gestaltete, brach dieses System zusammen. Blieben nur noch die letzten Verwahranstalten vor der Erlösung durch den Tod. Die Heime.

»Es war, wie soll ich das jetzt am besten sagen, es war … es war wie in einem Albtraum, aus dem ich nicht mehr aufwachte. Anfangs bekam ich ja noch mit, Schritt für Schritt und täglich mehr, dass ich die Welt nicht mehr verstand. Und weil ich dafür auch keine Worte mehr fand, verstand auch mich die Welt nicht mehr.«

Angestoßen durch sie, schrieb ich nach ihrem Tod ein Buch über die Krankheit des Alters. In vielen Gesprächen hatten mir Wissenschaftler, Ärzte, Pfleger, Therapeuten bestätigt, dass im kitschigen Versprechen einer Operettenmelodie, *Glücklich ist, wer vergisst*, eine Wahrheit stecke. Die traumatische Erfahrung, wie der Körper den Geist überlebt, hätten die Kranken dann bereits hinter sich. Darum seien die ersten Phasen der Krankheit schlimmer als die Zeit des Endstadiums. Davon erzählte ich ihr.

»Stimmt das?«

»Ja, die Diagnose stimmt. Als ich alles vergessen hatte aus meinem Leben, hatte ich auch die Angst vergessen.«

»Kannst du dich daran erinnern, Oma, dass wir, vor allem Mutter, mit dir Kinderlieder gesungen haben?«

Automatisch sagte ich Oma zu ihr, wie ich es gewohnt war seit meiner Kindheit.

Sie nickte. »Weil ich tot und gesund bin, kann ich mich wieder an alles erinnern. Auch an mich.«

»An dich?«

»Ja, an mich. Die Erinnerung an mein Leben verschwand damals mehr und mehr. Bis sie irgendwann ganz verloschen war. Daran kann ich mich genau erinnern. Damals wuchs täglich die Angst vor den Gespenstern, die mich bedrohten. Jetzt ist mein Kopf wieder voller Bilder, die alle verloschen waren. Jetzt weiß ich bei jedem Bild, wohin es gehört in meinem Leben. Der Tod hat mir im Kopf, wie soll ich es am besten beschreiben, eine Art Karussell mit Dias eingerichtet. Ich kann die Aufnahmen anschauen, wann immer ich will, und alle, die ich dann auf den Fotos sehe, erkenne ich.«

»Auch Szenen, wie die Erkrankung bei dir anfing?«

»Szenen ja, Fotos natürlich nicht. Fand ja alles nur in meinem Kopf statt. Aber wie das ablief, blieb gespeichert. Diesen Speicher kann ich jetzt öffnen. Jederzeit. Willst du das wirklich wissen? Ist ja nicht besonders erfreulich.«

»Ja, bitte, wer sonst könnte es mir erzählen?«

»Es begann mit der Suche nach Begriffen, die mir ein Leben lang vertraute Begleiter waren. Die zum Alltag gehört hatten. Die man automatisch wahrnahm, automatisch benutzte, ohne lange nachdenken zu müssen.«

»Zum Beispiel?«

»Der Schlüssel ist verlegt. Die Brille unauffindbar. Wie hieß bloß der Nachbar, der mich immer so freundlich grüßte? Mit dem Auto an der falschen Ecke abgebogen. Den Herd nicht ausgemacht. Zum dritten Mal dieselbe Wäsche in den Trockner gepackt. Ein Buch gelesen und beim zweiten Kapitel schon den Anfang wieder vergessen. Ich konnte zwar noch ein Gedicht aus meiner Kindheit aufsagen, aber wusste mittags nicht mehr, was ich zum Frühstück bekommen hatte – oder ob ich überhaupt gefrühstückt hatte.

»Und wie hast du darauf reagiert?«

»Man verdrängt Ratlosigkeit und plötzliche Panik anfangs erfolgreich und baut sich Geländer, um sich festzuklammern. Mein Zustand war mir bald nicht nur vor Fremden, sondern auch vor euch peinlich. Wer mag denn schon zugeben, mehr und mehr zu verblöden? Gegen schwindende Geistesgegenwart halfen lange Zeit noch große Zettel am Telefon, im Badezimmer, am Kleiderschrank, in der Küche. Hinweise, auf denen Banalitäten standen über die ich bisher nicht nachgedacht hatte, Zahnbürste blau, Strümpfe vom Fuß nach oben anziehen, so was halt.«

Ähnlich wie meine Großmutter sich zurückgezogen hatte, ziehen sich alle Kranken, die anfangs eher ratlos waren über die Ursachen ihrer Ausfälle und diese mit einer vorübergehenden Schwäche wie einer Erkältung verwechselten, Stück für Stück in ihre Welt zurück. In der wähnten sie sich sicher, weil sie da nur mit sich alleine waren. Tatsächlich aber waren sie erschöpft und ausgelaugt. Das Festklammern im Jemandsland vor dem Abgang ins Niemandsland kostete Kraft.

»Ab wann hast du gespürt, dass sich die Wirklichkeit für immer von dir verabschieden würde?«

»Ich war ja alt, weit über Mitte achtzig, und dass man im Alter etwas vergisst, schien euch und schien mir normal. Irgendwann verwechselte ich die Wochentage. Dass es Sonntag sein musste, wusste ich nur deshalb noch, weil dein Großvater mit mir in die Messe ging. In der Kirche fühlte ich mich aufgehoben.«

»Und wie ging es weiter? Oder weißt du das nicht mehr?«

»Doch, das weiß ich, denn mein Kopf ist wieder frei und ich kann mich daran erinnern, wie es war, als ich meinen Verstand verlor.«

Sie schwieg einen Moment lang. Die Erinnerung machte sie stumm. Schmerzhaft konnte sie nicht sein. Schmerzen gibt es im Jenseits nicht mehr. Außer für die in alle Ewigkeit Verdammten.

»Als es schlimmer wurde mit meiner Vergesslichkeit, wuchs die Angst. Vor allem nachts. Und diese Angst konnte ich nicht mitteilen. Mit niemand teilen. Erst dann, als alles weg war, als ich nichts und niemand mehr erkannte, ging es mir besser. Denn dann war auch die Angst verschwunden.«

»War die Angst denn bis dahin immer in dir?«

»Ja, immer. Schrecklich.«

»Und nach deinem Tod?«

»Ging es mir wieder gut. Ich traf meinen Sohn, ich traf deinen Großvater, meinen geliebten Mann, ich traf endlich meine Mutter und meinen Vater wieder, deine Urgroßeltern.«

Dabei lächelte sie liebevoll den beiden Alten zu, die hinter ihr ruhten. »Sie wollen auch mal mit dir reden. Die kennen dich ja nur als Baby.«

Irgendwann konnte bedeuten in einer Minute oder in einer Stunde, konnte bedeuten morgen oder übermorgen oder in einem Monat oder in einem Jahr. Die Ewigkeit ist zeitlos. Das hatte ich zwar begriffen, aber noch nicht verinnerlicht.

Ob ich gestern Brandts Rede gehört hatte oder vor einem Monat, ob ich in der vergangenen Woche bei Picasso gewesen war und anschließend Gutenberg getroffen hatte oder vor einem halben Jahr, ob ich vor einer Stunde beim Auftritt der toten Rocker mitgesungen hatte oder vor zwei Tagen, wusste ich deshalb nicht. Die Einheit von Ort und Zeit und Handlung war nach dem Tod aufgelöst. Geblieben waren als Ort das Jenseits und als Zeit die Ewigkeit, und in der würde unendlich viel Zeit bleiben.

Meine Großmutter ließ sich auf die Wiese fallen. Zu erzählen von ihren verdunkelten Jahren hatte sie ermüdet. Sie schloss die Augen. Ich legte mich wie einst als Kind neben sie. Damals wachte ich mitunter nachts auf und hatte Angst, allein zu sein im Dunkeln. Ich schaute zusammen mit ihr jetzt in den Himmel, dessen Farben spielend wechselten, und ließ meine Gedanken in ihnen mitspielen.

»Kommst du mit?«, fragte mein Bruder, der plötzlich neben mir stand. Ich hatte ihn nicht bemerkt. Seelen werfen auch keine Schatten.

»Wohin?«

»Zum Club der toten Dichter. Da war ich noch nie, wollte aber immer schon wissen, wie es dort zugeht. Und wer dort Mitglied ist und welche Bedingungen zu erfüllen sind, um aufgenommen zu werden.«

»Club der toten Dichter? So hieß ein großartiger Film, den du natürlich nicht kennen kannst, weil er erst viele Jahre nach deinem Tod in die Kinos kam. Robin Williams, der die Hauptrolle spielte, müsste inzwischen auch hier sein. Er hat sich umgebracht. So wie du.«

»Eine Versammlung toter Dichter kann ich mir dennoch vorstellen wie einen Film. Ich weiß immerhin, dass sie sich regelmäßig in einer Art Club treffen. Sie lassen einen wie mich selbst als Gast nur dann rein, wenn ich von einem Bürgen begleitet werde, der nachweisen kann, dass er ein Dichter ist. Also ein Buch geschrieben hat. Ob es dabei um eine gewisse literarische Qualität geht und wer darüber entscheidet oder ob eine bestimmte verkaufte Auflage maßgebend ist oder es reicht, überhaupt gedruckt worden zu sein, weiß ich nicht. Bisher habe ich in unserer Familie noch keinen gefunden, der die Kriterien erfüllt.«

»Hast du es mal mit deinen eigenen Texten versucht?«

»Meine Gedichte und Songtexte zählen da ganz bestimmt nicht. Ich habe mich schließlich nie für einen Dichter gehalten. Aber jetzt bist du hier. Unsere Mutter hat mir stolz erzählt, dass viele deiner Bücher sogar zu Bestsellern geworden sind. Du also hättest ein Recht auf Mitgliedschaft und darfst mich mitnehmen, weil du für mich bürgen kannst.«

»Aber ein Dichter bin ich nun weiß Gott auch nicht. Ich habe nur Sachbücher und Biografien geschrieben. Na gut, einen Roman, aber das war keine Literatur, sondern ein Krimi ohne besonderen Tiefgang. Ob das reicht?«

»Müsste reichen. Kommt auf einen Versuch an.«

Meine Neugier, eine mir im Leben treu ergebene Begleiterin, hatte meinen Tod überlebt. Sie schlummerte, um bei Bedarf geweckt zu werden. Ein Club toter Dichter war so ein Anlass. Eine Recherche vor Ort, um zu erkunden, wer zu seinen Mitgliedern zählte, versprach spannend zu werden. Würde zum Beispiel Homer auftauchen, der als erster Dichter des Abendlandes gilt, wie ich es einst im Deutschunterricht gelernt hatte? Obwohl nie geklärt werden konnte, ob es ihn tatsächlich gegeben hat, ob Homer tatsächlich der Dichter der *Ilias* oder der *Odyssee* gewesen ist. Weder sein Geburtsort noch sein Geburtsdatum noch sein Todesjahr stehen fest. Aber das würde sich mit ihm direkt klären lassen – und falls nicht, auch nicht weiter schlimm. Ob ich mehr von Homer wusste oder auch nicht, war unwesentlich.

»Und wo finden wir die toten Dichter?«

»Nach der üblichen Methode. Du stellst dir einen Club mit Dichtern vor, egal, ob als Haus oder als Zelt auf einer Wiese, das genügt. Und es muss nicht gleich jetzt sein. Gleich jetzt bedeutet gleich viel, wie einst ein Monat oder ein Jahr oder eine Woche. Das weißt du ja inzwischen.«

»Ist immer noch höchst verwirrend für mich. Wie lange bin ich denn eigentlich schon hier?«

»Das weiß ich ebenso wenig wie du. Ich weiß auch nicht, wie lange ich schon hier bin. Von dem Augenblick an, in dem man im Jenseits eintrifft, existiert Zeit nicht mehr. Es gibt nur noch die Ewigkeit – und in der keine Zeitfenster.«

17

Ob wir uns gleich auf den Weg machten oder erst viel später, weiß ich nicht. Weiß nur, dass wir irgendwann ein dreistöckiges Haus vor uns sahen, zu dem eine mit weißen Kieselsteinen gepflasterte Allee führte, bekränzt von akkurat geschnittenen Büschen.

Das Haus hätte auch auf dem Campus der Harvard University nahe Boston stehen können: streng symmetrische Formen, rotfarbig die Fassade, hellfarbig gerahmt die hohen Fenster. Über dem doppeltürigen dunkelgrünen Eingangstor halbrunde Oberlichter, und alles gekrönt von einem schlanken Ziergiebel. Die linke Seite des Gebäudes entsprach exakt seiner rechten Seite. Klassische Architektur, wie sie typisch ist auch für die berühmten britischen Universitäten von Cambridge oder Oxford.

»Optisch erinnert mich das an Harvard und Cambridge, wo ich oft war«, sagte ich. »Haben tote Wissenschaftler und Forscher denn ein ähnliches Clubhaus wie tote Dichter? Womöglich erbaut vom selben Architekten?«

»Hast du etwa erwartet, dass über dem Eingang in Stein gemeißelt *Club der toten Dichter* oder *Members Only* steht?«, antwortete mein Bruder und lachte. »Und in welcher Sprache? Die toten Dichter stammen aus allen Nationen, schrieben in allen Jahrhunderten, und sie wissen, wo im Jenseits sie sich finden und treffen können. Wir sind am richtigen Ort.«

Er ließ den löwenköpfigen Messingring zweimal gegen die Tür fallen. Noch bevor er ein drittes Mal klopfen konnte, wurde geöffnet von einem sorgfältig gekämmten weißhaarigen

Herrn, der uns fragend anschaute. Mein Bruder flüsterte ihm etwas zu, was ich zwar nicht verstand, aber als der Herr sich umdrehte und in einem Folianten blätterte, der auf einem Stehpult neben dem Eingang lag, stöbernd in dessen Register, ahnte ich, wonach er suchte – nach meinem Namen. Dabei muss er fündig geworden sein, denn er klappte den Wälzer zu, bat uns ins Innere und verschloss hinter uns wieder die Tür.

Der Raum, in dem wir uns dann umsahen, glich beim ersten Blick dem Foyer eines Grandhotels. Teppiche. Sessel. Sofas. Marmortische. Silberne Lüster. Nur eine Rezeption fehlte. In der Halle standen oder saßen viele Menschen, Frauen und Männer in unterschiedlichen Outfits. Die Älteren konservativ in dunklen Anzügen und knielangen Kostümen, die Jüngeren in modischen Jeans und kurzen Röcken, Haare mal lang und dauerwellig, mal stoppelig und von Strähnen durchzogen. Stimmengewirr mal in Wellen anschwellend, mal wieder abschwellend. Insgesamt erinnerte es mich an irgendeinen Empfang an irgendeinem Ort zu irgendeiner Zeit.

An edelholzgetäfelten Wänden hingen gerahmt Fotos und Zeichnungen, ausschließlich Porträts. Ich erkannte, nicht weiter verwunderlich in einem solchen Club, Goethe und Schiller, denn sie waren mir, tausendfach gedruckt in Büchern oder Theaterprogrammen, seit meiner Schulzeit vertraut. Der eine mit den Geheimratsecken abgebildet in hochgeschlossenem weißem Hemd und einreihigem Gehrock, mit altersmildem Blick, als habe er alles, alles schon gesehen und erwarte nichts Neues mehr. Der andere mit offenem Kragen, wilden Locken, aufmüpfigem Gesichtsausdruck. Bei anderen Porträts hatte ich keine Ahnung, wen die zeigen sollten, konnte allenfalls unterscheiden zwischen Mann und Frau.

Zwei Stockwerke im Stil offener Galerien, zu denen eine geschwungene Freitreppe führte, waren voll mit Büchern. Die

Regale reichten bis zur Decke. »Unsere Bibliothek«, sagte der alte Herr, der uns die Tür geöffnet hatte und uns begleitete, »steht Ihnen offen zur gefälligen Lektüre. Sie müssen sich nicht anmelden oder vormerken lassen für ein Buch. Lesen allerdings dürfen Sie es nur hier. Ausleihen außer Haus sind nicht gestattet.«

»Wer druckt die Bücher? Woher bekommen Sie die? Oder bringen die neuen Mitglieder ihre Bücher mit hierher?«, fragte ich ihn.

»Welcher Roman aufgenommen wird, entscheidet unser Vorstand«, holte er aus. Ich hatte den Eindruck, dass ihm meine Fragen schon deshalb gut gefielen, weil er uns demonstrieren konnte, was er alles wusste: »Es kann von jeder Dichterin, von jedem Dichter jeweils nur ein einziges Exemplar gelistet werden. Verständlich, denn unseren Club gibt es seit dem Tod von Homer, und Sie mögen sich leicht ausrechnen können, wie viele Dichter seitdem gestorben sind. Diese Regel, für jeden Neuankömmling nur ein einziges Buch, egal, wie viele Bücher er geschrieben haben mag, gilt laut Satzung ohne Ausnahme. Sogar für Genies wie Goethe oder Schiller, deren Porträts Sie gerade an der Wand haben hängen sehen. Andernfalls würde wegen der anfallenden Bücherlast das ganze Haus zusammenbrechen. Denn die meisten unserer Mitglieder haben im Leben ja nicht nur ein Buch, sondern viele Bücher geschrieben, manche wie Monsieur Balzac sogar fast hundert. Gedruckt wird das von uns ausgewählte Einzelstück oben im dritten Stock.«

Er sagte *uns*, also gehörte er selbst wohl auch zum Vorstand.

»Was mir aber nicht erklärt, wie die nötigen Daten für den Buchdruck hierher geschickt werden. Übertragungen online sind ja nicht möglich, weil es im Jenseits ja kein WLAN gibt.«

»Sobald Dichter hier ankommen, werden ihre Namen automatisch – wie bei allen anderen Toten auch – an den großen KIJ-Server übermittelt, von dem Sie bereits erfahren haben …«

»KIJ?«

»Abkürzung für Künstliche Intelligenz Jenseits«, klärte er mich lässig auf, »und von dem Rechner automatisch an unsere Vorsitzenden weitergeleitet. Die wählen ein Buch des Toten aufgrund der gespeicherten Daten aus. Die jeweiligen Verfasser haben kein Mitspracherecht, denn sonst würde die Entscheidung wohl unnötig lange dauern. Wenn Sie verstehen, was ich meine.«

Ja, das verstanden wir.

»Dann wird das ausgewählte Buch gedruckt und anschließend dem Anfangsbuchstaben im Nachnamen des Autors entsprechend in einem Regal eingeordnet. Übrigens sind wir zwar eine Art Club toter Dichter, die genaue Bezeichnung unserer Vereinigung aber lautet P.E.N. Was das beinhaltet, muss ich Ihnen auch erklären. P steht für *Poets*. E für *Essayists*. N für *Novelists*, also Dichter, Essayisten, Romanautoren. Hier allerdings steht das E zwischen den Poeten und den Romancier für Exitus, für Ende, für Abgang. Die Essayisten haben sich in der Nähe von Thoreaus Einsiedelei im Wald eine eigene Bibliothek eingerichtet. Aus Holz natürlich.«

»Es geht also hier nicht um Qualität oder um frühere Erfolge, um Sachbuch oder Belletristik, sondern allein um das gedruckte Wort an sich?«, wollte mein Bruder wissen.

»Wir akzeptieren nur Romane und Gedichte. Autoren von Nonfiction Books«, er gebrauchte tatsächlich den modernen Begriff *Nonfiction Books*, »haben allerdings das Recht auf Mitgliedschaft und Zutritt, wann immer sie wollen. Sonst hätte ich Sie zum Beispiel gar nicht einlassen dürfen, obwohl Sie, wie ich gerade gelesen habe, auch mal einen Roman geschrieben haben.«

»Sagen wir es so: Versucht habe, einen zu schreiben. Ist mir missglückt. Ich hatte mich überschätzt. Aber das geht vielen so. Zu vielen.«

»Das zu beurteilen steht mir nicht zu«, antwortete er höflich und deutete eine Verbeugung an. »Ich lasse Sie jetzt allein. Ich glaube, wir haben einen Neuzugang, zumindest habe ich ein Klopfen gehört.« Offenbar war er so etwas wie der Manager des Clubs, zuständig sowohl für den Einlass als auch für die Einhaltung der Satzung. Neugierig schaute ich ihm nach. Als er die Tür öffnete, erkannte ich Judith Kerr.

Um viele Tische gruppiert standen hohe Lehnstühle, lederbezogene Sessel und samtweiche Sofas. Fast alle waren besetzt und fast alle versehen mit einem Namensschild. Es handelte sich um Stammplätze. Manche Dichter dösten schweigend vor sich hin, manche redeten gestenreich aufeinander ein. Andere, zumeist jüngere, lehnten lässig an einer Wand oder hockten auf den Treppenstufen. Die Mehrzahl der hier Versammelten aber war alt, denn Dichter sind zwar gern unsterblich, aber sterben auch lieber erst im hohen Alter. Alle schienen sich zu verstehen, einzelne Sätze verstand auch ich. Auf einem Podium saßen zwei Damen und zwei Herren. Einer der beiden, gekleidet in feinstem Tuch über einem hochgeschlossenen Seidenhemd, klingelte mit einer kleinen vergoldeten Glocke und bat höflich darum, nunmehr Platz zu nehmen. Mein Bruder und ich fanden zwei freie Sessel und ließen uns ebenfalls nieder.

»Jüngere unter uns wollen auf besonderen Wunsch der älteren Toten ein paar Sätze aus einem Roman vorlesen, der zur gefälligen Lektüre für alle in unsere Bibliothek aufgenommen worden ist. Weil wir zwar keine Zeitvorgaben mehr einhalten müssen, es andererseits – wem sage ich das! – sterbenslangweilig sein kann, langatmige Erklärungen anzuhören, warum wir einst etwas geschrieben haben und wann uns ein Musenkuss überrascht hat oder gar wie gemein uns einst manche Kritiker behandelt haben …«

Aufsteigendes zustimmendes Gemurmel unterbrach ihn an dieser Stelle. Hellmuth Karasek und Fritz J. Raddatz und Marcel Reich-Ranicki und Walter Jens, die nebeneinandersaßen, verzogen jedoch keine Miene, obwohl sie wohl ahnten, dass beim Stichwort auch sie gemeint waren.

»Deshalb haben wir allen vorgeschlagen, jeweils ihren Einstieg vorzulesen, die ersten Sätze ihres Romans. Die waren ja mal entscheidend dafür, ob Leser wissen wollten, wie es weiterging mit der Geschichte, oder ob sie das Buch für immer weglegen würden. Ist selbstverständlich nur eine unverbindliche Anregung von uns. Sie können sich auch dafür entscheiden, eine ihnen passender erscheinende andere Stelle aus ihrem Werk vorzulesen.«

Fraglos handelte es sich bei den beiden Männern und den beiden Frauen auf dem Podium um Dichter und Dichterinnen. Andernfalls wären sie hier bestimmt nicht aufgenommen oder gar zum Vorstand gewählt worden. Aber ich wusste nicht, wer sie sein könnten, besser: Wer sie mal gewesen waren. Mein Bruder blickte mich fragend an, ich schüttelte bedauernd den Kopf.

Eine ältere Dame, die links neben mir saß, beugte sich zu mir und raunte: »Bei dem einen handelt es sich um den Freiherrn von Hardenberg, also um Novalis, der andere ist Fjodor Dostojewski. Die beiden Frauen sind Jane Austen und Françoise Sagan.«

Dann versank sie wieder in ihrem Sessel. Sie hatte meine Gedanken gelesen, weil ich vergessen hatte, sie zu verschlüsseln. Das holte ich nach. Dass ausgerechnet hier in mir wie in einem offenen Buch geblättert werden könnte, wäre mir dann doch ziemlich unangenehm.

»Danke«, flüsterte ich ihr zu. »Darf ich fragen, wer Sie sind?«

»Irmgard Keun. Mal was gelesen von mir?«

»Und ob«, antwortete ich stolz, offenbar aber ein wenig zu laut, denn sie legte einen Finger an ihre Lippen. »*Das kunstseidene Mädchen* und *Nach Mitternacht*. Beide Romane gehören übrigens inzwischen zur Pflichtlektüre in den Oberstufen vieler deutscher Gymnasien.«

Das freute sie. Sie lächelte.

Novalis bat Dostojewski, die Regeln für die gleich am Pult auftretenden Schriftstellerinnen und Schriftsteller zu erläutern. Sie alle hätten im Diesseits viele Bücher veröffentlicht, darunter millionenfach verkaufte Bestseller. Hohe Auflagen, so Dostojewski, und er klang dabei äußerst zufrieden, würden im Jenseits jedoch nichts mehr zählen. Jetzt gehe es nur darum, alte Dichter über Werke, die erst Jahrhunderte nach ihrem Tod erschienen seien, wenigstens zu informieren. Ob sie diese Romane dann auch selbst mal im Gesamten lesen wollten, sei ihnen überlassen. Die Bibliothek stehe ihnen jederzeit offen. Und wer nicht den Anfang seines Buches vorlesen wolle, dürfe, wie gesagt, selbstverständlich eine andere Passage wählen: »Wir schreiben nichts vor, wir schlagen nur vor«, fügte er hinzu.

Insgesamt möge die Vorlesekür der Kandidaten aber nicht als Lesepflicht verstanden werden, sondern bitte spielerisch heiter ablaufen. Eine Jury aus allen Anwesenden werde entscheiden, wer einen Lorbeerkranz verdiene, symbolisch natürlich, denn tatsächlich verliehen werde der am Ende selbstverständlich nicht. Das habe keiner der hier Anwesenden mehr nötig.

»Jedes P.E.N.-Mitglied hat eine Stimme, nur die Literaturnobelpreisträger unter uns haben zwei Stimmen. Jane wird Ihnen einige namentlich kurz vorstellen und sie bitten, sich dabei zu erheben.«

Dann übergab Dostojewski das Wort an Jane Austen.

»Die von Fjodor erwähnten Großdichter alphabetisch geordnet aufzurufen ist mir zu anstrengend«, sagte sie, »deshalb habe ich nach Rücksprache mit Françoise, die manche von Ihnen noch live erlebt hat, einige Preisträger bei meiner Aufzählung weglassen müssen und bitte die Betreffenden, deswegen nicht beleidigt zu sein.«

Ein frommer Wunsch. Denn diejenigen, die nicht von ihr aufgerufen wurden, waren selbstverständlich beleidigt. Das sollte Jane Austen wissen.

Sie starb als junge Frau. Fotos gab es damals nicht. Auf den gängigen Porträtzeichnungen sah sie eher langweilig aus. Wie eine gewöhnliche britische Landadlige. Jetzt saß sie lebendig vor uns, so wie sie bei ihrem Tod ausgesehen hatte. Ich war fasziniert von ihrer Schönheit.

»*By the way*: Ich weiß nach einem Gespräch mit Kipling, was ein Nobelpreis für Literatur bedeutet und für die Ausgezeichneten bedeutet hat, auch finanziell«, ergänzte sie. »Denn Rudyard«, sie zeigte auf einen schnauzbärtigen Mann, der vier Tische vor uns saß, »hat mich aufgeklärt.« Rudyard Kipling stand auf, setzte sich aber gleich wieder hin. Erkannt hätte ich ihn zwar nie, aber wie so viele Kinder habe auch ich einst sein *Dschungelbuch* geliebt.

»Inzwischen habe ich Bücher vieler Nobelpreisträger lesen können«, fuhr Jane Austen fort, »weil sie in unserer Bibliothek stehen. Wunderbare Romane. Ausleihen sind, wie Sie wissen, aber nicht möglich. Sobald ein Buch den geschützten Raum des Hauses verlässt und nach draußen mitgenommen wird, zerfällt es zu Staub.«

Der Nobelpreis für Literatur wurde zum ersten Mal ungefähr hundert Jahre nach dem Tod von Jane Austen vergeben. Die Autorin von *Stolz und Vorurteil* hätte ihn verdient. Viele der einstigen Laureaten sind längst vergessen, während Jane wahrscheinlich erfahren hatte von ihr nachgeborenen Toten, dass ihre Romane noch immer gelesen und zudem immer wieder aufs Neue verfilmt werden.

Sie rief Namen für Namen auf, und bei jedem Namen erhob sich eine Frau oder ein Mann und verbeugte sich. »Selma Lagerlöf, Gerhart Hauptmann, William Butler Yeats, Knut Hamsun, George Bernard Shaw, Sinclair Lewis, Eugene O'Neill, Luigi Pirandello, William Faulkner, Hermann Hesse, Winston Churchill, Nelly Sachs, Albert Camus, Ernest Hemingway.«

Niemand stand auf.

»Ernest Hemingway!«

Keine Reaktion.

Da entdeckte ich ihn. Er stand an der Bar, in einen Disput mit dem Barkeeper vertieft. Der schüttelte den Kopf. Ich ahnte, worum es ging. Aber es gab nun mal auch für ihn keinen Whisky im Jenseits. Selbst für einen legendären Kampftrinker wie Hemingway nicht. Die hinter dem Barkeeper aufgereihten Flaschen offerierten laut Etikett zwar alle möglichen harten Getränke. Aber die Flaschen waren leer, gehörten nur optisch in das Ambiente einer Bar. An dieser hier wurde nie etwas ausgeschenkt.

Jane Austen hatte Hemingway mittlerweile auch entdeckt, sie lachte und fuhr mit ihrer Aufzählung fort. »Boris Pasternak. Pablo Neruda. Samuel Beckett. Elias Canetti. Gabriel García Márquez. Doris Lessing. Saul Bellow. Nadine Gordimer. V.S. Naipaul. Jean-Paul Sartre. John Steinbeck. Heinrich Böll. Thomas Mann. Günter Grass.«

Als der sich erhob, stand ich auf und winkte ihm zu. Einen Moment lang schien er zu zögern. Dann muss ihm eingefallen sein, dass wir uns Jahre vor seinem Tod an einer Bar, an der tatsächlich Alkohol ausgeschenkt worden war, nach unserem öffentlich ausgetragenen Disput über seine lange verschwiegene

SS-Mitgliedschaft wieder versöhnt und darauf mehrere Gläser geleert hatten. Er winkte zurück.

Der alte Unruhestifter, Rechthaber, Sprachzauberer trug wie immer ein dunkelbraunes Cordjackett, sein Schnauzer hing tief über seinen Lippen. Er wirkte sprungbereit, sah lebendig aus, verkörperte sogar tot gegen den Tod sein mir so lieb gewordenes trotziges Gedicht *Wegzehrung*:

Mit einem Sack Nüsse
will ich begraben sein
und mit neuesten Zähnen.
Wenn es dann kracht,
wo ich liege,
kann vermutet werden:
Er ist das,
immer noch er.

Der Tisch, an dem die vier Vorstandsdichter saßen, wurde zur Seite geschoben, und Stühle aufs Podium gestellt. Die Kandidaten setzten sich. Da alle tot waren, nichts mehr zu gewinnen hatten, dürfte keiner den Wettbewerb ernst nehmen. Es war egal, wer den am Ende gewinnt, ihr Ende hatten sie alle bereits hinter sich, ihre Siege über andere Poeten schon im Diesseits errungen. Oder ihre Niederlagen erlitten. Selbst unter Dichtern galt als eherne Pflicht, friedlich miteinander zu leben. Neid und Missgunst waren für immer so ausgelöscht wie Krankheit und Tod.

Als Erster erhob sich Franz Kafka, trat ans Pult und las den Beginn seines Romans *Das Schloss* vor:

Es war spät abends, als K. ankam. Das Dorf lag in tiefem Schnee. Vom Schloßberg war nichts zu sehen, Nebel und Finster-

nis umgaben ihn, auch nicht der schwächste Lichtschein deutete das große Schloß an. Lange stand K. auf der Holzbrücke, die von der Landstraße zum Dorf führte, und blickte in die scheinbare Leere empor.

Dann ging er, ein Nachtlager suchen; im Wirtshaus war man noch wach, der Wirt hatte zwar kein Zimmer zu vermieten, aber er wollte, von dem späten Gast äußerst überrascht und verwirrt, K. in der Wirtsstube auf einem Strohsack schlafen lassen. K. war damit einverstanden. Einige Bauern waren noch beim Bier, aber er wollte sich mit niemandem unterhalten, holte selbst den Strohsack vom Dachboden und legte sich in der Nähe des Ofens hin. Warm war es, die Bauern waren still, ein wenig prüfte er sie noch mit den müden Augen, dann schlief er ein.

Ihm folgte ein hagerer, groß gewachsener Mann mit Halbglatze und einer Brille, die ich, hätte ich sie einst beschreiben müssen, eine typische Kassenbrille genannt hätte, weil derartige Brillen zwar nicht als stilvoll auffielen, aber von der Kasse voll bezahlt worden waren. Uwe Johnson räusperte sich, trat ans Pult, schüttelte unsicher den Kopf, als würde er sich fragen, warum er das mitmachte, statt in Ruhe eines der Bücher aus der Bibliothek zu lesen. Begann jedoch, den Einstieg in seine *Jahrestage* vorzutragen:

Lange Wellen treiben schräg gegen den Strand, wölben Buckel mit Muskelsträngen, heben zitternde Kämme, die im grünsten Stand kippen. Der straffe Überschlag, schon weißlich gestriemt, umwickelt einen runden Hohlraum Luft, der von der klaren Masse zerdrückt wird, als sei da ein Geheimnis gemacht und zerstört worden. Die zerplatzende Woge stößt Kinder von den Füßen, wirbelt sie rundum, zerrt sie flach über den graupligen Grund. Jenseits der Brandung ziehen die Wellen die Schwimmende an ausgestreck-

ten Händen über ihren Rücken. Der Wind ist flatterig, bei solchem drucklosen Wind ist die Ostsee in ein Plätschern ausgelaufen.

An dieser Stelle brach er abrupt ab, klappte das Buch zu, ließ es achtlos zu Boden fallen, ging jedoch nicht zurück zu seinem Platz auf dem Podium, sondern setzte sich neben seinen alten Freund Günter Grass.

Der Mann, der dann ans Pult trat, hatte sich zeitlebens der Öffentlichkeit verweigert. Von Jerome D. Salinger gab es nur zwei, drei Schnappschüsse, entstanden bei Besuchen seiner Heimatstadt New York, die er ansonsten mied und sich vergrub in seinem Haus auf dem Land. Jetzt unter den Toten wirkte er lebendig gelassen und heiteren Gemüts. Er habe nicht den Beginn vom *Fänger im Roggen* lesen wollen, meinte er einleitend, der schien zu schwerblütig für manche Kritiker, was ihm zwar herzlich egal sei, *fuck them*, aber da er die Pflicht zur Friedfertigkeit akzeptiere, habe er nicht abgesagt, sondern lese halt ein Stück aus einem anderen Kapitel vor.

Ich bin in New York aufgewachsen und kenne den Central Park auswendig, weil ich als Kind immer mit den Rollschuhen oder mit dem Rad dort herumgefahren bin, aber in dieser Nacht hatte ich die größte Mühe, bis ich den See fand. Ich wußte *ganz genau, wo er war – beim Central Park South und so weiter – aber ich konnte ihn doch nicht finden. Offenbar war ich viel betrunkener, als ich selber dachte. Ich ging immer weiter und weiter, und es wurde immer dunkler und unheimlicher und unheimlicher. Auf dem ganzen Weg begegnete ich keinem Menschen. Das war mir nur recht. Wahrscheinlich hätte ich einen Luftsprung gemacht, wenn mir jemand begegnet wäre. Dann fand ich den See endlich. Er war zum Teil zugefroren und zum Teil nicht. Aber Enten sah ich nirgends. Ich ging um den ganzen verdammten See herum – einmal wäre ich um ein Haar hineingefallen, aber ich sah keine einzige Ente. Ich dachte, falls sie noch da* wären, *schliefen sie vielleicht nah am Ufer, auf dem Gras und so. Aus diesem Grund fiel ich fast hinein. Aber es war keine Ente da.*

Rosamunde Pilcher, die, gestützt von Françoise Sagan, nach Salinger ans Pult trat, erkannte ich zwar sofort. Sie war kurz vor mir gestorben und in allen Zeitungen, in allen Fernsehnachrichten gewürdigt worden. Ich beugte mich hinüber zu Irmgard Keun und fragte, warum Frau Pilcher vom P.E.N. aufgenommen worden sei und wer sie vorgeschlagen und für sie gebürgt habe. »Zweifellos war sie eine der erfolgreichsten Schriftstellerinnen weltweit, aber sind ihre Romane, außer ihrem Erstling *Die Muschelsucher*, nicht eher wortreich kitschige Liebesschmonzetten als Literatur?«

Irmgard Keun blickte mich strafend an. »Das mag ein Mann wie Sie so sehen, aber unser Vorstand hat Rosamunde, was ich begrüße, anders beurteilt, und deshalb ist sie jetzt eine von uns.«

»Eine von uns« trug also den Anfang ihres Romans *Sommer am Meer* vor:

Es war gegen drei Uhr an einem sonnigen, warmen Montagnachmittag im Juli. Die Luft, die nach Heu duftete, wurde von einer Brise, die von der See her blies, gekühlt. Von der Hügelkuppe, zu der die Straße sich über die Felsschulter von Carn Edvor hinaufwand, fiel das Land schräg ab zu fernen Klippen, Ackerland, mit gelben Stechginster durchzogen, mit Granitbrocken durchsetzt und in Dutzende von kleinen Feldern aufgeteilt. Wie eine Patchworkdecke, dachte Virginia, und sie stellte sich die Weiden als grüne Samtschnipsel vor …

Der wunderbare Gabriel García Márquez las danach nichts vor, trug nur einen Satz aus *Hundert Jahre Einsamkeit* zum Wettbewerb bei, aber was für einen Satz: *Ihr veraschtes Herz, das ohne zu wanken den gezieltesten Schlägen der Alltagswirklichkeit widerstanden hatte, erlag dem ersten Ansturm der Sehnsucht.*

Auf García Márquez folgten James Joyce mit den ersten Sätzen von *Ulysses*, Marcel Proust mit seiner *Suche nach der verlorenen Zeit*, Virginia Woolf mit *Orlando* und Anna Seghers mit dem *Siebten Kreuz*, Heinrich Mann mit *Henri Quatre* und John Dos Passos mit *Manhattan Transfer*. Henry Miller mit dem *Wendekreis des Krebses*, Robert Musil mit dem *Mann ohne Eigenschaften*, Max Frisch mit *Stiller* und, bloß nicht zu vergessen: Thomas Bernhard mit der *Auslöschung*. Das dauerte, aber langweilig wurde es nie. Mir war egal, was sie vorlasen, denn schon das Erlebnis, sie live vor mir zu sehen, war faszinierend.

Nach Bernhard stand ein junger Mann auf. Er kam mir zwar bekannt vor, aber spontan konnte ich ihn nicht identifizieren. Doch beim ersten Satz wusste ich, wer er ist. Wolfgang Herrndorfs *Tschick* war für eine junge Generation das, was für meine der *Fänger im Roggen* gewesen war. Herrndorf las nicht nur wie all die anderen, er haute seinen Text in einer Art Sprechgesang raus:

> *Als Erstes ist da der Geruch von Blut und Kaffee. Die Kaffeemaschine steht drüben auf dem Tisch, und das Blut ist in meinen Schuhen. Um ehrlich zu sein, es ist nicht nur Blut. Als der Ältere »vierzehn« gesagt hat, hab ich mir in die Hose gepisst. Ich hab die ganze Zeit schräg auf dem Hocker gehangen und mich nicht gerührt. Mir war schwindlig. Ich hab versucht auszusehen, wie ich gedacht hab, dass Tschick wahrscheinlich aussieht, wenn einer »vierzehn« zu ihm sagt, und dann hab ich mir vor Angst in die Hose gepisst. Maik Klingenberg, der Held. Dabei weiß ich gar nicht, warum jetzt die Aufregung. War doch die ganze Zeit klar,*

dass es so endet. Tschick hat sich mit Sicherheit nicht in die Hose gepisst.

Leises Gemurmel. Die Alten, insbesonders die Uralten unter den Dichtern, dürften entsetzt sein über einen Romananfang, in dem bereits in den ersten zehn Zeilen dreimal in die Hose gepisst wird. Spontan wollte ich dagegen applaudieren, aber mein Bruder drückte meine Hände nach unten: »Friedlich bleiben, friedlich bleiben, denk daran.«

Die Vorlesungen waren offensichtlich zu Ende, denn alle, die vorgelesen hatten, verließen jetzt das Podium und suchten sich einen bequemen Platz, womöglich ihren Stammplatz, in der Halle. Ich sah Goethe und Schiller und Charles Dickens die Köpfe zusammenstecken, im Disput mit ihnen Tom Wolfe, wie einst in seinem dreiteiligen weißen Anzug. Ich sah Joseph von Eichendorff, dessen Novelle *Aus dem Leben eines Taugenichts* ich in einer mir später mal peinlichen romantischen Lebensphase geliebt hatte. Am Tisch mit ihm saßen Siegfried Lenz, Ingeborg Bachmann, Oscar Wilde und Gottfried Keller. Eine merkwürdige Mischung, aber merkwürdig war hier eigentlich alles. Also passte es. Selbst jene Dichter, deren Bücher ich kannte, aber die ich nicht selbst spontan erkannt hätte, zum Beispiel die vier da hinten in der Ecke – Lion Feuchtwanger, Kurt Tucholsky, Oskar Maria Graf, Stefan Zweig –, hätte ich namentlich begrüßen können, denn in den Rückenlehnen der Sessel, auf denen sie saßen, waren ihre Namen eingraviert.

Zustimmung oder Missfallen nach Kurzvorträgen, Applaus oder Zischen, waren nicht gestattet. Daran hatte Françoise Sagan vor dem Auftritt von Rosamunde Pilcher noch einmal hingewiesen. Eine Geste der Solidarität. Auch Sagans Roman *Bonjour Tristesse*, den sie, wenn es denn stimmt, in drei Monaten als Achtzehnjährige geschrieben hatte, war von gebildeten Kritikern hochmütig als kitschig und unmoralisch verrissen worden. Ein Weltbestseller wurde er trotzdem – oder deswegen.

Novalis ließ das Glöcklein ertönen. »Ich bitte um einen Moment Ruhe. Bitte lösen Sie jetzt Ihre Verschlüsselung, damit Ihre Stimmen registriert werden können. Während die Voten gezählt werden, erfüllt Bertolt Brecht einen besonderen Wunsch von …«

»… keinen bestimmten Namen bitte«, unterbrach ihn Brecht. »Ich habe mein Gedicht *Erinnerung an die Marie A.* genannt, aber wer die wahre Marie A. gewesen sein mag, bleibt mein Geheimnis. Jeder Mann hier dürfte mal seine eigene Marie A. erlebt haben. All denen widme ich mein Gedicht und allen Frauen, all meinen schönen, klugen und liebenswerten Kolleginnen. Ihnen sei versichert, dass jede Einzelne von euch Marie A. sein könnte.«

Damit hätte er schon gewonnen, allerdings las er außer Konkurrenz. Er nahm seine Brille ab, holte tief Luft und trug, natürlich auswendig, sein wehmütiges unsentimentales wunderbares Gedicht vor:

An jenem Tag im blauen Mond September
Still unter einem jungen Pflaumenbaum
Da hielt ich sie, die stille bleiche Liebe
In meinem Arm wie einen holden Traum.
Und über uns im schönen Sommerhimmel
War eine Wolke, die ich lange sah
Sie war sehr weiß und ungeheuer oben
Und als ich aufsah, war sie nimmer da.

Seit jenem Tag sind viele, viele Monde
Geschwommen still hinunter und vorbei.
Die Pflaumenbäume sind wohl abgehauen

Und fragst du mich, was mit der Liebe sei?
So sag ich dir: ich kann mich nicht erinnern
Und doch, gewiß, ich weiß schon, was du meinst.
Doch ihr Gesicht, das weiß ich wirklich nimmer
Ich weiß nur mehr: ich küßte es dereinst.

Und auch den Kuß, ich hätt ihn längst vergessen
Wenn nicht die Wolke dagewesen wär
Die weiß ich noch und werd ich immer wissen
Sie war sehr weiß und kam von oben her.
Die Pflaumenbäume blühn vielleicht noch immer
Und jene Frau hat jetzt vielleicht das siebte Kind
Doch jene Wolke blühte nur Minuten
Und als ich aufsah, schwand sie schon im Wind.

Stille umarmte ihn. Als würden alle ihre persönlichen Erinnerungen steigen lassen und da oben eine nur ihnen sichtbare Wolke suchen. Brecht lachte die Wehmut weg: »Glotzt nicht so romantisch, Leute«, rief er. Dann setzte er sich neben Rainer Maria Rilke und Heinrich Heine und Umberto Eco und wartete auf das Ergebnis der Auszählung.

Anscheinend genügte eine Freischaltung der in den Köpfen getroffenen Entscheidungen. Doch wie wurden die gezählt? Per Telepathie? Das zu glauben überstieg nun wirklich meine Vorstellungskraft. Online? Schied aus, weil es im Jenseits kein WLAN gab. Blieb als Methode die klassische Stimmabgabe per Handzeichen. Aber ich sah keine erhobenen Hände.

Irmgard Keun half wieder einmal weiter. »Es gibt, und das müssen Sie akzeptieren, ohne nach logischen Erklärungen zu suchen, eben mehr im Himmel und auf Erden, als unsere Schulweisheit, also auch die Ihre, sich träumen ließ. Shakespeare hatte recht.«

Die Auszählung, wie auch immer sie funktionierte, dauerte nicht lang. Das Ergebnis verkündete Jane Austen. »Goldener Lorbeer für Franz Kafka. Silber für Virginia Woolf.«

Jetzt wurde doch geklatscht. Dem Ort angemessen jedoch verhalten. Die beiden Geehrten erhoben sich von ihren Stühlen, verließen das Podium und setzten sich auf ihre Stammplätze im Saal.

»Wollen wir gehen?«, fragte mich mein Bruder. »Ich kann mich als Gast ja mit keinem unterhalten so wie du. Außer für dich bin ich für alle hier eher so etwas wie ein Saaldiener.«

»Gleich. Ich habe gerade einen Dichter entdeckt, mit dem ich unbedingt noch ein paar Sätze reden möchte.« Ich ging vorbei an Heinrich Böll und Ingeborg Bachmann zu Theodor Fontane. Er saß in einem grün gepolsterten Lehnstuhl, schaute hoch von dem Buch, in dem er gelesen hatte, und blickte mich fragend an.

»Entschuldigen Sie, dass ich Sie störe, Herr Fontane, aber ich weiß nicht, ob ich Sie jemals noch einmal werde treffen können. Ich muss Ihnen unbedingt etwas erzählen.«

»Aber bitte auf keinen Fall was über Texte, die ich mal lesen soll«, antwortete er abwehrend. »Ich bin tot und will nur noch meine Ruhe.«

»Es geht um Ihre Enkelin.«

»Meine Enkelin? Um Gertrud? Um Martha? Über die beiden Mädchen sollten Sie besser mit meiner Frau reden. Emilie müsste hier irgendwo sein.« Er blickte suchend um sich. »Dabei fällt mir ein, über Martha habe ich mal ein Gedicht geschrieben. Wollen Sie es mal hören?«

Er hob seine Stimme, ohne meine Antwort abzuwarten.

Der Bäcker bringt dir Kuchenbrot,
Der Schneider einen Mantel rot,

Der Kaufmann schickt dir, weiß und nett,
Ein Puppenkleid, ein Puppenbett
Und schickt auch eine Schachtel rund
Mit Schäfer und mit Schäferhund,
Mit Hürd' und Bäumchen …

»Sehr schön, sehr schön«, unterbrach ich ihn. »Kannte ich zwar nicht. Aber über diese Enkelin wollte ich nicht mit Ihnen reden. Sondern über eine andere. Die Ihre Frau ebenso wenig gekannt hat wie Sie. Weil Thea, so hieß sie, die uneheliche Tochter Ihres Sohnes Friedrich, erst nach Ihrem Tod geboren wurde.«

Damit hatte ich seine volle Aufmerksamkeit. Er klopfte auf einen freien Stuhl neben dem seinen. »Setzen Sie sich, Sie haben mich neugierig gemacht.«

»Ihre Thea wurde 1901 geboren, also drei Jahre nach Ihrem Tod. Wie schon erwähnt, die uneheliche Tochter Ihres Sohnes Friedrich, der aber damals längst schon mit einer anderen Frau verheiratet war und seine Geliebte, Theas Mutter, kurz vor der Geburt endgültig verlassen hatte. Sie wurde von einem Eintänzer des bekannten Berliner Hotels Eden namens Rudolfo de Terra adoptiert und hieß fortan Thea de Terra. Der Mann hatte sich bezahlen lassen für eine Namensehe. So etwas war üblich damals. Agnes de Terra, wie Theas Mutter danach hieß, war fast ein Jahrzehnt lang die heimliche Geliebte Ihres Sohnes. Aber das haben Sie sicherlich gewusst, sie hatte von ihm noch einen Jungen, Georg …«

»Ja, weiß ich. Der hat mich als kleiner Junge mal besucht.«

»Die Mutter zog beide alleine groß. Nach ihrer Schulzeit begann Thea, die mehrere Sprachen beherrschte, als Sekretärin im Reichswehrministerium. Ihre Verlobung mit einem Offizier platzte, als der erfuhr, dass sie unehelich geboren war. Nach damaligen Moralvorstellungen ein Bastard. Er musste sich entscheiden zwischen einer Offizierslaufbahn und ihr. Entschied sich gegen sie und für seine Karriere. Thea war schwanger, ließ das Kind abtreiben, damals lebensgefährlich, gab ihre Arbeit im Ministerium auf. Ihr Bruder Georg verschaffte seiner Schwester dank guter Verbindungen zu dessen Direktor einen Job im berühmten Hotel Adlon.«

»Hotel Adlon kenne ich nicht.«

»Es wurde erst nach Ihrem Tod erbaut.«

Ich musste ihm wohl mehr erzählen von jenen Zeiten in Berlin, von denen er frühestens hätte erfahren können nach dem Tod seines Sohnes Friedrich 1941. Denn der war der erste Tote aus seiner Familie, der sie selbst erlebt hatte. Friedrich Fontane dürfte seinem Vater, politischer Korrespondent für verschiedene Zeitungen, bevor er als Schriftsteller erfolgreich war, wohl eher berichtet haben vom Ersten Weltkrieg, vom Ende des Kaiserreiches, von Aufstieg der Nazis, vom Zweiten Weltkrieg, in dem bei Friedrichs Ankunft im Jenseits bereits Millionen Soldaten gefallen und Hunderttausende Unschuldiger ermordet worden waren.

»Magazine und Zeitungen feierten in den 1920er Jahren in vielen Artikeln, wie emanzipierte, aufmüpfige, schöne Frauen das Leben in der Hauptstadt Berlin prägten. Künstlerinnen, Revuegirls, Nackttänzerinnen, Schriftstellerinnen, Boxerinnen oder auch Autorennen fahrende Damen der Gesellschaft. Ihre Enkelin Thea gehörte zur Berliner Prominenz wie Anita Berber, Claire Waldoff, Erika Mann. Die Namen sagen Ihnen nichts, das weiß ich. Aber alle waren zur damaligen Zeit berühmt. Ein Hotelgast des Adlon, Besitzer der Hanomag-Werke, der sich in Thea verliebte, brachte Ihrer Enkelin das Autofahren bei, stellte ihre besondere Begabung fest und stellte ihr einen Wagen zur Verfügung.«

Fontane hörte fasziniert zu.

»Ihr erstes Rennen gewann sie 1924. Viele Siege folgten. Darüber schrieb sie auch in Magazinen wie *UHU* oder *Die Dame*. Schrieb sogar ziemlich gut. Offenbar hatte sie ein gewisses Talent geerbt. Von wem wohl?«

Er lächelte. Mag sein, dass ich mich täuschte, aber mir schien, Fontane war plötzlich stolz auf eine Enkelin, von deren Existenz er bisher nichts gewusst hatte.

»Ende 1930 lernte sie den Direktor einer Schweizer Seilbahn kennen, damals die steilste der Welt, einen reichen Witwer mit Sohn. Sie heirateten. Thea gab ihre Stellung als Empfangsdame im Adlon auf, auch die Rennfahrerei, und lebte mit ihm in Luzern. Kümmerte sich nach der Machtergreifung der Nazis, von der Ihnen Ihr Sohn bestimmt berichtet hat, um Bekannte und Freunde aus Berlin, die verfolgt wurden und aus Berlin emigrieren mussten. Am 30. Dezember 1939 verunglückte sie zusammen mit ihrem Stiefsohn auf dem Weg nach Hause in einer vereisten Kurve und stürzte mit ihrem Auto in den Vierwaldstättersee. Beide ertranken. Ihre Enkelin wurde nur 38 Jahre alt.«

Ich brach meine Erzählung ab. Hatte ihm in einem atemlosen Redeschwall Theas Leben geschildert, um bloß nicht seine Aufmerksamkeit zu verlieren, seine Neugier an ihrem Leben zu erhalten. In der Todesanzeige, die wenige Tage nach dem Unglück in der *Neuen Zürcher Zeitung* erschien, nahm Bernard Zimmermann Abschied von einer *innigst geliebten Gattin und treusorgenden Mutter*. Bei meinen Recherchen hatte ich nicht nur diese Todesanzeige und den Unfallbericht gefunden, in der Berliner Zeitschrift *Die Dame* ein Thea-de-Terra-Porträt mit vielen Fotos, ja einen Text aus der *ADAC Motorwelt* entdeckt, sondern sogar bewegte Bilder aus ihrem Leben. Der Berliner Polizeipräsident hatte 1925 mit ihr in einem Lehrfilm – *Frauen am Steuer* und wie sie sich im Straßenverkehr verhalten sollten – in den Kinos geworben.

Fontane wischte sich über die Augen. Hatte ich da gerade eine Träne gesehen? Er schien tief berührt. Dann fragte er mit leiser Stimme, ob ich vielleicht auch noch wisse, wo im Jenseits Thea sich aufhalte und wo er sie treffen könnte.

»Nein, weiß ich leider nicht. Aber Sie könnten mit dem, was Sie von mir erfahren haben, selbst ein Treffen vereinbaren. Thea ist Ihre Enkelin und gehört damit zu den Fontanes. Uneheliche oder eheliche Beziehungen sind dabei unwesentlich. Entscheidend ist, wie Sie sicherlich wissen, allein die Blutsverwandtschaft. Mitglieder einer Familie können sich immer treffen, sobald sie sich einen ihrer toten Angehörigen vorstellen.«

»Aber ich weiß doch gar nicht, wie sie ausgesehen hat. Ich habe im Kopf keine passende Vorstellung von ihr.«

»Sie können aber Ihren Sohn Friedrich zu sich bitten, oder sich zu Ihrem Enkel Georg hindenken. Beide dürften wissen, wie sie ausgesehen hat, als sie in die Schweiz zog. Auf diese Art holen Sie Thea in den Kreis der toten Fontane-Familie, worauf sie schließlich ein Recht hat. Sie werden dann zum ersten Mal mit dieser Enkelin reden können.«

Fontane schien mir schon nicht mehr zuzuhören. Er drückte kurz meine Hand, zumindest glaubte ich das zu spüren, erhob sich und suchte seine Frau.

Der Weißhaarige, der uns eingelassen hatte, tauchte plötzlich neben mir auf, räusperte sich diskret und zeigte auf meinen Bruder: »Ich bitte herzlich um Verständnis dafür, dass Gäste wie Ihr Bruder uns jetzt verlassen müssen, weil ihre Besuchszeit abgelaufen ist. Sie dagegen können selbstverständlich noch bleiben so lange Sie wollen …«

»Zeit abgelaufen?«, unterbrach ich ihn. »Ich habe doch gelernt, dass Zeit keine Rolle mehr spielt.«

»Stimmt. Das gilt für das Leben draußen. Aber in einem geschlossenen Raum wie dem unseren ist Zeit vorübergehend wieder messbar. Unbedingt notwendig auch, weil manche Mitglieder – aber ich nenne keine Namen – sonst nicht zu stoppen sein würden, sobald sie von sich zu erzählen beginnen.«

Derartige Neigungen zur Selbstbeweihräucherung hatte ich einst oft erduldet, verstand ihn also nur zu gut. Ich nahm meinen Bruder beim Arm. Wir gingen zum Eingang. Der Clubmanager öffnete die Tür. Als wir uns draußen noch einmal umdrehten, war das Haus verschwunden.

»Begreifst du das?«, fragte ich ihn verwirrt.

»Nein, das begreife ich nicht. Wird vielleicht doch so sein, wie Irmgard Keun es dir erklärt hat – wonach es mehr im Himmel und auf Erden gibt, als unsere Schulweisheit sich je träumen ließ. Unerklärbar durch Vernunft. Unlösbar durch Logik.«

18

Vor uns lag wieder eine grüne Wiese. Menschenleer zwar, an solche Anblicke hatte ich mich gewöhnt, aber wahrscheinlich wie immer bevölkert von vielen Seelen vieler Toter. Auf einmal jedoch hörte ich einzelne Oh- und Ah-Rufe, und dann sogar lauten tausendfachen Jubel.

»Hörst du das?«, fragte ich meinen Bruder. »Wenn ich es nicht besser wüsste, würde ich darauf wetten, dass hier ein Fußballspiel stattfindet. Ist unmöglich, das weiß ich wohl. Aber genau nach Geräuschen aus einem Stadion klang es gerade, und dass ich diese Geräuschkulisse kenne, davon darfst du ausgehen. War einst oft live im Stadion, wenn …«

Ich konnte meinen Satz aber nicht mehr beenden. Denn in dem Moment, in dem ich beginnen wollte, von unvergesslichen großen Spielen zu erzählen, was meinen Bruder herzlich wenig interessiert hätte, sah ich das unmöglich Scheinende vor mir. Inmitten der Wiese war ein Rasenfeld mit weißen Seitenlinien und einem Mittelkreis abgesteckt, standen Tore und hinter jedem Tor eine hölzerne Tribüne. Eindeutig ein Fußballfeld.

Männer in roten und schwarzen Trikots rannten hinter einem Ball her. Wenn sie ihn trafen, ergab das jene dumpfen Laute, die ich zwischen den Jubelschreien gehört hatte. Immer dann, wenn einer der Spieler einen Haken schlug mit dem Leder, ein technisches Kunststück vorführte, wurde er auf den vollbesetzten Tribünen begeistert gefeiert. Auch dieses Geräusch hatte ich richtig interpretiert.

Wir suchten uns einen Platz auf einer der Tribünen. Die waren sogar überdacht, ganz so wie einst in den Stadien der Zweiten und Dritten Liga. Fußball hautnah. Volkssport. Wunderbar. Jetzt aus der Nähe betrachtet hatten alle Spieler ein gewisses Alter, Jüngere unter ihnen waren nur vereinzelt zu sehen. Die meisten schleppten zudem ein sichtbar rundes Bäuchlein mit sich herum.

»Wahrscheinlich Amateure, die im Jenseits ein bisschen kicken wollten«, meinte mein Bruder, der sich für Fußball nie interessiert und erst recht nie selbst gespielt hatte. »Aber warum schauen denen so viele Fans zu?«

»Weil es nicht kickende tote Altherren sind, sondern bekannte tote Spieler. Erkannt hätte ich sie jetzt kaum noch, obwohl ich sie einst alle kannte. Aber auf den Trikots stehen ihre Namen. Irre, wer hier mitspielt, einfach irre.«

Er gähnte und erhob sich. »Nichts für mich. Ich mach mich auf den Heimweg. Du bleibst sicher noch. Du findest ja allein zurück, weißt ja, was du dafür machen musst.«

»Kein Problem. Habe ich nach meinen Treffen mit Picasso und Gutenberg schon geschafft.«

Als er verschwunden war, konzentrierte ich mich auf das Spiel. Ein Mann, der neben mir saß, Gesicht bunt bemalt, holte eine Vuvuzela aus seinem Rucksack und blies mit ihr lautstark bei jeder Aktion auf dem Rasen. Ich fragte ihn nach dem aktuellen Spielstand. Noch stehe es 0:0, schrie er mir ins Ohr, die Torhüter auf beiden Seiten seien eben sehr, sehr gut.

Soeben schickte Fritz Walter, rotes Trikot, ansatzlos aus dem Fußgelenk, einen Pass auf die Außenlinie. Helmut Rahn, eindeutig nicht mehr so schnell, wie er einst war, lief ein paar Schritte, stoppte den Ball, hielt sich dann schwer atmend beide Hüften, blickte hoch, ließ mit einer lässigen Körperbewegung den auf ihn angesetzten Verteidiger Rudi Assauer ins Leere laufen und gab den Ball ab an Klaus Stürmer. Der war einer von den jugendlichen Spielern, die mir aufgefallen waren. Er sah nicht nur jünger aus als Rahn, sondern auch viel schlanker. Nicht verwunderlich, denn der Spielmacher des HSV war erst Mitte dreißig, als er wegen seiner Krebserkrankung starb. Klaus Stürmer lupfte den Ball zu Albert Brülls, der sich erst mal um sich selbst drehte und dann das Leder aufs Tor drosch. Hans Tilkowski hielt den scharf geschossenen Ball, lenkte ihn über die Latte und ließ sich von seinen Mannschaftskameraden feiern.

Der Eckstoß brachte nichts ein.

Abstoß von Tilkowski. Der Ball landete aber direkt wieder bei den Roten. Ottmar Walter gab ihn erneut an seinen Bruder Fritz. Der wartete diesmal, bis Rahn in den Strafraum getrabt war, und spielte ihm erst dann die *Pille*, wie Rahn sie liebevoll stets nannte, direkt auf den linken Fuß. Der WM-Held des Jahres 1954 beim 3:2-Sieg gegen die Ungarn – was selbstverständlich alle Fans hier wussten, natürlich auch ich, obwohl ich damals erst neun Jahre alt war und nicht alles begriffen hatte, was dort geschah in der fernen Schweiz – zögerte nicht lange und wählte an dem sich vergeblich streckenden Tilkowski vorbei das kurze Ecke für seinen Torschuss.

Jubel auf den Tribünen. Von allen Zuschauern. Rahn winkte ihnen zu und ließ sich gegen Hans Schäfer auswechseln. Manche der Legenden blieben nur für wenige Minuten auf dem Platz, weil sie länger nicht durchhielten. Keine Kondition mehr. Die beiden Bänke für die Ersatzspieler, in der Tat Bänke aus Holz wie zu den Frühzeiten des Fußballs, waren zudem gut besetzt, denn spielen wollten wohl alle, und sei es auch nur für einen kurzen Einsatz. Es ging den Zuschauern, wie der gemeinsame Jubel bei Rahns Tor gerade zeigte, nicht darum, wer gerade ein Tor schoss, die Schwarzen oder die Roten. Sondern allein um das Spiel.

Sie applaudierten deshalb bei gelungenen Aktionen beiden Seiten. Entsprechend dem geltenden friedlichen Miteinander im Jenseits, wo insgesamt und eben auch beim Fußball die einst gültigen Regeln aufgehoben waren, wonach es am Ende eines Spiels Sieger und Besiegte geben sollte.

»Und falls es unentschieden endet, wird dann per Elfmeterschießen entschieden?«, fragte ich meinen Sitznachbarn, musste meine Frage aber laut brüllend wiederholen, um seine laute Tröte zu besiegen.

»Nein«, schrie er zurück. »Falls es nach dreißig Minuten unentschieden steht, wird abgepfiffen.«

»Die spielen nur dreißig Minuten? Und wer misst die Zeit? Gibt doch gar keine Zeit mehr.«

»Mehr als dreißig Minuten schaffen die nicht mehr, egal, wie oft ihre Trainer sie auswechseln. Schau sie dir doch an. Sind fast alle doch ziemlich alt und natürlich nicht mehr in der Form ihres Lebens. Und was die Zeit betrifft, hast du zwar recht, aber die ist abgelaufen, sobald eine Sirene ertönt. Die ist auf dreißig Minuten programmiert worden.«

»Von wem?«

»Von wem auch immer.«

Hidegkuti und Puskás am Mittelkreis. Sie trugen schwarze Trikots. Bereit zum Gegenangriff. Bevor sie einer der Roten attackieren konnte, Horst Szymaniak mit der Rückennummer 6 oder der einarmige Robert Schlienz, Rückennummer 4, spielten sie den Ball zurück zu Johan Cruyff, der den Ball liebevoll streichelte, kurz mit ihm tänzelte, dann hochblickte und präzise wie einst zu Stan Libuda passte.

Auf solche Vorlagen hatte der Rechtsaußen in seinen Schalker Zeiten stets gelauert – und dann die gesamte gegnerische Abwehr alt aussehen lassen. Jetzt lief er mit dem Ball am Fuß vorbei am vergeblich grätschenden Max Morlock, täuschte eine

Flanke in den Strafraum auf Rudi Brunnenmeier vor, den Cesare Maldini in Manndeckung genommen hatte, passte stattdessen quer über das Spielfeld hinüber nach links zu Garrincha. Der legendäre X-Beiner dribbelte, den Ball sich selbst vom linken auf den rechten Fuß jonglierend, Richtung Tor, blinzelte dem Schlussmann Bert Trautmann freundlich zu und schob dann das Leder an ihm vorbei hinter die Linie.

Erneut Jubel auf den Tribünen.

Garrincha verbeugte sich nach allen Seiten, ging zu Helmut Schön und ließ sich auswechseln. Für ihn kam George Best aufs Feld, der schnell noch einen Schluck aus einer Whiskyflasche nahm, zumindest sah das für mich so aus, und sich auf die Position von Garrincha begab. Gemessenen Schrittes. Auf dem Weg quer übers Feld wurde er abgeklatscht von Roten wie von Schwarzen. Auch ausgewechselt worden war inzwischen von Ernst Happel, dem Trainer der Roten, sein Torhüter Hans Tilkowski. Für den kam ein noch junger Mann, Robert Enke, der in tiefer Depression sein Leben vor einen ICE geworfen hatte. Die Zuschauer, die hinter seinem Tor saßen, standen auf, begrüßten ihn jedoch schweigend, bis der Schiedsrichter das Spiel beim Stand von 1:1 wieder freigab. Anstoß hatten jetzt die in den roten Trikots, und erneut wurde jeder gelungene Spielzug, egal von welcher Mannschaft, allgemein bejubelt und von Tröten und Trompeten begleitet.

Alfredo Di Stéfano ließ den Ball von Heinz Flohes Knie abtropfen, nahm ihn noch in der Luft, bevor er wieder auf dem Rasen aufsprang, volley und schickte Stanley Matthews Richtung gegnerisches Tor. Der Engländer spielte direkt weiter zum Brasilianer Didi. Den ersten Torschuss wehrte Enke zwar mit einer tollen Reaktion auf der Linie noch ab, gegen den Nachschuss aber hatte er keine Chance. Mit gerade mal drei Spielzügen waren die Männer in Rot wieder in Führung gegangen.

Jetzt wechselte auch Schön seinen Torwart aus. Für Trautmann, in Großbritannien als »Traut the Kraut« verehrt, weil der Deutsche einst trotz eines Halswirbelbruches mit seinen Paraden seinem Verein Manchester City zum Pokalsieg verholfen hatte, kam Gordon Banks. Die Fans hinter seinem Tor erhoben sich und sangen zur Begrüßung den Fußballklassiker »You'll Never Walk Alone«. Die auf der anderen Seite sangen mit.

»Auswechslungen sind laufend erlaubt«, erklärte mir der Vuvuzela-Experte und feuerte jetzt die angreifenden Männer in Schwarz an. Gerd Krug gab den Ball ab an Helmut Haller, der ihn trotz erstaunlicher Leibesfülle noch immer elegant dicht am Körper führte und gegen den knorrigen Juskowiak behauptete, ihn dann zu Sigi Held weiterleitete. Er zirkelte ihn in den Torwinkel. Banks faustete den Ball zurück ins Feld. Erneut holte sich Held den Ball. Diesmal bediente er, statt selbst zu schießen, den frei stehenden Lothar Emmerich. Der stoppte den Ball knapp vor der Torauslinie, aber mit seiner einst berühmten linken Klebe schaffte er es, aus diesem unmöglichen Winkel das Leder vorbei an Gordon Banks in die äußerste rechte Ecke zu schlenzen.

2:2. Sirene und Abpfiff.

Alle waren zufrieden. Alle umarmten sich. Auch wir auf der Tribüne klatschten uns ab. Langsam erstarben alle Geräusche, schlagartig verschwanden Spieler, Zuschauer, Tore, das ganze Stadion. Stattdessen erschien wieder eine menschenleere grüne Wiese. Ich blieb. Sie erinnerte mich an Wiesen meiner Kindheit.

Träume stiegen in mir auf an gute alte Zeiten. Ich erlaubte sie mir, obwohl sie so gut wie in alten Fotoalben erschienen nie waren. Nie. Nur private Rückblicke wie mein jetzt spontaner Rückblick verklären jene realen Jahre. Auftauchend daraus schweben im Frühling, Vivaldis »La Primavera« summend oder brummend, Bienen und Maikäfer über Blumenwiesen, sind durchweg alle im Sommer barfüßig, liegt im Winter stets reichlich Schnee für Schlittenfahrten und Schneeballschlachten. Einzig der Herbst fällt aus dem Bilderrahmen, wirkt verschleiert, abweisend, fast morbide. Doch selbst in den tatsächlich graustichigen Monaten gab es immer wieder Tage, an denen sich tief hängender Nebel den letzten Sonnenstrahlen ergeben musste, um aufzublühen in einem goldenen Oktober.

Die qua Amt und Alter hauptsächlich unsere Kindheit bestimmenden Figuren waren stets edel, hilfreich und gut: Eltern liebevoll behütend, Lehrer gütig gerecht, Pfarrer die Hand an ihre Chorknaben nur gnädig segnend anlegend. Insbesondere Großmütter und Großväter vermittelten Geborgenheit. Sie besangen die draußen beim Spielen auf der Wiese oder im Wald erlittenen kleinen Wunden und Schürfungen mit einem Lied, das ihnen schon zu ihrer Kindheit einst ihre Großeltern tröstend vorgesungen hatten. *Heile, heile Gänschen, es ist bald wieder gut. Das Kätzchen hat ein Schwänzchen, es ist bald wieder gut. Heile, heile Mäusespeck, in hundert Jahren ist alles weg.*

Sie lasen Grimms Märchen vor, wenn ihre Enkel fiebernd im Krankenbett lagen, schmuggelten heimlich, sobald wir lesen konnten, von Eltern untersagte *Prinz-Eisenherz-* und *Micky-Maus-*Hefte ins Haus. Selbst digitale Kids von heute hören gebannt zu, wenn ihnen von Prinzen und Prinzessinnen, Riesen und Zwergen, Rittern und Drachen analog erzählt wird, fragen kindlich neugierig, bevor sie endgültig das Licht löscht: Oma, hast du die Dinosaurier noch erlebt? Ihre Vorstellungen von Vergangenheit sind zeitlos. In denen sind Oma und Opa und Flugechsen und Prinz Eisenherz alle etwa gleich alt.

Auf der Wiese hinter dem Haus spielten wir später Fußball. Falls nur zwei aufliefen, weil alle anderen wieder mal wegen des ihnen verpassten Hausarrests fehlten, ersetzten Murmeln den Ball. Sie ruhten an spielfreien Tagen in kleinen Leinenbeuteln. Spieler erkannten sich an tief verdreckten Zeigefingern. In Bäumen bauten wir aus geklauten Brettern Beobachtungsposten. Gleichaltrige aus dem Nachbardorf gehörten zu den natürlichen Todfeinden. Die griffen hinterlistig gemein unvermittelt an, also saßen unsere Wachen im Baum.

Tatsächlich aber war die Realität eine oftmals andere als jene, die uns auf den Fotos vorgegaukelt wird. Regnete es mitunter auch damals schon im Sommer so heftig, dass Bienen ertranken und Enten auf überschwemmten Wiesen schwammen; krachten im Winter verwegene Rodler auf vereisten Pisten gegen Bäume; brachen zart gebaute Ballerinen beim Schlittschuhlaufen ins Eis ein; wurden im Frühlingserwachen die Maikäfer von Hühnern und Krähen bei lebendigem Leib verspeist; hatte der Herbst vor allem Husten, Schnupfen, Heiserkeit im Angebot.

Aber da brauchte ein Kind erst recht Großeltern. Vor allem eine Großmutter. Zu meiner wollte ich jetzt. Ich schwebte los.

19

Sie nahm mich an der Hand und führte mich zu den beiden alten Frauen – tieffaltige Gesichter, grauhaariger Dutt, dunkle Kleidung, klobige Schuhe –, die ich bei meiner Ankunft im Jenseits schon gesehen hatte, ohne aber ein zu ihnen passendes Bild in meinen Erinnerungen finden zu können.

»Deine Urgroßmütter. Meine Mutter und die Mutter deines Großvaters. Sie haben dich, bevor sie starben, nur als Kleinkind erleben dürfen. Du kannst dich nicht an sie erinnern, weil du da erst zwei oder drei Jahre alt gewesen bist. In ihrer Erinnerung wiederum bist du festgefroren in genau dem Alter. Aber sie haben von mir erfahren, dass der ihnen fremde alte Mann, der bei uns angekommen ist, ihr Urenkel ist. Du.«

Ich gab beiden die Hand. Zögerte ein wenig, umarmte sie dann, und ja, ich konnte sie spüren.

»Wo sind meine Urgroßväter? Die müssten doch auch längst hier sein.«

»Mein Vater war bereits tot, als du auf die Welt gekommen bist, und der Vater deines Opas auch. Die leben tatsächlich schon lange hier. Ich kann sie sehen, aber für dich bleiben sie unsichtbar, und du ebenso für sie, weil ihr euch im Leben nie begegnet seid. Man kann aus der Familie zwar alle treffen, aber du kannst nur diejenigen sofort erkennen, die du bewusst früher erlebt hast, sodass sie in deiner Erinnerung gespeichert sind. Ich kann dir aber, wenn du magst, von deinen Urgroßvätern erzählen. Vielleicht entdeckst du dabei in deinen Eigenarten etwas von den ihren.«

»Was haben sie beruflich gemacht? Wo haben sie gelebt? Waren sie so katholisch wie du und Opa?«

»In beiden Familien waren alle, ausnahmslos alle, fest im Glauben verankert.«

»Also streng katholisch? Der Kirche treu bis an ihr Lebensende?«

Sie nickte. Für einen Moment war ich versucht, ihr zu beichten, dass ich bereits viele Jahre vor ihrem Tod die Alleinseligmachende verlassen hatte, war versucht, ihr zu begründen, warum ich vom Glauben abgefallen war. So nannte man das damals – vom Glauben abgefallen. Wie ein fauler Apfel vom Baum der Erkenntnis. Ich hatte es aber meinen geliebten Großeltern nie gesagt. Das hätten sie nicht verstehen können, und meine Beichte hätte ihnen wehgetan. Also habe ich es verschwiegen. Meine Großmutter schien es noch immer nicht zu wissen. Sonst hätte sie mich befragt.

Meine Begründung hätte sie sogar entsetzt. Ausgetreten war ich aus Protest gegen die Verkündung der Amtskirchenoberen, dass Abtreibung unter allen Umständen, auch bei Schwangerschaften nach Vergewaltigungen, verboten bleiben müsse und keinesfalls die Entscheidung den betroffenen Frauen und ihren Ärzten überlassen werden dürfe.

»Erinnern könntest du dich dagegen, wenn auch wahrscheinlich nur vage, an deine Großtanten und Großonkel, meine vier Schwestern oder an die fünf Schwestern und Brüder deines Großvaters.«

»Ich glaube mich an einige zu erinnern, welche auch immer es waren. Sie machten mit mir Sonntagsausflüge, immer nach der Frühmesse, um Brombeeren zu pflücken oder Himbeeren. Ich sehe sogar einen Korb vor mir, mag auch sein, es war ein kleiner Eimer aus Aluminium, in dem die Früchte gesammelt wurden. Ich sehe mich selbst, obwohl das eigentlich unmöglich ist, mit verschmiertem Mund, weil ich meine Beute nicht immer in den Eimer oder den Korb warf, sondern aufgegessen habe. Weiß wiederum, da ich dir davon gerade erzähle, sogar wie gerade erst erlebt, dass in der Küche zu Hause später die Beeren in kleinen blubbernden Töpfen zu Marmelade verkocht wurden. Ich rieche es sogar und sehe vor mir, wie von dir oder deinen Schwestern Teig geknetet wurde auf großen Blechen, in den die Früchte gedrückt wurden. Anschließend wurde alles in den Backofen geschoben. War es nicht so?«

»Ja, so war es. Und du hast die Küche die ganze Zeit über nicht verlassen, weil du unbedingt das erste warme Stück vom Blechkuchen haben wolltest. Ich habe für dich außerdem immer eine kleine Schüssel mit Himbeeren vor allen anderen versteckt und dir später in den sauren Sprudel gemischt. Das hast du geliebt.«

Als sie davon erzählte, verspürte ich den wunderbaren Geschmack von himbeersüßem Sprudel auf meiner Zunge, obwohl ich mir sicher war, dass ich es mir nur einbildete. Aber auch der Begriff »saurer Sprudel« war ein Stück Kindheit. Damals gab es nur saure Sprudel. Wer wegen der Kohlensäure aufstoßen musste und den Sprudel nicht vertrug, hielt seinen Kopf unter die Wasserleitung.

Meine beiden Urgroßmütter hatten meiner Großmutter zugehört. Sie schauten mich prüfend an, als wollten sie in meinem alten Gesicht noch etwas von dem kleinen Jungen entdecken, den sie einst auf Armen getragen oder im Kinderwagen geschoben hatten. Dann streichelten sie mir behutsam über die Wangen. Lächelten selig in ihren Erinnerungen, sagten aber nichts.

Als sie sich nun hinsetzten, erzählte meine Großmutter, die ihren ersten Urenkel, meinen Sohn, noch viele Jahre erlebt hatte, erneut von ihren Zeiten, denen vor meiner Zeit.

»Mein Vater war Buchbinder, der Vater deines Großvaters war Winzer. Die Familien lebten im Schwäbischen, beide in Städten am Neckar. Wir in Tübingen, die anderen in Heilbronn. Das Geschäft meines Vaters lief gut, weil sich die Studenten, die ihre Examensarbeiten oder Dissertationen binden ließen, bei uns im Laden drängten.«

Dabei lachte sie, wie sie als junges Mädchen gelacht haben dürfte.

»Das lag nicht etwa daran, dass dein Urgroßvater preiswerter war als die Konkurrenz. Nein, er hatte einen Wettbewerbsvorteil. Mich und meine vier Schwestern, seine fünf Töchter. Wir halfen immer mal wieder im Geschäft aus, wenn du verstehst, was ich damit meine.«

Und ob ich das verstand. Frech grinste ich sie an und drohte spielerisch mit meinem rechten Zeigefinger.

»Bei der Gelegenheit habe ich deinen Opa kennengelernt, der in Tübingen studierte, und habe mich in ihn verliebt.«

Sie errötete.

»Das hätte ich natürlich allzu gern erlebt. Seid ihr Hand in Hand spazieren gegangen? Oder habt ihr euch etwa auch mal heimlich geküsst?«

»Wir haben uns nur im Kreis der Familie getroffen. So gehörte es sich damals. Ein Jahr lang waren wir verlobt. Als Gruß von seinem Vater brachte dein Großvater eine Kiste für meinen Vater mit, als Opa den um die Hand seiner Tochter bat. Bis wir geheiratet haben, dauerte es noch weitere Jahre. Jahre! Erst musste er in den Krieg ziehen, das war Ende 1914, und ich lebte in der stetigen Angst um sein Leben. Er kehrte gesund zurück, aber musste danach sein Studium beenden und sein Examen bestehen, um mich heiraten zu dürfen, weil er erst dann von seinem Lehrergehalt eine Familie ernähren konnte.«

Auf dem offiziellen Foto von ihrer Hochzeit, das auf der ersten Seite des Familienalbums eingeklebt war, trug meine Großmutter ein weißes Brautkleid und einen Brautkranz und einen langen Schleier, mein Großvater einen schwarzen Gehrock und eine weiße Fliege über dem steifen Hemdkragen.

»Von meinen Großeltern«, mischte sich jetzt plötzlich mein Vater ein, »gibt es noch nicht mal Fotos. Sind alle mit dem gesamten Haushalt verbrannt, als die Wohnung meiner Mutter ausgebombt wurde. Ich habe kein Bild von ihnen vor Augen, würde sie hier nicht finden, weil ich ihnen nie begegnet bin. Sie sind lange vor meinem Vater verstorben. Selbst an den habe ich kaum Erinnerungen. Ich war ja erst neun, als er starb.«

»Und warum hast du ihn nicht gesucht, nachdem du hier angekommen bist?«, fragte ich ihn. »Hat dich das nicht gereizt?«

»Das wollte ich. Habe immer wieder an ihn gedacht. Aber auch immer wieder vergessen. Dein Bruder war mir wichtiger, lag mir näher. Dann kam bald auch mein Schwiegervater, und auch den kannte ich besser. Mit ihm konnte ich über gemeinsam Erlebtes reden und habe darüber wieder vergessen, meine Mutter nach meinem Vater zu fragen. Denn die müsste ja wissen, wie ich ihn finden könnte. Dann nehme ich dich mit.«

»Er wird aber mich gar nicht sehen können, und ich ihn auch nicht. Wir haben uns ja nie getroffen. Aber ich begleite dich trotzdem.«

Dass mein Vater ohne Vater aufgewachsen ist, hat ihn zeitlebens geprägt. Was ihm einst fehlte, durfte uns nie fehlen. Ein Vater. Seine Kinder sollten von ihm behütet und beschützt aufwachsen. Das hielt er für seine väterliche Pflicht. Dafür lebte er. Mehr noch. Diese Verpflichtung liebte er. Wenn ich mit ihm über Gefühle sprechen wollte, wechselte er das Thema. Statt seine Empfindungen mit uns zu teilen, behielt er sie für sich. Kümmerte sich um meine Mutter, meine Schwestern, meinen Bruder, um mich.

Er war ein meist freundlicher Mensch, aber Angriffe auf seine kleine Welt konterte er knallhart. Falls etwa Lehrer eines seiner Kinder ungerecht behandelten oder zumindest er davon überzeugt war, ließ er die Herren Studienräte seine intellektuelle Überlegenheit spüren, die er in seinem Brotberuf als Kaufmann mangels Gelegenheit nie mehr hatte einsetzen können. Beruflich ging es nicht um möglichst wahre Erkenntnisse, sondern um die Kenntnis des jeweils aktuellen Warenverkehrs.

»Hast du denn nie davon geträumt, aus diesem Alltag auszubrechen?«

»Wie bitte hätte das gelingen sollen? Wie bitte hätte ich eine Familie mit vier Kindern ernähren sollen? Womit bitte hätte ich Geld verdient? Ich hatte keine Zeit, Träumen nachzutrauern, vor allem nicht meinen.«

»Aber wenigstens hättest du mit uns darüber reden können. Nicht erst jetzt und hier, sondern damals.«

»Das hätte nichts geändert an der Realität, gar nichts. Und um dir auch das zu sagen: Ich war ja nicht etwa unglücklich. Ich hatte eine Familie. Ich hatte ein Haus. Ich hatte einen Garten. Ich konnte mit deiner Mutter verreisen. Ich konnte mit meinen Enkeln angeln gehen. Ich war einigermaßen gesund. Bis …«

»Bis?«

»Bis zum Selbstmord deines Bruders. Davon habe ich mich nie mehr richtig erholt.«

»Hast du denn wenigstens vor deinem Tod über deine Gefühle oder besser, ich nehm jetzt mal das Wort, das du nicht magst, über dein Innerstes mit deiner Frau geredet?«

Er blickte zu meiner Mutter. Sie lächelte ihn an. Da lächelte auch er.

»Ja, haben wir.«

»Und?«

»Nichts und. Das ist unser Geheimnis. Bleibt unser Innerstes.«

»Mehr musst du mir nicht sagen«, erwiderte ich. »Wollte einfach nur wissen, ob du mit ihr geredet hast, und das hast du beantwortet. Endlich.«

»Was hast du als Nächstes vor?«, fragte er in der Hoffnung, dass ich ihn nicht weiter bedrängte.

»Das verrate ich dir nicht. Auch du musst ja nicht alles wissen.« Ich lächelte ihn an. »Versuch gar nicht erst, meine Gedanken zu lesen. Sind verschlüsselt. Das vergesse ich nicht mehr so häufig.«

Ich stellte mir ein Theater vor, nicht ahnend, in welchem Theater, in welcher Stadt ich landen würde.

20

Es war genau die Stadt, das Theater, sogar die Loge, in der ich damals im Leben, damals in Hamburg, damals im Deutschen Schauspielhaus auf das Klingelzeichen, das Öffnen des Vorhangs, den ersten Blick auf das Bühnenbild wartend, viele Abende des Vergnügens und auch des Missvergnügens verbracht habe. Das Theater war mir vertraut: Die weinrot-plüschigen Stühle im aufsteigenden Parkett und im Rang. Die pittoresken Gemälde und Blumen an der Decke, die hängenden Kronleuchter. Und in Erinnerung auch das Gefühl aufsteigender Spannung, sobald das Licht wegdämmerte, das Klingelzeichen zum Schließen der Türen, der sich öffnende Vorhang, die weite Bühne.

Jetzt war sie leer. An ihren Seitenwänden baumelten farbige Siebdrucke, an der Stirnwand ein einzelnes riesiges Schwarz-Weiß-Foto, auf dem nur die Lippen des Mannes leuchtend rot angemalt waren. Sein Abbild beherrschte die Bühne, er hatte sie im Auge. Es war ein Porträt von Klaus Kinski, und auf dem sah er noch aus wie in den Jahren, als er wild war nach François Villons Erdbeermund. Zeitlos jung. Berüchtigt einst und gefürchtet als unvermittelt jäh explodierender Kotzbrocken. Ein frauenverschlingender Macho. Jederzeit gut für einen Skandal.

Alles nur gespielt, nahm ich an. Das Image eines Bösewichts war seine USP, sein Markenzeichen, sein Erfolgsrezept. So füllte er Hallen und Theater, verkörperte in vielen Filmen Psychopathen, Mörder, Terroristen, Exzentriker. Er spielte stets den Klaus Kinski, den das Publikum sehen wollte.

Bei einem frühmorgendlichen Interview hatte ich ihn mal in einem Pariser Hotel ganz anders erlebt. Pünktlich. Höflich. Sanft. Preußisch. Konzentriert auf alle Fragen antwortend. Bei der Autorisierung des Gesprächs allerdings strich er die Sätze, mit denen er zugab, dass es auf Dauer ziemlich anstrengend sei, immer nur den Bösen geben zu müssen.

Warum aber hing er überlebensgroß hier auf der Bühne?

In den ersten drei, vier Parkettreihen saßen Frauen und Männer in farbenprächtiger Garderobe. Manche nebeneinander und in ein Gespräch vertieft, manche in sich versunken, lautlos die Lippen bewegend, als würden sie sich selbst etwas vorsprechen. Schauspielerinnen und Schauspieler in Erwartung einer Theaterprobe. An einem schrägen Pult brütete ein Glatzköpfiger über einem Stapel mit bedruckten Blättern, strich hin und wieder in denen etwas an.

Als er seinen Kopf nach hinten drehte und einem hageren Mann im schwarzen Rollkragenpullover – sein Assistent? – etwas zuflüsterte, erkannte ich Gustaf Gründgens, einst Intendant des Schauspielhauses und ungekrönter König der Stadt. Im Foyer hingen Aufnahmen seiner legendären *Faust*-Inszenierung. Will Quadflieg als Faust, Gründgens als Mephisto.

Einst hatten ihm die Mächtigen im »Dritten Reich« als Intendant des Preußischen Staatstheaters Macht verliehen, die er genoss, aber auch ausspielte, um Ohnmächtige im Schutzraum seines Theaters zu beschirmen. Die Nazis benutzten ihn, und er benutzte sie. In einem Gespräch mit dem Journalisten Günter Gaus konterte er den immerhin naheliegenden Vorwurf, mitschuldig geworden zu sein im System der Verbrecher, dass die Wirklichkeit der Diktatur mit seiner Realität im Theater nichts gemein gehabt habe. Weil die »Unsicherheit, in der wir alle lebten, uns die Bühne als einzigen sicheren Faktor erscheinen ließ. Auf der Bühne … wusste ich genau, wenn ich den Satz sage, geht hinten eine Tür auf, und eine Dame im grünen Kleid kommt herein – und nicht ein SS-Mann.«

Entdeckt hatte ich dieses Zitat im Programmheft, das im Foyer auslag.

Gründgens klopfte auf das Pult, stand auf, bat um Ruhe, wendete sich nach links und nach rechts und stimmte seine Schauspieler auf die Generalprobe ein: »Genieren Sie sich bitte nicht«, sagte er, »einen Satz richtig zu betonen. Es ist nicht Formalismus! Genieren Sie sich nicht, eine Rolle sicher in den Griff zu bekommen und zu beherrschen. Es ist nicht Manierismus! Sie werden immer noch von der Vollendung weit genug entfernt sein, um sich weiterentwickeln zu können.«

Zur Premiere werde übrigens der Autor des Stückes erwartet. William Shakespeare *himself*. Gründgens dämpfte aufkommendes Getuschel. Auch er sei dem noch nie begegnet, auch er sei auf den gespannt. Wichtiger aber sei es ihm, Shakespeare eine besondere *Hamlet*-Aufführung zu bieten. »Mir hat der *Hamlet* immer am meisten am Herzen gelegen.«

Der Mann, der in der Loge hinter mir saß und den ich jetzt erst bemerkte – Halbglatze, hohe Stirn, Bart, Stehkragen; für alle im Theater offenbar ebenso unsichtbar wie ich –, beugte sich vor und flüsterte: »Wenn die wüssten, dass ich schon hier bin.« Dabei kicherte er verhalten.

Saß etwa Shakespeare mit mir in einer Loge? Wie kam der in ein deutsches Schauspielhaus?

»Ich darf unangekündigt überall dort auf der Welt erscheinen, wo meine Stücke gespielt werden. Ein Privileg. Gilt auch für Goethe und Schiller, für Tschechow und Molière, für Brecht oder Arthur Miller.«

Dass es eine besondere Aufführung zu werden versprach, lag an der Besetzung. Das Ensemble war einmalig. Aber wer hatte diese Schauspieler im Jenseits ausfindig gemacht? Wer hatte sie ausgerechnet hierher ans Schauspielhaus gelockt? Alfred Kerr? Hellmuth Karasek? Joachim Kaiser? Die drei hatten Gründgens noch erlebt und hätten ihm Bruno Ganz, Oskar Werner, Gert Voss, Maximilian Schell, Klaus Kinski vorschlagen können, denn viele von denen kannten sie persönlich und konnten sich auch im Jenseits mit ihnen treffen. Hatten sie die in ihrer ewigen Ruhe aufgeschreckt und mit dem Versprechen ins Theater gelockt, in einer Aufführung mitspielen zu dürfen, die es nie wieder geben würde?

Aber im Parkett unter mir saßen ja auch englische Stars wie Laurence Olivier. Alec Guinness. Peter O'Toole. Albert Finney. John Gielgud. Wer hatte die angesprochen und zum Mitmachen überredet? In dem Moment fiel mir ein, wer der Assistent von Gründgens sein dürfte, den ich soeben gesehen hatte: Peter Zadek, ja, Peter Zadek. Dieses Theater war mal auch sein Haus, seine Spielstätte, seine feste Burg gegen ausbrechendem Bürgerzorn, als die Hamburger ihre geliebten Klassiker, vor allem die Dramen von Shakespeare, nicht mehr zu erkennen glaubten. Weil er seine Karriere als Regisseur in England begonnen hatte, kannte er aus dieser Zeit selbstverständlich die Helden der Bühnen in London. Also würde er die Briten engagiert haben.

Und wer war auf Sarah Bernhardt gekommen? Wer hatte sie angesprochen? Konnte eigentlich nur Alfred Kerr gewesen sein, der dürfte sie noch als Kameliendame erlebt haben. Die anderen Kritiker waren noch nicht auf der Welt, als Sarah Bernhardt die Welt verließ.

Ein einziger Mann nur war jünger als die vielen Alten. Sehr viel jünger. Er sah aus wie James Dean. Das konnte nicht sein. Es war selbst hier, wo alles möglich war, einfach unvorstellbar, dass James Dean im Schauspielhaus in Hamburg saß. Ich nahm ein kleines Fernglas, das auf der Brüstung lag, und richtete es auf ihn. Ließ es wieder sinken. Doch er war es tatsächlich. Auf ihn konnte nur einer gekommen sein, der Weltbürger Hellmuth Karasek. Die Ateliers von Hollywood waren ihm so nah wie deutsche Theaterbühnen – und gleich bedeutend.

»Und Sie haben die alle gleich erkannt?«, fragte mich Shakespeare mit bewunderndem Unterton.

»Nein, nein. Im Foyer lag ein Programmheft. Das habe ich mir ausgeliehen, mitgehen lassen, um ehrlich zu sein. In dem steht *by the way* auch ein langer Text über Sie und das Globe Theatre, und natürlich alles über Ihren *Hamlet*. Aufgelistet ist, wer hier jetzt wen spielen wird.«

Ich reichte ihm das Heft. »Hier, sehen Sie selbst. Oder soll ich Ihnen die Rollenverteilung vorlesen?«

»Ich bitte darum. Meine Augen sind nicht mehr so gut. Waren schon getrübt, als ich starb. Den Text über mich können Sie sich ersparen. Ich weiß ja, wer ich war und wo ich lebte und wie lange und woran ich gestorben bin und was ich geschrieben habe. Die Namen der Schauspieler dagegen sagen mir nichts.«

»Die sind ja erst mehr als fünfhundert Jahre nach Ihrem Tod berühmt geworden. Die meisten mit Auftritten in Ihren Stücken, Sir. Nicht nur in England oder Österreich, Deutschland oder der Schweiz, Frankreich oder den USA.«

Dabei fiel mir ein, dass er mit einer Zuordnung nach unterschiedlichen Staaten und Nationen nichts würde verbinden können, weil es zu seiner Zeit noch keine Nationalstaaten dieser Art gab.

»Sorry, ich vergaß, dass diese Länder erst lange nach Ihrem Tod geboren wurden und Sie mit denen nichts anfangen können.«

Doch zu meiner Überraschung unterbrach er mich.

»Über die Geschichte der Nationalstaaten habe ich in meinem Club mal einen spannenden Vortrag gehört und viel dabei gelernt.«

»In Ihrem Club?«

»Ja, im P.E.N. Ein Club toter Dichter und Poeten. Ich bin dort eines der ältesten Mitglieder. Im Clubhaus haben ich und mein Freund Christopher Marlowe und Ben Jonson und George Bernard Shaw und Tennessee Williams und Harold Pinter sogar Stammplätze.«

»Ich kenne den Club. Da war ich schon mal.«

»Weiß ich«, antwortete Shakespeare, »ich habe Sie dort gesehen.«

»Und wer hat den Vortrag gehalten?«

»Ein gewisser Winston Churchill. Eine beeindruckende Persönlichkeit. Den hätte ich einst gern als Falstaff besetzt.«

Auf eine nähere Bekanntschaft von Shakespeare und Churchill wäre ich nie gekommen. Es gab aber sogar mit der im Diesseits einst angewandten Logik eine einleuchtende Erklärung. Denn beide gehörten demselben Club an. Shakespeare hatte dort von seinem Landsmann Churchill alles über die historischen politischen Weltveränderungen seit seinem Tod erfahren, und zusätzlich hatte ihm Harold Pinter nach seiner Ankunft im Jenseits bei Tischgesprächen im P.E.N. wahrscheinlich auch alles über die Welt der Bühnen erzählt.

Ich las ihm die heutige Besetzung vor, zeigte bei jedem Namen auf den drei, vier Meter von unserer Loge entfernt sitzenden entsprechenden Schauspieler. Die bemerkten uns nicht.

»Laurence Olivier ist König Claudius. Er hat in jungen Jahren schon den Hamlet gespielt, im Old Vic Theatre. Das ist berühmt wie damals Ihr Globe Theatre. Zum Ensemble des Old Vic gehörte früher ebenfalls Alec Guinness. Auch er einer der Ihren, wenn ich das so sagen darf. Er stand als Othello auf der Bühne und als Romeo und als König Richard. Beide sind später mit Hauptrollen in Filmen zu Weltstars geworden. Viele dieser Filme basieren auf Ihren Dramen. Immer wieder gab es auch Verfilmungen von *Hamlet*. Ein idealer Stoff fürs Kino. Sarah Bernhardt verkörpert Hamlets Mutter Gertrud, die verlogene Königin. Bruno Ganz spielt Hamlets Freund Horatio. Oskar Werner stirbt als Laertes, Alec Guinness als Polonius. John Gielgud gibt den Geist von Hamlets Vater. In den Rollen von Rosenkranz und Güldenstern werden Gert Voss und Maximilian Schell auftreten, in denen der Totengräber Albert Finney und Ulrich Wildgruber. Für Sie unbekannte Größen, Sie haben die nie erlebt. Aber ich kann Ihnen versichern, alle zählten einst zu den Besten ihrer Zunft.«

»Aber wer wird Ophelia spielen?«

»Zu meiner Verblüffung ein Mann. James Dean. Eigentlich ein Filmstar. Ach, ich sollte Ihnen wohl erklären, was ein Film ist?«

Er schüttelte den Kopf. »Nein, müssen Sie nicht. Wurde mir von Pinter erklärt und sogar der Inhalt vieler Filme erzählt. Die ganze Filmgeschichte. Vom Anfang mit den Stummfilmen bis zu *Star Wars*. Allerdings habe ich selbst noch nie einen Film gesehen. Es gibt keine Kinos im Jenseits, leider …«

»Warum James Dean, ein zum Mythos verklärter Kinostar, der tragisch jung bei einem Autounfall ums Leben kam, als Ophelia besetzt wurde, kann ich Ihnen nicht erklären.«

»Ich schon. Ist eine glänzende Idee des Regisseurs. Im Globe Theatre bei der Premiere von Hamlet wurde Ophelia ebenfalls von einem Mann verkörpert. Es war damals üblich, dass Frauenrollen von Männern gespielt wurden. Aber das wissen Sie bestimmt.«

Ich musste lachen.

»Warum lachen Sie?«

»Mir fiel gerade ein, dass Sarah Bernhardt in Paris mal den

Hamlet gespielt hat. Eine Frau in der Rolle eines Mannes, also umgekehrt zu den Gepflogenheiten in Ihrer Zeit, als Frauenrollen von Männern verkörpert wurden. Deshalb habe ich gelacht.«

»Und wer spielt hier den Hamlet? Ein Mann? Eine Frau?«

»Ein Mann. Klaus Kinski.«

In genau dem Augenblick, als habe er nur auf das Stichwort »Kinski« gewartet, betrat der die Bühne. Er hatte einen Totenschädel in der Hand. Betrachtete den schweigend, richtete sich dann plötzlich auf, reckte den hoch über sein Haupt, begann den berühmten Monolog:

Sein oder Nichtsein; das ist hier die Frage:
Obs edler im Gemüt, die Pfeil und Schleudern
Des wütenden Geschicks erdulden oder,
Sich waffnend gegen eine See von Plagen,
Durch Widerstand sie enden? Sterben – schlafen –
Nichts weiter! Und zu wissen, dass ein Schlaf
Das Herzweh und die tausend Stöße endet …

Shakespeare sprach halblaut mit: *To be or not to be.* Wie schon ich bei meinem Treffen mit Picasso verstand auch er die Sprache aller anderen.

Gründgens unterbrach Kinski und klatschte zweimal in die Hände.

»Danke, genügt. Großartig. Sparen Sie sich Ihre Kraft für die Generalprobe, mein Lieber.«

Kinski warf achtlos den Totenschädel in die Kulisse und brüllte mit wutverzerrter Miene Richtung Gründgens. »Wer bist du, Elender, Nichtswürdiger, Höfling, Schlattenschammes, der du es wagst, den großen, den einmaligen, den unvergleichlichen Kinski zu unterbrechen?«

Entsetztes Schweigen im Theater. Alle waren erstarrt. Auch die beiden Frauen, die hinter Gründgens saßen. Erika Mann und Marianne Hoppe. Mit beiden war er mal verheiratet. Nur Zadek schien sich zu amüsieren. Wie würde der von Kinski beschimpfte Regisseur reagieren?

Gar nicht. Denn jetzt Kinski, fröhlich lachend: »Habe ich euch erschreckt? Das freut mich. Das genau wollte ich.«

Und als daraufhin alle befreit in sein Lachen einstimmten, verließ er mit einer Verbeugung die Bühne. Gründgens lachte nicht so recht mit.

Auf Kinski folgten, alle nur mit kurzen Auftritten und wenigen Sätzen, weil der Regisseur an ihrer Sprache, ihren Gesten, ihrer Performance, wie Gründgens es nannte, nichts auszusetzen hatte – Gielgud als Hamlets Geist und Alec Guinness als Polonius oder Laurence Olivier im Dialog mit Sarah Bernhardt:

O Gertrud, lasst uns gehn!
Sobald die Sonne an die Berge tritt,
Schifft man ihn ein; und diese schnöde Tat
Muss Unsre ganze Majestät und Kunst
Vertreten und entschuldigen.

Olivier schob seine Königin achtlos zur Seite, als Rosenkranz und Güldenstern in Gestalt von Gert Voss und Maximilian Schell die Bühne betraten.

Geht, beide Freunde, nehmt Euch wen zu Hülfe.
Hamlet hat den Polonius umgebracht
In seinem tollen Mut und ihn darauf
Aus seiner Mutter Zimmer weggeschleppt.
Geht, sucht ihn, sprecht ihm zu und bringt den Leichnam
In die Kapell'. Ich bitt' Euch, eilt hiebei.

Erneut war Gründgens zufrieden. »Danke, sehr schön.« Er gab James Dean ein Zeichen. Der erhob sich. Raschelte mit seinem Kleid. Sprang auf die Bühne. Sang mit brüchiger Stimme:

Wie erkenn ich dein Treulieb
Vor den andern nun?
An dem Muschelhut und Stab
Und den Sandelschuhn.

Alle Schauspieler klatschten. Ophelia dankte mit einem angedeuteten Knicks.

Aus den Kulissen traten jetzt Andy Warhol und William Turner, die gemeinsam das Bühnenbild entworfen hatten. So stand es im Programmheft. Turner hat die Burg von Helsingør gemalt, Andy Warhol per Siebdruck die Porträts der Schauspieler. Erkannt hatte ich keinen von beiden. Den Turner sowieso nicht, aber auch Andy Warhol nicht. Das Bild, das ich vom Popstar gespeichert hatte, war nicht vereinbar mit dem eines von Operationsnarben entstellten alten Androgynen. Den Mann in ihrer Mitte aber kannte ich gut, Axel Hecht, Gründer der Zeitschrift *art*. Einst mein Kollege. Ein knochentrocken aufrechter Journalist. Er und Warhol und Turner gingen zu James Dean und spuckten ihm dreimal über die Schulter.

Auch Shakespeare und ich klatschten. Aber das hörte ja niemand.

»Eine kurze Pause«, kündigte Gründgens an, »dann beginnen wir mit der Generalprobe. Bitte begeben Sie sich in Ihre Garderoben und warten dort auf das Zeichen des Inspizienten für Ihren Auftritt.«

Alle standen auf und verließen das Parkett. Gründgens blieb auf seinem Platz. Schloss die Augen, als würde er kurz mal schlafen. Dann zupfte er Zadek am Ärmel. Zeigte ihm eine

Stelle im Manuskript. Sie redeten miteinander. Zadek schüttelte den Kopf. Gründgens zögerte. Dann nickte er. Der Vorhang schloss sich seufzend.

Es wurde dunkel im Saal. Der Vorhang öffnete sich. Bühne frei. Die Generalprobe begann. Durchlauf. Shakespeare beugte sich vor. Wollte sich nichts entgehen lassen. Das Stück kannte der Unsterbliche natürlich. Jetzt wollte er erleben, wie seine Figuren, seine Kinder sich aufführen.

Der Wahnsinn vortäuschende Melancholiker Hamlet, also Kinski. Mal flüsternd, mal laut klagend, ein lebender Leichnam. Laurence Olivier als machtgieriger, hinterlistiger König Claudius, der Hamlets Vater ermordet hat und um die Gunst des Neffen buhlt, bis er sich aufbrausend entscheidet, ihn töten zu lassen. Sarah Bernhardt, die eitle, verlogene Mutter Hamlets, in ihrer Zerbrechlichkeit war sie eine Idealbesetzung. Alec Guinness als der Schwätzer Polonius, der sich um seine Tochter Ophelia sorgt, ließ seine Sätze im Nirgendwo enden. James Dean, der als Ophelia in Hamlet verliebt war, verzweifelte an dieser Liebe, verlor den Verstand, wirkte unberührbar erstarrt und fiel plötzlich in sich zusammen, als sie sich ertränkte.

Ein Highlight die Szene auf dem Friedhof mit Albert Finney und Ulrich Wildgruber als den beiden Totengräbern. Bruno Ganz, bedächtig, fürsorglich, lautmalerisch mit der Sprache spielend, als Hamlets treuer guter Freund Horatio, der vergeblich versucht, ihn davon abzuhalten, seinen Vater, dessen Geist von John Gielgud als Luftgespenst verkörpert wurde, zu rächen mithilfe von Rosenkranz und Güldenstern und einer fahrenden Schauspieltruppe. Sogar aus der kleinen Rolle des Fortinbras wurde dank Peter O'Toole ein Kammerspiel der besonderen Art.

Am Ende standen alle Schauspieler nebeneinander auf der Bühne. Verbeugten sich vor einem Publikum, das ich nicht sah.

Aber vielleicht blickten sie sogar bei einer Generalprobe in ein ausverkauftes Haus? Vielleicht hörten sie tosenden Applaus? Vielleicht sahen sie gar Standing Ovations?

Ich drehte mich um zu Shakespeare.

Doch der war nicht mehr da.

Also verließ auch ich die Loge.

Als ich draußen ankam, war hinter mir das Theater bereits verschwunden.

Der Rest ist Schweigen.

21

Doch dabei blieb es nicht. Vor mir sah ich Zelte, Bretterbuden, Karusselle, einen mit Balken errichteten quadratischen Tanzboden, alles bekränzt von bunten Wimpeln. In der Mitte der Wiese ein Maibaum. Kindheitserinnerungen an Kirchweihfeste, Kirmes, Rummelplätze erwachten. Die Luft aber war rein. Kein Hauch von den typischen Geruchsschwaden eines Jahrmarkts nach fettigen Bratwürsten, gebrannten Mandeln, geräuchertem Fisch. Kein Stehausschank für Bier, Schnaps, Limonade. Logisch, denn Tote essen und trinken nicht mehr, brauchen weder Nahrung noch Getränke.

Aber offenbar eine Abwechslung von ihren Wanderungen durch die Ewigkeit.

Unverändert jedoch die auf Rummelplätzen üblichen Geräusche. Laute Musik. Laute Ansagen. Laute Juchzer. Aus meinem Gedächtnis tauchte der Prolog zu *Faust* von des Volkes wahrem Himmel auf, von dessen zufriedenen Jauchzern, Mensch sein zu dürfen. Nicht zufällig diese Erinnerung an Goethe hier und jetzt. Sondern naheliegend. Ich war ja gerade noch im Theater und bei Gründgens und hatte im Kopf das Bild noch nicht gelöscht, das ich dort von ihm als Mephisto und Will Quadflieg als Faust im Foyer habe hängen sehen.

An einem See am Rand der Festwiese stand ein vielfarbig bemaltes Karussell. In den Gondeln oder auf Blechautos, auf Giraffen oder auf Elefanten, die sich im Kreis drehten, saßen keine pausbäckigen Kinder, sondern grauhaarige Alte. Alle fröhlich lachend. Von ihnen stammten die Juchzer, die ich hörte. Neben dem Karussell eine luftige Stahlkonstruktion, ebenfalls bunt bemalt. Schiffsschaukeln schwebten, betrieben durch muskelstarke Männer, in den Himmel, stürzten wieder zur Erde, schwangen sich erneut nach oben, senkten sich wieder nach unten. Im gleichbleibenden Rhythmus. In jeder Schaukel saßen eine Frau und ein Mann. Manches Paar war sichtbar jünger als die auf dem Karussell, manches Paar ebenso alt.

Aber auch sie himmelhoch jauchzend glückselig.

Ich ließ mich auf die Planken eines Stegs fallen, an dem vertäut Boote lagen. Von irgendwoher nach irgendwohin erklang ein Lied. Die Melodie kannte ich, und auch den Sänger erkannte ich auf den ersten Blick. Richard Tauber. Er sang »Dein ist mein ganzes Herz«. In seinem rechten Auge klemmte ein Monokel. Er stand auf einer eisernen Plattform vor den Schiffsschaukeln. Seine Stimme stieg im Gleichklang mit denen mühelos zu den höchsten Tönen. Er brauchte kein Mikrophon, um gehört zu werden. Hatte nie eines gebraucht.

Ich stand auf vom Bootssteg und schwebte zu ihm, ließ mich hinter ihm nieder. Tauber warf wie alle auch keinen Schatten. Aus der Nähe konnte ich zwar die verschiedenen Paare in den Schiffsschaukeln sehen, wusste aber nicht, wer sie sind oder wer sie mal waren. Doch auf jeder Gondel waren in Gold geprägt ihre Namen eingraviert. Es schaukelten Romeo und Julia, mädchenhaft und knabenhaft wie einst, als sie starben. Da Orpheus und Eurydike, ähnlich jung. Da Antonius und Kleopatra, einander an den Händen haltend. Die Frau in der Schaukel daneben, die mit dem Diadem im Haar, war als Prinzessin Margaret verzeichnet und der Mann ihr gegenüber in Uniform als Peter Townsend. Die Paare außen erkannte ich dagegen sofort. Marilyn Monroe und John F. Kennedy waren unverkennbar so wie Katharine Hepburn und Spencer Tracy.

Erfahrene alte Journalisten, zu denen ich mal zählte, hätten deren Lebensgeschichten nicht googeln müssen. Die glaubten wir zu kennen. Wurden oft und immer wieder beschrieben und gedruckt, wenn im sogenannten Sommerloch zu analogen Zeiten nichts Aufregendes passierte. Da alle tot waren, ließ sich damals jedes Detail ihrer Lieben unwidersprochen ausschmücken. Tote schicken keine Gegendarstellungen.

Katharine Hepburn und Spencer Tracy waren, und das stimmt sogar, mehr als 25 Jahre lang ein heimliches Liebespaar. Sie lebten nie zusammen, es gab außer bei Dreharbeiten kein gemeinsames privates Foto von ihnen. Für den überzeugten Katholiken Spencer Tracy kam eine Scheidung nie in Betracht. Das zu erwähnen vergaßen wir nie. Katharine Hepburn, gefeiert in Hollywood als Schauspielerin, bewundert als emanzipierte Frau zu Zeiten, als Emanzipation kein Thema war, blieb ihrem verheirateten Geliebten dennoch treu bis in seinen Tod. Jetzt endlich konnten sie sich zeigen.

»Immer wieder, selbst jetzt noch, eine faszinierende Geschichte«, sagte plötzlich der Mann neben mir. »Wie oft in unterschiedlichen Variationen haben wir die damals erzählt. Endlich könnten wir unsere Artikel sogar belegen, könnten beide befragen. Aber leider nicht mehr drucken.«

Ich erkannte ihn schon an der Stimme und umarmte meinen alten Freund, spürte ihn aber nicht. Bei seiner Beerdigung, einer klassischen mit Sarg und anschließendem Leichenschmaus an der Elbe, hatte ich in einer Kirche die Trauerrede gehalten. Weinend. Wie im Leben neigte er auch jetzt nicht zu sentimentalen Erinnerungen. »Und wenn wir auch noch die von Kennedy und Marilyn exklusiv wie jetzt möglich gehabt hätten, Mensch, wäre das ein Scoop gewesen, Mensch, hätten wir einen solchen Titel verkauft.«

Über die heimliche Affäre von Camelot, von dem charismatischen Präsidenten der Weltmacht USA und dem umschwärmten Sexsymbol MM, Weltstar der Weltmacht Hollywood, gab es zwar immer wieder Gerüchte, aber ohne Belege keine druckbaren Veröffentlichungen. Viele Journalisten wussten davon, alle schwiegen, keiner schrieb darüber. Ob seine Frau Jackie, die schöne First Lady, davon wusste, hat man auch nie erfahren. Denn auch sie schwieg zeitlebens, erst recht nach den tödlichen Schüssen von Dallas.

»Ist sie auch hier auf der Festwiese?«, fragte ich.

»Wohl kaum«, antwortete er. »Sie gehörte am Ende ihres Lebens ja zur Familie Onassis und wird wohl jetzt bei der sein.«

»Aber …«

Noch bevor ich weiterreden konnte, sahen wir auf einem roten Teppich, ausgerollt zwischen zwei Zelten, einen weißbärtigen alten Mann mit Sonnenbrille. Er dämpfte mit einer Handbewegung das erwartungsvolle Wispern der eleganten Frauen und Männer vor ihm, manche in Krinolinen und Perücken, andere im Minirock und Blumen im Haar, manche im doppelreihigen Gehrock, manche in abgerissenen Jeans. Der Mann begann zu sprechen. Als er den Mund öffnete, waren Zahnlücken sichtbar.

»Die Mode, Mesdames et Messieurs, ist ein Beruf für Vampire. Der Körper ist nur eine Hülle. Mit ihm geht es ja schon abwärts, wenn wir noch drinstecken. Er ist ein gutes Stück, das nur begrenzt brauchbar ist.«

Zustimmendes Gelächter. Wo, wenn nicht hier, verstand man ein solches Bonmot.

Dann setzte Karl Lagerfeld seine Ansprache fort.

»Ich spreche manchmal zu schnell, Pardon. Das geht mir aus dem Mund, bevor es durch den Kopf geht. Mode ist in Wahrheit wie Krieg. Mit Schlachtfeldern und Massengräbern. Aber ich bin die Unschuld vom Lande, solange man mich in Frieden lässt. Ich bin dann wie ein Kind vor dem Weihnachtsbaum. Egal wo auf der Welt, aber am liebsten in Paris. Ich bin Hanseat, kein Deutscher. Einer der Gründe, warum ich nicht in Deutschland sein möchte – weil es da keine Juden mehr gibt. Ich bin nicht nett, dazu bin ich zu snobistisch. Ich bin eine Überraschung für mich selbst, und mein Traum war es immer, dass man mich überhaupt nie mehr sieht. Lieber hätte ich nur als aggressiver Schatten existiert. Aber das war gar nicht so einfach. Das ging erst, nachdem ich tot war. Verbrennen, Asche und ab in die Mülltonne.«

Jetzt lachte niemand mehr.

Warum war Karl Lagerfeld auf einer Kirmes im Jenseits? Hatte er mit seinem Aperçu, er sei eigentlich eine Überraschung für sich selbst, genau das gemeint, seinen Auftritt auf einem Jahrmarkt?

Er drehte sich um und zog sich zurück in ein Zelt. Ich machte ein befugtes Gesicht, so wie ich es oft geübt und bei Recherchen hilfreich auf- und eingesetzt hatte, und folgte ihm. Die Security kontrollierte mich nicht.

Im Zelt lagerten zwischen künstlichen Palmen und aufgeschütteten Dünen mit seidenem Damast bespannte Strohsäcke. Ein nachgestellter Meeresstrand. Mit Inszenierungen hatte Lagerfeld bei jeder seiner Shows die Welt überrascht. Passte auch hier zu ihm. Auf den Liegen ruhten Modeschöpfer, die bereits vor ihm den Jahrmarkt der Eitelkeiten verlassen hatten, von dem sie lebten. Bis auf Alexander McQueen, der sich, ausgebrannt, selbst den Abschied gegeben hatte, waren alle alt: Pierre Balmain, Gianni Versace, Coco Chanel, Christian Dior, Yves Saint Laurent, Rudolph Moshammer. Der war, wusste ich, natürlich nicht vergleichbar mit den Legendären, weltbekannt war er einst nur in München, aber der Tod macht da keine Unterschiede.

Sie alle waren auch für einen mit dieser Welt des Scheins eher Fremdelnden wie mich zu identifizieren. Über jeder Liege hing eine Leinwand, auf der in Endlosschleife, zumeist in Schwarz-Weiß, die Kreationen und deren Schöpfer abgespult wurden. Deshalb wusste ich, wer da vor mir ruhte. Außer Yves Saint Laurent, der einst den Hosenanzug für Frauen erfand, und natürlich die so oft veröffentlichte Ikone Coco Chanel hätte ich ohne die entsprechenden Szenen auf den Bildschirmen niemand erkannt.

Lagerfeld bewegte sich von Liege zu Liege, plauderte mit allen, sogar mit Yves Saint Laurent, seinem ihm im Diesseits verhassten Konkurrenten, lachte und scherzte ununterbrochen. Offenbar wollten alle wissen, wer und was seit ihrem Tod die Mode geprägt hat – vielleicht aber auch nur den aktuellsten Klatsch aus ihrer Glamourwelt hören.

Ich verließ das Zelt. Denn von draußen erklang schon wieder Musik. Eine ganz andere.

Auf einer quadratischen Bühne klackende Geräusche. Stepptanz auf hölzerner Fläche. Die Zuschauer, auch ich, zuckten im Rhythmus mit und jubelten, als Fred Astaire und Ginger Rogers in lässig schwebender Harmonie ihren Auftritt beendeten und sich verbeugten. Ein zweites Paar nahm im Sprung die drei Stufen zur Bühne, wartete ab, bis andere Klänge ertönten. Tschaikowski. Dann tanzten Margot Fonteyn und Rudolf Nurejew, Zuckerfee und Prinz, ihren Pas de deux aus dem *Nussknacker*-Ballett. Erneut anschwellender Jubel. Nurejew trat an die Rampe und forderte uns alle auf, auf die Bühne zu kommen und mit ihnen zu tanzen.

Zusammen mit Fred Astaire und Ginger Rogers, mit ihm und mit Margot Fonteyn tanzen? Eine Laienspielschar gemeinsam mit legendären Profis?

»Ich schaue lieber nur zu«, flüsterte ich meinem Freund zu

und zog ihn von der Bühne zurück, während neben uns Frauen ihre mehrheitlich widerstrebenden Partner nach vorne schubsten.

»Nein«, antwortete er, »wir machen mit. Wird ganz bestimmt ein großer Spaß. Außerdem haben wir schon einmal zusammen getanzt, falls du dich erinnerst.«

Und ob ich mich erinnerte. In einer Bar auf Long Island, beide ein wenig trunken vom Chardonnay, hatte er mich formvollendet, wenn auch schwankend, zum Tanz aufgefordert. Ich weigerte mich. Meine Frau aber drängte, ich solle mich nicht so zieren. Die Runde am Tisch, auch nicht mehr nüchtern, unterstützte sie, rhythmisch in die Hände klatschend. Die Band spielte »Sultans of Swing«. Ich musste endlich lachen und ergab mich, bestand aber darauf, dass ich führte und nicht er.

Wie damals gab ich auch jetzt nach. Der Tanzboden füllte sich. Nurejew erteilte Anweisungen. Wir sollten uns in für Square Dance typischen Gruppen zu je vier Paaren aufstellen, dann einfach den Calls folgen, den Ansagen, und die Schritte nachmachen, die er und Margot Fonteyn, Ginger Rogers und Fred Astaire vorgeben würden. Musik setzte ein. Der »Yankee Doodle«, untermalt von Stampfern und immer wieder anschwellenden *Yeah*-Schreien, wurde von einer wie aus dem Nichts aufgetauchten Fünf-Mann-Gruppe gespielt: Banjo, Bass, Geigen, Gitarre, Sänger. Der Caller, in dem ich Rudi Carrell erkannte, mich aber nicht weiter wunderte, warum der einen Jahrmarktschreier verkörperte, denn es passte zum fröhlichen Holländer, forderte uns am Ende zu einer abschließenden Quadrille auf. Danach standen wir still und beklatschten uns selbst mehr noch als die Band.

»War ein großes Vergnügen, oder etwa nicht?«, fragte mich eine Frau, die neben mir, Hände in die Hüften gestemmt, noch ein wenig schwer atmete.

Ja, das war es wirklich.

»Kannten wir uns mal?«, fragte ich sie

»Werde ich dir nicht verraten«, antwortete sie und lächelte. »Musst du selbst daraufkommen.«

Wo war mein Freund? Ich schaute mich suchend um. Entdeckte ihn. Er wartete vor den Liebespaaren an der Schiffsschaukel. Richard Tauber war verschwunden, ersetzt von Maurice Chevalier. Er sang »Thank Heaven for Little Girls«, und während er sang, schwangen alle Schaukeln langsam aus und standen dann still. Die berühmten Liebespaare stiegen aus, hielten sich aber fest an den Händen, schwebten mit Chevalier über den See davon. Kennedy und Marilyn, die Königliche Hoheit und ihr Lebensmann, Kleopatra und Antonius, Katharine Hepburn und Spencer Tracy, Romeo und Julia, Orpheus und Eurydike. Dann lösten sich auch das Karussell auf und die Bretterbuden und die Zelte.

Nur die Schiffsschaukeln blieben noch eine Weile liegen, bis auch sie von der Festwiese verschwanden.

»Das war's«, sagte mein Freund. »Wir sehen uns sicher bald wieder, versprochen.« Und schwebte ebenfalls davon.

»Und was mache ich?«, rief ich ihm hinterher.

»Schau heimwärts, Engel«, rief er zurück, und noch lange hörte ich ihn lachen.

Heimwärts also.

22

Meine Mutter ist ohne Vorwarnung heimtückisch vom Tod überfallen worden. Da war sie 86. Sie wehrte sich heftig, rang mit ihm, aber er war stärker. Danach blieb auch für sie die Zeit stehen. Sie war noch immer 86 und sah deshalb jetzt, da sie mir gegenübersaß, genauso aus wie damals, als ich sie zuletzt gesehen hatte. Ich starb zehn Jahre nach ihr, und auch für mich gab es danach keine Zeit mehr.

»Habe ich mich eigentlich sehr verändert, seit wir uns zuletzt gesehen haben?«, fragte ich sie.

»Dünner bist du geworden seitdem …«

»… der Krebs hat mich von innen aufgefressen.«

»Und deine Haare sind weiß geworden, so wie die deines Vaters kurz vor seinem Tod. Erkannt hätte ich dich natürlich immer, was für eine Frage. Mütter würden ihre Kinder immer erkennen, egal wo, auch dann, wenn sie die lange nicht gesehen haben und sie alt geworden sind. Selbst dann, wenn du erst hierhergekommen wärest, älter noch, als ich es war bei meinem Tod, hätte ich dich sofort erkannt.«

Ich drückte ihre Hand.

»Ja, war eine blöde Frage, verzeih. Hätte ich mir denken können.«

Meine Mutter hatte die tägliche Fürsorge für ihre Kinder und ihren Mann als die Erfüllung ihres Lebens betrachtet. Eine ihr anerzogene, aber auch geliebte Pflicht. Dafür liebten wir sie. Im Unterschied zu meinem Vater ließ sie diese Liebe auch zu.

»Wie geht es meiner Schwiegertochter, deiner Frau? Und wie geht es meinem Enkel, deinem Sohn? Ich hatte mich so gefreut auf seine Hochzeit. War es ein schönes Fest?«

»Ja, aber überschattet von deinem Tod wenige Wochen zuvor. Du bist in unseren Gedanken immer bei uns gewesen. Es hätte dir gefallen, und ich hätte zu gern mit dir einen Walzer getanzt.«

»Das holen wir einfach jetzt nach.«

Sie erhob sich, ich auch. Wir drehten uns drei-, viermal im Walzerschritt. Weil niemand für uns aufspielte, spielten wir uns die Musik selbst vor. Irgendwas von Strauß passt immer. Dann setzten wir uns wieder hin.

Nachdem sich mein Bruder umgebracht hatte, war sie es, die trotz der auch in ihr von da an lebenden tiefen Trauer um ihren Jüngsten meinen Vater in den Alltag zurückholte. Das gelang ihr nicht immer, weil er sich seiner Art entsprechend lieber schweigend in sich zurückzog, statt über seine Gefühle zu sprechen. Aber nie gab sie auf, umsorgte ihn wie ein krankes Kind. Er wehrte sich auch nicht dagegen und ließ sich von seiner Frau bemuttern. Erst als er eines Morgens tot neben ihr lag, brach sie zusammen, verlor sie ihre Überlebenskraft.

»Wie hast du es geschafft, ohne ihn weiterzuleben?«

»Es gab keine Alternative. Das wäre die einfache Antwort auf deine Frage. Eine einzige hätte es zwar gegeben, aber die wollte ich euch nicht antun. Obwohl ich manchmal versucht war, nachts vor allem, vom Balkon ins Nichts zu stürzen. Mich fallen zu lassen. Ich musste mir deshalb alternativ ein eigenes Leben aufbauen, musste aktiv werden, um nicht aufzugeben. Musste etwas unternehmen, um nicht zu verzweifeln. Alles, was bis dahin dein Vater erledigt oder organisiert hätte, brachte ich mir selbst bei, Stück für Stück, Schritt für Schritt. Das war anfangs so mühsam, kostete so viel Kraft, dass ich manchmal sogar zu müde war, um weinend vor seinem Bild sitzend mit ihm zu reden.«

»Und woher hast du die Kraft genommen?«

»Das weiß ich nicht. Vielleicht hatte ich die immer schon in mir, brauchte sie aber nie, solange dein Vater noch lebte. Ich habe mir nach den ersten Wochen des Alleinseins, in denen ich in der Welt verloren war, für jeden Tag ein Ziel gesetzt, etwas Bestimmtes vorgenommen, manchmal Banales wie zum Beispiel Fenster zu putzen, Blumen zu pflanzen, und dieses Ziel auf einen großen Zettel geschrieben, an den Kühlschrank geheftet, als würde ich notieren, was ich im Supermarkt einkaufen müsste. Wenn ich es geschafft hatte, machte ich einen Haken dahinter. Die Spaziergänge mit meinem Hund gehörten ebenfalls in die Struktur meiner Alltage. Er war ja auf mich angewiesen. Und immer dann, wenn ich mal wieder nicht einschlafen konnte, habe ich für dich und deine Schwestern rückblickend die Geschichte unserer Familie aufgeschrieben. Ich war ja die älteste Lebende. Die Einzige, die das noch konnte. Hast du das mal gelesen?«

Ich nickte. Sie hatte für jedes ihrer Kinder – handschriftlich! – eine Kladde mit Aufzeichnungen angelegt. Keine Kopie, für jeden von uns als Original. Um zu zeigen, dass ihr jedes Kind gleich lieb war.

»Nach deinem Tod habe ich in einem Schrank sogar ein Notizbuch gefunden, in dem du als fünfzehnjähriges junges Mädchen den Stammbaum der Familien deiner Eltern, meiner Großeltern, deren Eltern, deren Großeltern und so weiter angelegt hast. Bis zum Jahr 1813. Zu jedem kleinen Lebenslauf der Verstorbenen hast du ein Foto eingeklebt, und ich habe mir jedes Porträt angeschaut, um verwandte Gesichtszüge zu entdecken.«

»Und hast du die manchmal gefunden?«

»Weiß ich nicht mehr. Geblättert in deiner Familienchronik habe ich oft, bis zu meinem eigenen Ende, und dann dieses Büchlein auch zu meinem Nachlass gelegt für meinen Sohn. Falls er, älter geworden, mal wissen will, woher er kommt und wer seine Vorfahren waren und was die geleistet haben in den vergangenen Jahrhunderten. Denn dann dürfte es niemand mehr geben, der ihm das persönlich erzählen könnte.«

Als sie nach dem Tod meines Vaters, den sie fortan täglich auf dem Friedhof besuchte, denn auch das gehörte zur Bewältigung der Trauer, wieder auftauchte aus dem dunklen Tal, traf sie sich nicht etwa zu Kaffee und Kuchen mit befreundeten Witwen, um mit denen über ihre toten Männer und die Einsamkeit zu klagen, sondern ging stattdessen zu Demonstrationen. Durch die sollte der zögernde Bürgermeister gezwungen werden, sich als Christ und Stadtoberhaupt zur Schuld der Väter und Großväter zu bekennen und vor jedem Haus, aus dem einst die jüdischen Mitbürger abtransportiert worden waren in den Tod, Stolpersteine der Erinnerung verankern zu lassen.

Weil er sich immer wieder neue Ausreden einfallen ließ, konterte sie mit Leserbriefen an die Lokalzeitung. Kurz vor der Kommunalwahl bekam er dann doch Angst vor der inzwischen Woche für Woche sichtbar wachsenden Zahl aufrechter Bürger. Schließlich gab er nach. Die Stolpersteine wurden von der Stadt finanziert.

»Wir waren stolz auf dich, Mutter.«

»Hättet ihr mir wohl nicht zugetraut, stimmt's?«

Stimmt. Tatsächlich hatten meine Schwestern und ich uns niemals vorstellen können, dass unsere Mutter bei Demos mitmachen würde. Dafür schien sie uns dann doch zu alt zu sein. Politik hatte sie meinem Vater überlassen und sich irgendwann seiner Meinung angeschlossen. Jetzt bildete sie sich eine eigene. Gewann dabei Selbstbewusstsein und eine neue, uns bisher unbekannte Stärke. Obwohl diese Stärke spürbar war, versuchten wir dennoch, sie davon abzuhalten, allein, begleitet nur von ihrem Dackel, per Auto Deutschland zu erkunden. Sie wischte unsere Bedenken einfach weg.

Immerhin versprach sie, jeden Abend anzurufen, wenn sie an irgendeinem Ort sicher angekommen war. Im Jahr darauf flog sie nach Israel, diesmal ohne ihren Hund. Wieder ein Jahr später nach Moskau, weil sie wissen wollte, ob es in der Gegend, in der 1944 ihr Bruder gefallen war, einen Soldatenfriedhof gäbe und ob er dort ruhen würde. Eine junge, Deutsch sprechende Russin, Rezeptionistin in dem Hotel, in dem sie abgestiegen war, half ihr bei der Suche. Sie fanden den Friedhof.

Zum achtzigsten Geburtstag machten wir ihr deshalb ein besonderes Geschenk. Wir luden die Frau aus Moskau nach Deutschland ein. Als Überraschung für meine Mutter. Sie ahnte nichts. In der Woche, in der Olga, so hieß sie, bei ihr wohnte, klang sie am Telefon so glücklich wie schon lange nicht mehr.

»Olga konnte nicht zu deiner Beerdigung kommen. Wir haben sie erst danach erreichen können.«

Ich erzählte ihr vom Missgeschick des Beerdigungsinstituts. Dass dessen Leichenwagen nicht angesprungen war und ein Cateringservice die Urne mit ihrer Asche auf den Friedhof gebracht hatte. Wie ich es mir damals schon gedacht hatte, musste sie jetzt lachen.

»Das muss ich nachher deinem Vater erzählen.«

»Hat er dich eigentlich hier im Jenseits so erwartet, wie ihr mich erwartet habt?«

»Mehr noch. Er ließ mich nicht mehr los. Als dürfe er mich nie mehr loslassen, als müsse er mich für immer festhalten. Und ja, wie bei deiner Ankunft waren auch bei meinem Eintreffen unsere Angehörigen versammelt, alle, die schon länger tot waren. Die ganze tote Familie. Standen da wie ein Empfangskomitee auf einem Bahnsteig.«

Mütter, auch meine Mutter, sind die einzigen Frauen im Leben eines Mannes, die ihm immer rechtgeben und keine einzige tolle Leistung vergessen, die er je vollbracht hat. Ganz egal, ob es wie bei mir der erste selbst gestrickte Topflappen war oder der selbst gebastelte dreibeinige Beistelltisch, der nur deshalb nicht umfiel, weil er an einer Wand lehnte, oder das fehlerfreie Spielen von »Alle meine Entchen« auf der Blockflöte. Das blieb so. Später sah sie sich in den Buchhandlungen in ihrer Nähe um, ob die Bücher ihres Sohnes auch verkaufsfördernd gut präsentiert wurden, und falls nicht, ordnete sie die in die erste Reihe eines Regals.

Der Himmel über uns änderte plötzlich seine Farbe, wechselte vom sanften Blau in ein sattes Grün. Ich stellte mir spontan den Jenseitigen in einem Studio an einem riesigen Mischpult vor, wie er immer wieder neue Farbmischungen ausprobierte.

Die Gestalt, die sich uns jetzt näherte, kam mir bekannt vor und bevor sie dann vor uns stand, wusste ich, wer es war.

»Mutter, ich möchte dir Roger Willemsen vorstellen«, sagte ich und half ihr beim Aufstehen.

»Ich kenne ihn aus dem Fernsehen«, erwiderte sie. »Ich habe auch seine Bücher gelesen. Es freut mich, Herr Willemsen, Sie persönlich zu erleben. Wenn auch unter ganz besonderen Umständen.«

Beide lachten.

»Verzeihen Sie mir, wenn ich Ihren Sohn entführe? Aber ich brauche seine Hilfe.«

»Aber ich bitte Sie! Er kommt ja irgendwann wieder zurück zu mir.«

Ich umarmte sie, spürbar, Willemsen gab ihr die Hand, zog mich dann zur Seite, an seine Seite.

»Ich muss eine besondere Runde heiliger Monster moderieren. Über die Teilnehmer weiß ich zwar viel, aber du weißt sicher mehr und kannst mir noch mehr über die erzählen.«

»Heilige Monster? Wer ist damit gemeint? Und um welches Thema geht es?«

»Im weitesten Sinne um Öffentlichkeit und um öffentliche Meinung und um veröffentlichte Meinung und um Meinungsmacher.«

»O je. Und wer sollen diese heiligen Monster sein?«

»Augstein und Springer und Nannen und Bucerius und Burda.«

»Auf heilig wäre ich bei denen zwar nie gekommen, auf Monster allerdings auch nicht.«

»Eine französische Zeitung hat Springer mal als heiliges Monster bezeichnet. Er war amüsiert. Konnte bei Gelegenheit ja sehr witzig sein. Und meinte, wenn schon heilig und Monster, dann bitte nicht nur er. Sondern auch die anderen Großverleger.«

22

Die sogenannten heiligen Monster saßen auf dem Podium des Saales, in dem ich Willy Brandts Rede gegen die AfD gehört hatte. Augstein trug als einziger keine Krawatte und sah neben den anderen aus wie ein großes Kind, das sich unter Erwachsene verirrt hatte. Als sich Springer zu ihm beugte und ihm etwas ins Ohr flüsterte, lachte er laut auf. Im Jenseits mussten die fünf, wie es dessen Grundgesetz verlangte – *die Würde der Toten ist unantastbar, ihre unveräußerlichen Rechte sind Grundlage der ewigen Gemeinschaft* –, friedlich miteinander umgehen.

Damals waren es gnadenlos geführte politische Auseinandersetzungen zwischen Rechtskonservativen wie Springer und Burda und Linksliberalen wie Augstein, Nannen und Bucerius. Was die sogenannte Hamburger Kumpanei von Augstein, Nannen, Bucerius nicht daran hinderte, hanseatische Umgangsformen zu pflegen und mit Springer, ihrem Gegner von der anderen Straßenseite, sogar persönlich befreundet zu bleiben.

Weil beide Seiten aus dem Konkurrenzkampf um möglichst viele Leser einen politischen Glaubenskrieg machten, trieb der die jeweiligen Gläubigen an die Kioske. Das schlug sich positiv nieder in ihren Bilanzen. Alle Monster wurden reich. Die digitale Revolution, in der die Auflagen ihrer Zeitungen und Magazine bröckelten, hatten sie zwar nicht mehr erlebt. Aber die Herren der öffentlichen Meinung waren bereits in ihrem analog geprägten Diesseits verklärt worden zu Legenden: Der feuerköpfige Anstifter Nannen. Der unheilbare Denker Augstein. Der unruhige *Zeit*-Geist Bucerius.

Insbesondere der mit einem instinktiven Gespür für Volkes Bedürfnisse gesegnete Axel Springer, das ursprünglich heilige Monster. Eine Ausnahmeerscheinung unter Seinesgleichen. Er glaubte sich früh schon zu Höherem berufen, mal als Messias, mal als Retter des zu seinen Lebzeiten noch geteilten Vaterlandes. Die Journalisten seines Verlages mussten laut einer Präambel in ihren Verträgen eintreten für Freiheit, Rechtsstaat, Demokratie – eigentlich eine Selbstverständlichkeit für unsereins –, für das jüdische Volk und das Existenzrecht Israels, für Solidarität mit den USA, für soziale Marktwirtschaft. Wesentlicheres Essential aber war Springers bei Wilhelm Raabe entlehntes Motto: *Blick auf zu den Sternen und gib acht auf die Gassen*.

Der Himmel war sein Ziel. Seine Zielgruppe erreichte er in den Gassen.

Dort tummelte sich Menschen fischend auch Franz Burda, der König aus der Provinz. Im Gegensatz zu den vier Hanseaten hatte er keinen Einfluss auf politische Entscheidungen. Ihn mussten die Regierenden nie fürchten, ihn nahmen sie nicht ernst. Er führte in bunten Blättern die Tradition deutscher Heimatfilme fort, setzte sie um in gedruckte Idylle. Dieses fruchtbare weite Feld überließen ihm die anderen Verleger.

Das alles hatte ich Roger Willemsen erzählt und ihn zudem über gewisse Eigenheiten der fünf informiert. Nicht etwa über ihre politischen Eigenarten. Die waren ihm bekannt. Zum Beispiel darüber, dass Nannen und Augstein und sogar Springer deutsches Liedgut pflegten und bei Gelegenheit auch selbst sangen. Lieblingslied des *Stern*-Chefs war »Mariechen saß weinend im Garten«, den *Spiegel*-Gründer und den *Bild*-Verleger verband Richard Taubers »Gern hab' ich die Frau'n geküsst«. Von Bucerius war diesbezüglich nichts bekannt, und über den Senator aus Offenburg wusste ich außer genüsslich kolportierter Affären am wenigsten. Die Hamburger waren mir näher vertraut, die Verleger von *Stern* und *Spiegel* sogar ziemlich nah.

Willemsen ging zur Bühne, ich setzte mich in die erste Reihe. Nannen und Augstein nickten mir zu. Bucerius schien noch zu überlegen, woher er mich kannte. Springer hatte die Augen geschlossen. Burda spielte nervös mit den Knöpfen seines Jacketts. Ich schaute mich im Saal um und sah viele, einst großmächtige Kollegen. Auch Große wie Dieter Gütt oder Peter Boenisch, Peter Scholl-Latour oder Erich Böhme, Frank Schirrmacher oder Günter Gaus, Klaus Bölling oder Rolf Gillhausen, Peter Schille oder Rolf Winter. Nur wenige Frauen. Ich sah Anne Volk und Marion Gräfin Dönhoff, Juliane Bartel und Sylke Tempel, Aenne Burda und Eva Windmöller. Die Frauenquote unter den Toten der Branche dürfte erst dann ansteigen, wenn die jetzt lebende Generation der Medienmächtigen hier ankommt.

»Meine Herren«, begann Roger Willemsen und lächelte verdächtig sanft, »bevor ich in medias res einsteige, was bei der Besetzung links und rechts neben mir naheliegend ist, möchte ich mit Ihnen über Frauen reden.«

Lachen im Publikum. Es dürfte heiter werden.

»Ich liebte Frauen«, versicherte spontan Axel Springer, der andere Fragen erwartet hatte und sich bei dem Thema jetzt auf sicherem Terrain wusste, »ein Leben lang, immer und immer wieder. Und sie liebten auch mich, wenn ich das in aller Bescheidenheit erwähnen darf.« Die Erinnerung an verblühte einstige Lieben schien ihn zu übermannen, denn danach verstummte er erst einmal.

»Sie waren ja immerhin auch fünfmal verheiratet«, ermunterte ihn Willemsen, »das haben später allenfalls Politiker wie Gerhard Schröder oder Joschka Fischer geschafft.«

»Stimmt nicht«, meinte Rudolf Augstein und schien sich diebisch zu freuen, »auch ich war fünfmal verheiratet. Das könnte meine *Spiegel*-Dokumentation sogar mit Heiratsurkunden belegen. Es steht also unentschieden zwischen Axel und mir. Soviel ich weiß, warst du, Henri, nur dreimal, und du, Buc«, wobei er Bucerius freundschaftlich am Arm zupfte, »sogar nur zweimal verheiratet, obwohl du …«

»Gehörten möglichst viele Eroberungen und Ehen denn auch zum Konkurrenzkampf unter Ihnen?«, unterbrach ihn Willemsen.

Bucerius gefiel sichtbar das Thema nicht. Er verzog das Gesicht. »Ich schlage vor«, wandte er sich an den Moderator, »uns in dieser Runde auf Wesentlicheres als auf Frauen zu konzentrieren.«

Burda nickte.

»Sind Frauen etwa nicht wesentlich für Sie«, konterte Willemsen, »oder spielten die bei Ihnen und bei Ihnen allen, meine Herren, in Ihren, sagen wir mal vorsichtig: journalistischen Männerbünden nur als jeweils aktuelle Gattin oder Geliebte eine Rolle?«

Beim Stichwort »Geliebte« rutschte jetzt Burda unruhig auf seinem Stuhl hin und her. Schaute zu seiner Frau Aenne, die direkt vor ihm im Saal saß. Sie grinste ihn spöttisch an, sagte aber nichts. Aenne Burda hatte die zahlreichen Affären ihres Mannes für ihre persönlichen Ambitionen genutzt. Liebeleien von Prominenten aus Film und Fernsehen wurden in Burdas *Bunter* aufgetischt, die seinen unter den Teppich gekehrt. Statt, wie in ihren Kreisen üblich, die Scheidung einzureichen, hatte sie sich von ihm für ihr Schweigen einen Teil seines Verlages überschreiben lassen, *Burda Moden*, und sich außerdem die Freiheit eigener Liebesaffären ausbedungen.

»Meine Frage ist noch nicht beantwortet«, insistierte Willemsen, dabei wie einst freundlich im Ton, aber hartnäckig in der Sache.

Springer schaute Augstein an, der schaute Nannen an, und der ließ sich nicht lange bitten. »Ich will mich nicht drücken um eine Antwort, Herr Willemsen. Sie haben recht. Wir alle, ja, auch du, Buc, haben uns mit schönen und liebend gern zusätzlich auch noch klugen Frauen geschmückt. Wie mit Trophäen nach einem Wettkampf. Sobald es um wesentliche Positionen in unseren Blättern ging, haben wir, zugegeben, ausschließlich Männer ausgewählt. Darauf können wir im Rückblick nicht besonders stolz sein.«

Bucerius sprang, wie es seine Art gewesen war in den freitäglichen Konferenzen der *Zeit*, senkrecht ein paar Zentimeter aus seinem Stuhl. »Das mag für dich gelten und auch für Rudolf oder für Axel, aber nicht für mich. Hast du etwa vergessen, dass Gräfin Dönhoff viele Jahre lang Chefredakteurin und Herausgeberin meines Blattes war? Angehimmelt übrigens von euch dreien. Ja, auch von Ihnen, Axel, obwohl Sie und Marion, was die Ostpolitik betraf, nun wirklich Welten trennten. Bei dir, Rudolf, ging die Verehrung sogar so weit, dass du ihr zu einem runden Geburtstag einen rosaroten Porsche eingehüllt in Geschenkpapier vor die Tür ihres Hauses hast stellen lassen.«

»Auch das stimmt nicht«, erwiderte Augstein. »Der war nicht rosarot, sondern weiß, und war auch nicht in Geschenkpapier eingehüllt, sondern nur mit rosaroten Bändern umwickelt. Aber gefahren hat Marion ihn, das weiß ich. Und wie. Ein Tempolimit hat sie ja nie interessiert. Blechschäden bei anderen waren ihr egal, sie zahlte halt die Reparaturen. Bis ihr die Polizei nahelegte, den Führerschein abzugeben.«

»Tatsächlich?«, fragte Burda erstaunt. »Und das habt ihr zugelassen? Wäre bei uns in Offenburg nie passiert. Da hätte ein Anruf von mir beim Bürgermeister gereicht.«

»Aber eben nicht in Hamburg, mein Lieber«, erwiderte Augstein. »Wenn ich meine gesellschaftliche Stellung benutzt hätte, private Probleme per Anruf beim Bürgermeister zu regeln, hätte das anderntags in der Zeitung gestanden. Stimmt doch, Axel, oder?«

»Richtig. Und wenn ich das gewesen wäre, hätte es bei Ihnen im *Spiegel* gestanden oder bei Nannen im *Stern*.«

»In der Politik nennt man so etwas wohl ein Gleichgewicht des Schreckens«, griff Willemsen ein. »Doch ich will das Thema nicht vertiefen, sonst springt mir Herr Bucerius noch vom Podium.«

Der lachte.

»Sondern Sie alle nach Ihren verlegerischen Grundsätzen befragen«, fuhr Willemsen fort, »nach Ihren Prinzipien, nach Ihren Werten, oder ob es wirklich so einfach war, wie viele glauben, dass es damals hauptsächlich darauf ankam, die richtige Nase zu haben für die richtigen Themen zur richtigen Zeit. Wer will beginnen, meine Herren?«

Gespanntes Schweigen im Publikum.

Auch die fünf auf dem Podium schwiegen. Dann räusperte sich Axel Springer und setzte sich aufrecht hin.

»Ich fang mal an«, sagte er, »will aber zuvor doch noch einen Satz loswerden zum Thema Frauen. Mein Verlag nämlich wird seit meinem Tod von einer Frau geführt. Meiner letzten Liebe Friede. Das ist, soviel ich weiß, die Ausnahme in der deutschen Medienlandschaft.«

»Nein, Axel, ist es nicht«, verbesserte ihn Augstein, »im Bertelsmann-Konzern regiert Liz Mohn, die Witwe unseres alten Partners Reinhard. Er müsste übrigens auch mit uns auf dem Podium sitzen. Wo ist der eigentlich? Haben Sie vergessen, den einzuladen, Herr Willemsen?«

Willemsen schüttelte den Kopf, nein, nein, man habe ihn nicht vergessen. Aber Mohn habe abgesagt. Er wollte lieber bei

Henry David Thoreau bleiben, mit dem ein paar Bäume zersägen und über Gott und die Welt reden.

»Bitte, Herr Springer, Sie haben das Wort.«

»Ich hätte viele Antworten auf Ihre Frage, aber ich will mich auf drei für mich und meinen Verlag wesentliche beschränken. Erstens: Man kann die größten Buchstaben, aber nicht die kleinste Lüge verantworten.«

Augstein und Nannen und Bucerius lachten laut, aber Springer, der sehr wohl wusste, warum die lachten, ließ sich nicht beirren.

»Zweitens: Ein Verlag ist kein reines Erwerbsunternehmen wie eine Mantelfabrik oder eine Großmetzgerei.«

Beifall im Saal.

»Und drittens: Wahr ist, was morgen in den Zeitungen steht, und Zeitungen werden täglich neu geboren.«

Nannen drückte Springers Arm. »Zu den großen Buchstaben und den kleinsten Lügen, lieber Axel, würde mir viel einfallen, aber das lasse ich jetzt. Also, hier meine drei Thesen. Erstens: Bevor ich predige, muss die Kirche voll sein. Zweitens: Ein Chefredakteur muss an das Blatt geflochten werden wie an ein Rad. Liegt er unten, blutet er, ist er oben, ist es sein Sieg. Und drittens: Wichtigtuer sind Leute, die nie etwas Wichtiges tun.«

Über seinen letzten Satz freute er sich besonders. Es war stets sein größtes Vergnügen gewesen, nicht nur Wichtigtuer im *Stern* vorzuführen, sondern auch die Wichtigtuer in seiner Redaktion zu falten.

»Jetzt du, Rudolf, der einzige Intellektuelle unter uns.«

Augstein beugte sich vor. Nichts Kindliches mehr in ihm. Ein alter Mann. Plötzlich groß gewachsen wie Nannen und Springer neben ihm. Jedes Wort wägend, bevor er es freigab.

»Erstens: Wer nichts zu sagen hat, soll keine Kommentare schreiben. Zweitens: Ich hatte nie Schwierigkeiten, gegen etwas zu sein, ich hatte mehr Schwierigkeiten, für etwas zu sein. Und drittens, ganz einfach: Sagen, was ist.«

Bucerius strich ihm liebevoll über den Kopf. »So kenne ich dich, Rudolf, unverändert auch im Jenseits. Immer noch der alte Zyniker.«

»Nein, ich war nie ein klassischer Zyniker. Das täuscht. Aber egal, das sollen andere beurteilen. Du bist dran, Buc.«

»Erstens: Der Begriff Kampfpresse ist ein Pleonasmus. Presse muss immer kämpfen. Zweitens: Die Kraft, große Dinge zu entscheiden, kommt aus der ununterbrochenen Beobachtung der kleinen Dinge.«

»Könnte von mir sein«, unterbrach ihn Nannen, »habe ich so ähnlich immer meiner Redaktion gepredigt.«

»Drittens: Zeitung machen kann man nur in einem Kreis von Halbverrückten.«

Da klatschten im Saal alle Halbverrückten.

»Und Sie, Herr Burda?«, wandte sich Willemsen an ihn. »Wie lauten Ihre Thesen? Was machte Ihre Nase als Verleger aus?«

»Meine Marketingabteilung war meine Nase«, antwortete Burda. »So einfach war es. Mehr fällt mir dazu eigentlich nicht ein.«

»Zur Schlussrunde, meine Herren«, kündigte Willemsen an, »es geht um Ihr Vermächtnis, und ich meine nicht Ihre verlegerischen Verdienste. Die kennen wir alle im Saal. Sondern um mehr, um Sie persönlich. Wofür Sie erinnert werden wollen.«

»Das schmeckt mir gar nicht«, sagte Augstein, »das riecht mir zu sehr nach Eigenlob, das könnte peinlich werden.«

»Stimmt«, erwiderte Willemsen und lächelte erneut dieses täuschend sanfte Lächeln wie zum Beginn der Podiumsrunde. »Um das zu vermeiden, machen wir es so, dass jeweils einer von Ihnen über einen anderen spricht.«

Alle schienen nachzudenken.

»Sie dürfen beginnen, Herr Burda.«

Burda zeigte auf Axel Springer. »Bleiben wird, dass er von seinem Privatvermögen Hunderte von eingesperrten DDR-Bürgern freigekauft hat, und bleiben wird seine Unterstützung für Israel. Die Verbrechen der Nazis sind nicht wiedergutzumachen, aber deren Schuld hat er persönlich auf sich genommen und vielen Juden geholfen, die den Holocaust überlebt haben.«

Springer schluckte, sagte aber nichts.

»Rudolf hat mehr als die Hälfte des Verlages seinen Mitarbeitern geschenkt, wofür die ihm wahrscheinlich noch immer jeden Abend vor dem Einschlafen in ihren Eigentumswohnungen danken«, übernahm als Nächster Gerd Bucerius die Rolle des Laudators, »und er hat unter der Bedingung, dass darüber geschwiegen wird, Millionen gespendet für soziale Projekte. Zum Beispiel für phönikks, das sich um die psychosoziale Betreuung von krebskranken Kindern und ihren Familien kümmert.«

»Und du, Buc«, sagte Augstein, »hast dich mit deiner Stiftung für Kunst und Kultur unsterblich gemacht, mit der Bucerius Law School und dem Bucerius Kunst Forum.«

Jetzt meldete sich Springer: »Mit Nannen habe ich mich oft gestritten, auch vor Gericht. Schnee von gestern. Kann man das so sagen hier? Sein Vermächtnis ist nicht der *Stern*, so wie auch mein Vermächtnis nicht *Bild* oder *Welt* sind, sondern die Kunsthalle, die er, wie mir nach seiner Ankunft Peter Boenisch erzählt hat, in Emden gebaut und dann, was er besser konnte als wir alle, für den Unterhalt des Museums unentwegt in der Industrie und beim Staat so lange genervt hat, bis sie freiwillig spendeten, um ihre Ruhe vor ihm zu haben.«

Nannen bekam das Schlusswort. Burda wirkte nervös. Hatte er Sorge, dass Nannen seine Vergangenheit im »Dritten Reich« erwähnen würde? Musste er nicht, denn dann müsste der damit rechnen, dass Augstein oder Bucerius die Rolle Nannens beim Skandal um die gefälschten Hitler-Tagebücher erwähnen würden.

»Und Sie, Herr Senator«, sagte Nannen, »werden im Gedächtnis bleiben für die betriebliche Krankenversicherung für alle Ihre Mitarbeiter.«

Jetzt errötete Burda.

»Woher weißt du das denn?«, fragte Augstein verblüfft seinen Freund Henri.

»Recherche, mein Lieber, Eigenrecherche. Wie es sich für unsereins gehört. Aber um bei der Wahrheit zu bleiben, wie es sich auch gehört, sein Sohn Franz hat es mir erzählt, als wir uns hier mal trafen.«

»Danke Ihnen, meine Herren, das war's für hier und jetzt, lässt sich ja jederzeit fortsetzen«, beendete Willemsen die Diskussion. Als sich das Publikum im Saal erhob und klatschte, gab er den fünf heiligen Monstern ein Zeichen, dass sie sich ebenfalls erheben sollten. Sie folgten seiner Aufforderung.

Der Saal leerte sich. Auch Willemsen verschwand.

»Früher hätten sie sich bei solchen Gelegenheiten die Köpfe eingeschlagen«, meinte einer der Zuhörer, der sich, unbemerkt von mir, neben mich gesetzt haben musste. »Es lebe das Jenseits!« Der Mann war mein Freund Gerd, angekommen acht Jahre vor mir. In seiner neuen Heimat war er inzwischen zu Hause, dort kannte er viele. Beim Fußballmatch hatte ich ihn erlebt, auf dem Jahrmarkt mit den Schiffsschaukeln getroffen, und hier gehörte er zu den Journalisten, die sich wie zu einem Klassentreffen versammelt hatten.

»Hörst du das?«, fragte ich ihn. »Klingt so, als würde irgendwo jemand Geige spielen.«

»Dürfte sich um Einstein handeln.«

»Einstein? Etwa Albert Einstein?«

»Genau um den. Der taucht immer mal wieder unvermittelt mit seiner Geige auf, und sobald Leute verharren, wandernde Seelen, weil sie ihn erkannt haben, streckt er ihnen fröhlich die Zunge raus, wie einst sein Erkennungszeichen ist es das immer noch, und lacht. Spielt eine kleine Sequenz, verbeugt sich. Es sind stets Frauen und Männer in seiner Nähe, die miteinander diskutieren, und sobald der letzte Ton verklungen ist, langsam mit ihm weiterschweben. Galileo Galilei ist dabei und Isaac Newton, Marie Curie und Lise Meitner, Edwin Hubble und auch Stephen Hawking. Hawking übrigens ohne elektrischen Rollstuhl, im aufrechten Gang, frei sprechend. Ist tot ja endlich wieder gesund.«

»Die hast du alle erkannt? Ich bin beeindruckt.«

»Nein, habe ich natürlich nicht. Aber als ich die Gruppe um Einstein zum ersten Mal sah, saß ich zufällig zusammen mit Peter Scholl-Latour auf der Wiese. Wir erinnerten uns an Politiker, die wir beide einst interviewt hatten, sowohl er als auch ich. Er erzählte von seinem Treffen mit Gaddafi, der hier stumm bei den Bösen brüllen muss, und Scholl, gebildet wie er war, hat sofort alle erkannt. Galilei beispielsweise hat ihn schon während seines Studiums fasziniert. Der war ja ein Universalgelehrter, ein Jahrtausendmann wie Gutenberg. Genial auf vielen Gebieten. Als Mathematiker, Physiker, Astronom, Philosoph. Aber das weißt du alles auch. Hat man alles schon in Büchern nachlesen können dank Gutenberg.«

»Mit Einstein würde ich zwar zu gern reden. Aber …«

»Aber?«

»Ich verstehe zu wenig von Quantenphysik oder Gravitation, ganz zu schweigen von seiner Relativitätstheorie.«

»Na und. Versuch es doch einfach. Was hast du schon zu verlieren?«

23

Wie lange es gedauert hatte, bis ich ihn dann vor mir sah, wusste ich nicht. Dass es sich bei dem Geiger, der in sich versunken, geradezu entrückt, eine Sonate von Bach spielte, um Einstein handelte, hätte ich sogar ohne seine rausgestreckte Zunge oder seinen legendären wirren Haarschopf, den er für Fotografen stets selbst aufwühlte, erkennen können. Beispielsweise durch einen Blick nach unten auf seine Füße. Er stand barfuß in seinen Schuhen. Auch im Diesseits hatte er die Eigenheit gepflegt, ohne Socken durchs Leben zu gehen. Angeblich hatte er schon als junger Mann herausgefunden, und diese Erklärung war typisch für Einsteins Ironie, dass die große Zehe die Angewohnheit habe, ein Loch in die Socke zu machen. Seitdem trage er keine mehr.

Was klang wie eine geniale Selbstvermarktung und wohl auch eine gewesen ist. Eine Kunst, die Einstein beherrschte. Er brauchte keinen PR-Berater. Er selbst gab dem Affen Öffentlichkeit Zucker. Auf dem ursprünglichen Foto, das ihn mit der langen Zunge zeigt, stehen zwei Kollegen neben ihm. Einstein ließ die beiden wegschneiden, und den Abzug, der dann nur ihn zeigte, schickte er an seine Freunde weltweit. Poster und T-Shirts mit seiner aufgedruckten Zunge folgten. Wo immer er sich zeigte, wurde er von kreischenden Fans begrüßt. Von seiner Theorie verstanden sie nichts, das wusste er, aber genau dies erklärte ihm ihre Begeisterung. Es sei halt der geheimnisvolle Zauber des Nichtbegreifens.

Er soll angeblich sogar den Nobelpreis für Physik strumpflos angenommen haben, soll ohne Socken zu Präsident Franklin D.

Roosevelt ins Weiße Haus gekommen sein, der ihm persönlich für seine öffentliche Unterstützung beim Manhattan-Projekt, dem Bau der Atombombe, danken wollte. Eine Unterschrift, die Einstein später zwar bereute und für einen der großen Fehler in seinem Leben hielt, aber er war damals überzeugt, man müsse mit allen Mitteln Hitler daran hindern, als Erster im Besitz einer solchen Waffe zu sein.

Die Amerikaner waren schneller. Im August 1945 wurden beim bislang einzigen Atomwaffen-Einsatz auf Befehl von Roosevelt-Nachfolger Truman über Hiroshima und Nagasaki Atombomben abgeworfen. Hunderttausende Zivilisten starben. Einstein hatte sich nie aktiv, sondern nur indirekt an der Entwicklung der Bombe beteiligt, indem er die 6,5 Millionen Dollar, die bei der Auktion des Originalmanuskripts seiner Relativitätstheorie erzielt worden waren, für US-Kriegsanleihen stiftete.

Einsteins ständige Begleiter zogen sich zurück, als ich jetzt näherkam. Er senkte seine Geige und schaute mich fragend an, wartete aber eine Frage gar nicht erst ab, weil er davon ausging, es würde sich wieder mal um seine Weltformel handeln, die Gravitationstheorie, die Einheit von Materie und Zeit und Raum.

»Ich kann Ihnen die Relativitätstheorie so erklären«, sagte er, »dass Sie die einigermaßen verstehen würden. Die ganze Aufregung über meine Theorie kam mir eh stets lächerlich vor, weil die meisten doch kein Wort davon verstehen. Es ist das Mysterium des Nicht-Verstehens, was die Leute so anzieht.«

»Zu denen gehöre ich auch.«

»Eigentlich ist es ganz einfach. Man muss nur draufkommen. Gibt ein Körper die Energie in Form von Strahlung ab, so verkleinert sich seine Masse. Es sind im Grunde verschiedene Formen, Manifestationen derselben Sache. Selbst ein winziges, von einem Atom freigesetztes Teil enthält also viel Energie. Das ist die eigentliche Grundlage für das Atomzeitalter. Man könnte die Relativitätstheorie sogar noch einfacher erklären. So etwa: Eine Stunde mit einem hübschen Mädchen vergeht wie eine Minute, aber eine Minute auf einem heißen Ofen scheint eine Stunde zu dauern.«

Er lachte. Ich lachte zögernd mit.

»Verzeihung, Herr Einstein, dass ich Sie unterbreche. Ich würde es aber selbst dann nicht verstehen. Wahrscheinlich sogar nie. Ich möchte Sie stattdessen nach Ihrem politischen Engagement befragen, weil Politik Ihr Leben so prägte wie Ihre Forschungen und ich besser mitreden kann, wenn es um Politik geht.«

Das Thema schien ihm zu gefallen.

»Fragen Sie, was immer Sie fragen wollen.«

Er hatte sofort nach der Machtergreifung der Nazis die Preußische Akademie der Wissenschaft in Berlin verlassen, auf die deutsche Staatsbürgerschaft verzichtet und öffentlich erklärt, nie mehr nach Deutschland zurückzukehren. Ein weltberühmter Wissenschaftler nahm für immer Abschied von seiner Heimat.

»Das dürfte den Nazis nicht gefallen haben. Ihre Emigration in die Schweiz wurde in allen Zeitungen Europas schließlich groß vermeldet.«

»Ich begründete meinen Austritt aus der Akademie und die Aufgabe meiner Bürgerrechte damit, dass ich nicht in einem Staat leben wolle, in dem Individuen nicht gleiches Recht vor dem Gesetz sowie Freiheit des Wortes und der Lehre zugestanden wird.«

»Aber die meisten Ihrer akademischen Kollegen, die nicht wegen ihres jüdischen Glaubens ausgeschlossen wurden, blieben in Berlin und passten sich dem System an.«

»Ich konnte die Passivität nie verstehen, mit der die ganze zivilisierte Welt auf diese moderne Barbarei reagierte. Nicht gesehen hat, dass Hitler den Krieg zum Ziel hatte. Die Deutschen hatten aber stets die Tendenz, Psychopathen knechtisch zu dienen.«

»Knechtisch gefällt mir.« Ich nahm mir vor, dieses Wort in meiner roten Kladde zu notieren.

»Und durch schlechte Traditionen sind sie ein so übel verhunztes Volk, dass es schwer sein wird, so schrieb ich es in einem Brief an einen Freund mal auf, eine Remedur durch vernünftige oder gar humane Mittel zu erreichen. Und ich fügte hinzu, ich hoffe, sie werden sich am Ende des Krieges mit Gottes gütiger Hilfe weitgehend gegenseitig totschlagen.«

»Ein alttestamentarischer Wunsch, wenn ich das sagen darf. Gott ist im Neuen Testament doch eher der Verzeihende, der Gütige, der Gnade vor Recht ergehen lässt.«

»Die Deutschen als ganzes Volk sind für diese Massenmorde verantwortlich und müssen als Volk dafür gestraft werden. Nachdem sie meine jüdischen Brüder in Europa hingemordet haben, will ich nichts mehr mit Deutschen zu tun haben. Hinter der Nazipartei stand das deutsche Volk, das Hitler gewählt hat, nachdem er ihm seine schändlichen Absichten in nicht misszuverstehender Form in seinem Buch und in seinen Reden allgemein bekanntgemacht hat. Die Haltung der deutschen Intellektuellen, als Klasse betrachtet, war nicht besser als die des Pöbels.«

»Ich gebe Ihnen recht, ich teile Ihre Analyse. Die meisten SS-Chargen der oberen Ränge waren, wie man weiß, Akademiker. Bildungsbürger.«

»Da erschien in Hitler einer von den Armen im Geiste, unbrauchbar für jegliche Arbeit, erfüllt von Neid und Erbitterung gegen alle, die von Natur und Schicksal mehr begünstigt erschienen als er. Solche verzweifelten Existenzen las er auf der Straße und im Wirtshaus auf, scharte sie um sich. So wurde er zum Politiker.«

»Hätte man ihn nicht dennoch verhindern können?«

»Gegen organisierte Macht gibt es nur organisierte Macht, ich sehe kein anderes Mittel, sosehr ich es auch bedaure.«

»Aber eigentlich waren Sie doch ein überzeugter Pazifist, also gegen Gewalt. Haben stets Gandhi als vorbildlich bewundert.«

»Mein Pazifismus ist instinktiver Natur – ein Gefühl, von dem ich besessen bin. Der Gedanke des Mordes an einem menschlichen Wesen erfüllt mich mit Abscheu. Meine Haltung ist nicht von intellektueller Theorie, sondern von einem tiefen Widerwillen gegenüber jeglicher Art von Grausamkeit und Hass motiviert. Wenn einer mit Vergnügen in Reih und Glied zu einer Musik marschieren kann, dann verachte ich ihn schon, er hat sein großes Gehirn nur aus Irrtum bekommen, da für ihn das Rückenmark schon völlig genügen würde. Und was Gandhi betrifft: Wir sollten danach streben, in seinem Geiste zu handeln, im Kampf für unsere Sache auf Gewalt verzichten und uns an nichts beteiligen, was wir für unrecht halten.«

»Was bedeutet das konkret, der Kampf für unsere Sache?«

»Mein politisches Ideal ist das demokratische. Jeder soll als Person respektiert und keiner vergöttert sein.«

»Passt auch eine höhere Macht, zum Beispiel Gott, in Ihr Weltbild?«

»Meine Einstellung zu Gott ist die eines Agnostikers. Aber jedem tiefen Naturforscher muss eine Art religiösen Gefühls naheliegen, weil er sich nicht vorzustellen vermag, dass die ungemein feinen Zusammenhänge, die er erschaut, von ihm zum ersten Mal gedacht werden. Die menschlichen Wesen, Pflanzen oder Staub, wir alle tanzen nach einer geheimnisvollen Melodie, die ein unsichtbarer Spieler in den Fernen des Weltalls anstimmt. Sie werden schwerlich einen tiefer schürfenden wissenschaftlichen Geist finden, dem nicht eine eigentümliche Religiosität zu eigen ist. Und falls Gott die Welt geschaffen hat, war seine Hauptsorge sicherlich nicht, sie so zu machen, dass wir sie verstehen können. Der Mensch denkt und Gott lenkt. Manchmal gibt er aber dieses Amt an des Teufels Großmutter ab.«

Plötzlich brach er unser Gespräch ab. Legte sorgfältig sein Instrument in einen weinrot-samtig gefütterten Geigenkasten und verschloss den.

»Hören Sie nicht?«, fragte er mich, hob mit einer Hand den Geigenkoffer auf, wies mit der anderen irgendwohin.

Tatsächlich hörte ich Klänge, Töne, so, als würden in einem Orchester vor dem Auftritt des Dirigenten die einzelnen Instrumente gestimmt werden.

»Ich werde erwartet«, sagte Einstein und schwebte los.

Neugierig folgte ich ihm.

24

Der kreisrunde Konzertsaal, in dem wir eintrafen, erinnerte mich an ein Amphitheater. Es strebte nicht offen wie das klassische in den Himmel, sondern wurde verschlossen durch eine stählerne Kuppel, von der blaue Lichtscheiben hingen. Viele von weinroten Vorhängen bekränzte Logen prägten das Bild. Ich sah eine riesige Orgel, eine tenniscourtgroße Bühne, Hunderte von Sitzreihen im Parkett und auf den Rängen. Ich wusste, wo ich war. Einst hatte ich hier bei einer der berühmten Nights of the Proms begeistert »Land of Hope and Glory« mitgesungen, in Tröten gepustet, Fähnchen geschwenkt. In der Royal Albert Hall in London gab es keinen freien Platz mehr. Also durften wie bei ausverkauftem Haus damals ungefähr zehntausend Menschen jetzt hier versammelt sein.

»Genau siebentausendfünfhundert auf den Sitzplätzen und zweieinhalbtausend auf den Stehplätzen«, präzisierte Albert Einstein, »und draußen außerdem sicherlich noch Zigtausende auf den Wiesen. Sie können zwar nichts sehen, aber alles hören, was drinnen gespielt wird. Deshalb haben wir mitbekommen, dass gerade die Instrumente gestimmt wurden. Und suchen Sie nicht schon wieder mal nach einer logischen Erklärung, warum wir plötzlich in der Royal Albert Hall gelandet sind. Alles hier ist relativ. Die Fantasie erschafft ihre eigenen Einheiten von Zeit und Raum und Materie. Zum Beispiel für eine gewisse Zeit den Raum eines Konzertsaals, zum Beispiel diesen hier.«

Das Orchester auf dem Podium wirkte befremdlich in dem gediegenen Ambiente, sah eher aus wie ein bunter Fleckerlteppich voller Menschen. Einige Musiker trugen verblichene Jeans und Sweatshirts oder sogar aufgeknöpfte Hemden über kurzen Hosen, andere direkt neben ihnen waren in dunkle Anzüge oder in Fräcke gekleidet. Bei den Streichern und Flötisten sah ich alte Männer in ledernem Wams und in Strumpfhosen, bei den Posaunen Bärtige in Tunika und knielangen Schurzen. Die wenigen Frauen unter den Männern zupften an ihren hochgetürmten Perücken oder nestelten am Korsett ihrer eng geschnittenen Abendkleider herum. Einige streng aussehende Nonnen in alles verhüllender Tracht hatten ihre Geigen in den Schoß gelegt, schienen in Gebete vertieft zu sein. Zwischen ihnen saßen Damen in seidenen Morgenmänteln vor ihren Harfen oder Celli, und junge Mädchen in hellfarbigen Blusen oder Tops bliesen lautlos in Klarinetten.

Eine merkwürdige Szene.

»Ist einfach zu erklären«, sagte Einstein und streckte mir kurz die Zunge raus. »Sie alle sind genauso gekleidet, wie sie angezogen waren, als der Tod sie holte. Diese Mischung gilt ebenso für das gesamte Publikum, und auch das lässt sich erklären, denn auch die Zuhörer starben in unterschiedlichen Jahrhunderten.«

Logisch. Besser: irgendwie passend für das, was man hier unter Logik versteht. Falls hin und wieder doch eine gebraucht wird.

Im Jenseits sind nicht nur alle Toten versammelt, seit Adam und Eva das Paradies verlassen mussten, alle Völker, alle Rassen, sondern eben auch der Mode entsprechend gekleidet, die in der Stunde ihres Todes en vogue war. Vom Lendenschurz bis zum Schneiderkostüm. Selbst diejenigen, die post mortem zu Asche verbrannt wurden, bekamen danach für die Ewigkeit die ihnen vertraute Kleidung. Seelen sind zwar unsichtbar, richtig, brauchen nicht mal mehr ein Leichenhemd. Doch bei Veranstaltungen wie dieser wurden sie sichtbar und sollten bekleidet sein.

Einstein hatte in einer Proszeniumsloge einen freien Platz entdeckt und den besetzt. Er stand auf, als ich in der eintraf, nahm seine Geige, zeigte auf den verlassenen Stuhl, fuhr sich kurz durch die Haare und sprang dann direkt zu der Streichergruppe ins Orchester. Zurück ließ er einen Zettel mit dem Programm für das anstehende Konzert. Auf dem war zwar nicht die Reihenfolge der auftretenden Künstler verzeichnet, doch zu wissen, wer nach wem spielte oder sang oder dirigierte, war sowieso unwesentlich. Denn erleben, sehen, hören, wollte ich alle, die genannt waren. Ich las mir, als wollte ich mich vergewissern, nicht zu träumen, halblaut vor, was da stand:

Artur Rubinstein mit dem Klavierkonzert Nr. 1 op. 15 in d-Moll von Johannes Brahms, am Pult Otto Klemperer. Beethovens Konzert für Violine und Orchester in D-Dur unter der Leitung von Herbert von Karajan mit dem Solisten Nathan Milstein. Karl Böhm würde Mozarts Requiem dirigieren, das ja auch Mozarts eigene Totenmesse war, weil er starb, bevor er es vollenden konnte. Das weiß ich nicht etwa deshalb, weil ich so gebildet bin, sondern weil ich kurz vor meinem Tod überlegt hatte, ob ich das in meinem Testament festgeschriebene g-Moll Violinkonzert von Max Bruch durch das Requiem ersetzen sollte. Doch es dauert fünfzig Minuten, und das schien mir dann doch zu viel der Ehre für mich. Als Solisten waren verzeichnet Fritz Wunderlich, Karl Ridderbusch, Magda Spiegel, Joan Sutherland und an der Orgel Karl Richter.

Angekündigt wurden Leonard Bernstein mit Gershwins *Rhapsody in Blue*, Auftritte von Elisabeth Schwarzkopf mit »Herrgott im Himmel« aus Strauss' *Rosenkavalier*, von Enrico Caruso mit »La donna è mobile« aus Verdis *Rigoletto* und »O sink hernieder, Nacht der Liebe« aus Wagners *Tristan und Isol-*

de mit Birgit Nilsson im Duett mit Luciano Pavarotti, bei dem Carlos Kleiber das Orchester leiten würde. Die Polonaise Nr. 6 in As-Dur von Frédéric Chopin spielte Vladimir Horowitz. Maria Callas sang »Casta Diva« aus Bellinis *Norma*, es dirigierte Arturo Toscanini. »Åses Tod« aus Edvard Griegs *Peer Gynt*-Suite sollte unter der Leitung von Kurt Masur erklingen. Das würde als Finale passen.

Alles zusammen dürfte geschätzt sechs Stunden dauern, von einer Pause stand außerdem nichts auf dem Zettel. Aber das spielte hier keine Rolle.

Ein einmaliges Programm. Aber wer hatte es organisiert? Wer hatte es geschafft, für eine Gala diese Unsterblichen zu verpflichten?

»Das war ich«, unterbrach meine Gedanken der Mann, der hinter mir in der Loge saß. »Gestatten Sie, dass ich mich vorstelle, Hermann Wolff ist mein Name. Wird Ihnen nichts sagen. Bin Berliner, besser: war Berliner und einer der ersten Agenten, der Konzerte veranstaltete, Künstler engagierte oder für Tourneen ihre Honorare aushandelte. Einen Beruf wie den meinen gab es damals noch nicht.«

»Und wie fanden Sie unter all den Toten diejenigen, die jetzt auftreten werden?«

»Durch Mundpropaganda. Ich habe hier zuerst Johannes Brahms von der verrückten Idee erzählt, den kannte ich ja. Der sprach mit Toscanini, der mit Caruso, und so ging es weiter, bis wir dann gemeinsam das Programm für ein Konzert wie dieses beschlossen haben. Da waren dann auch Karajan dabei und Klemperer und Böhm, die davon gehört hatten durch Toscanini, auch Rubinstein und Horowitz und die Callas. Einst weltweit gefeierte Stars der Klassik und …«

Mitten im Satz schwieg er. Denn plötzlich stieg ein vieltausendfaches Raunen bis hinauf in die Kuppel. Die Musiker waren aufgestanden. Vier Männer hatten die Bühne betreten, die alle im Saal und auf der Bühne und natürlich Wolff und auch ich sofort erkannten. Wolfgang Amadeus Mozart, Johann Sebastian Bach, Johannes Brahms und Ludwig van Beethoven.

»Ist es nicht geradezu wahnsinnig, nein, wunderbar, dass wir die erleben dürfen? Allein dafür lohnte sich doch die Reise ins Jenseits.«

»Leben wäre mir lieber gewesen«, erwiderte ich. »Aber Sie haben recht, hätte mir wirklich nie vorstellen können, einmal Mozart und Bach und Beethoven und Brahms live vor mir zu sehen.«

Mozart war der Jüngste unter ihnen. Oft abgebildet auf zeitgenössischen Porträts. So sah er auch jetzt aus: kunstvolle Haartollen gelockt hinter beiden Ohren, gekleidet in ein Samtjackett mit goldenen Borten, sorgfältig gebundenes Halstuch, weißer Stehkragen. Neben ihm Beethoven mit wild zerzausten Haaren, offenem Hemdkragen, dem romantischen Feuerkopf entsprechend, als der er so oft beschrieben worden ist. Dann Brahms, mit dem er auf dem Wiener Zentralfriedhof die ewige Ruhe teilte, mit langem weißem Bart, der ihm über die breite Krawatte bis auf die Weste seines Anzuges reichte, goldene Uhrkette, ungekämmt die Haarpracht. Bach, grünes Samtjackett, wohlgenährt, sorgfältig gelegte Lockenperücke, skeptischer Blick auf das merkwürdige Treiben in der Royal Albert Hall, das so gar nicht seinen Vorstellungen von einer passenden Umgebung und einem passenden Publikum für seine Werke entsprach.

Traten die etwa auch selbst auf, oder wollten die nur hören, wie ihre Kompositionen interpretiert wurden? Sie dämpften den nicht enden wollenden Jubel im Saal und ließen sich dann in bequeme tiefe Sessel fallen, die hinter der halbrunden Bühne aufgereiht waren.

Denn jetzt begann die Gala. Das Konzert der Unsterblichen.

Artur Rubinstein trippelte vorsichtig, langsam an den Flügel. Lehnte freundlich ab, als ein Cellist aufstand und ihm seine Hilfe anbot. Er war gezeichnet von dem Alter, in dem er starb. Da war er fünfundneunzig. Noch hoch in seinen Achtzigern war er aufgetreten mit Werken von Beethoven, Rachmaninow, Chopin oder Brahms. Dessen berühmtes Klavierkonzert in d-Moll würde er jetzt spielen. Wusste er etwa, dass Brahms ins Konzert kommen würde? Otto Klemperer hob seinen Taktstock. Wirbelnd die Pauke, einsetzend Geigen, Trompeten, Querflöten – und dann spielte Rubinstein.

Begleitet von Musikern aus vielen Jahrhunderten, Musikern aus vielen berühmten Orchestern. Ein ungewöhnliches Ensemble. Nicht nur, weil sie angezogen waren wie ein zusammengewürfelter bunter Haufen. Und nicht nur wegen Einstein, den man geigend in seiner Küche oder eher in einer Sternwarte vermutet hätte. Oder wegen Friedrich dem Großen, der hier neben dem berühmten Schweizer Querflötisten Aurèle Nicolet saß, den ich mal in Luzern gehört und deshalb erkannt hatte. Der Preußenkönig war allein schon aufgrund seines Dreispitzes unverkennbar. Er brauchte, wie die anderen Musiker und wie der Dirigent, keine Notenblätter. Alle spielten auswendig.

Krankheiten sterben nach dem Tod, das Gedächtnis lebt einfach weiter, hat sich gemerkt, was zeitlebens alles in ihm gespeichert wurde, und in die Ewigkeit mitgebracht.

Rubinstein, selbstverständlich im Frack, lächelte fast schüchtern, als nach dem letzten Ton der Beifall einsetzte, senkte kurz das schlohweiße Haupt und setzte sich dann links neben Brahms. Der nahm die Hand des Pianisten und drückte sie. Klemperer dankte dem Orchester und verließ die Bühne.

Auftritt Nathan Milstein. Hoch konzentriert. Kein Lächeln. Angedeutetes Kopfnicken zu Herbert von Karajan. Der stand ohne die lederne Rückenstütze, die er zuletzt brauchte, um bei bestimmten Bewegungen nicht nach hinten zu kippen, am Pult. Milstein legte die Violine in seine Halsbeuge, Karajan hob den Taktstock. Pauke und Geiger im Orchester setzten ein. Auch Einstein. Beethoven dirigierte auf Hüfthöhe beidhändig seine Komposition mit. Er konnte auch Milsteins leise Töne hören. Seine Taubheit hatte er zurückgelassen im Diesseits.

Karajan genoss den Applaus, wies immer wieder auf Milstein und das Orchester, zog sich wie Klemperer zurück hinter die Bühne. Milstein setzte sich neben Beethoven. Der zögerte einen kurzen Moment, aber dann drückte er ihn an seine Brust.

Die Saalbeleuchtung wurde gedämpft. Das jetzt verkleinerte Orchester saß im Halbdunkel. Hinter ihm der Chor. Karl Richter an der Orgel war kaum sichtbar. Die vier Solisten traten ins Licht an die Rampe. Alle festlich gekleidet. Waren sie so einst aufgebahrt worden? Nur Magda Spiegels Kleidung ließ alle sekundenlang erstarrt in ihrer Totenstille. Sie war angezogen in einer gestreiften Häftlingskleidung. Die trug sie, als sie in Auschwitz ermordet wurde. Karl Böhm stand bereit am Pult. Dann verließ er es noch einmal. Ging ein paar Schritte zu Magda Spiegel und fiel vor ihr auf die Knie, als wolle er sie um Verzeihung bitten. Sie half ihm auf, begleitete ihn zurück ans Dirigentenpult und stellte sich dann wieder neben die anderen Solisten.

Wolff blickte mich fragend an.

»Böhm war ein überzeugter Anhänger Hitlers. Wer das war und was im ›Dritten Reich‹ geschah, werden Sie inzwischen ja wissen. Böhm fühlt sich wahrscheinlich mitschuldig an deren Verbrechen. Deshalb, vermute ich jetzt mal, sein Kniefall vor ihr. In der Partei allerdings war er im Unterschied zu Karajan nie.«

Das Requiem begann. Dunkel. Getragen. Mozart saß aufrecht im Sessel, schien jeden Ton einzuatmen. Den Schluss hörte er wohl gerade zum ersten Mal. Er war gestorben, bevor er sein Werk hatte beenden können. Schüler von ihm vollendeten die Komposition. Augenscheinlich zu seiner Zufriedenheit, denn am Ende des Requiems klatschte er mit beim anhaltenden Beifall, der auch Karl Richter galt, der aus dem Dunkeln nach vorne an die Rampe gekommen war und sich verbeugte. Gejubelt aber wurde nicht. Ein Requiem im Jenseits weckte Erinnerungen an die letzten Stunden im Diesseits. Da herrschte auch kein Jubel.

Dann setzten sich alle wieder in ihre Sessel. Der neben Mozart blieb leer, bis zögerlich Fritz Wunderlich auf das Winken des Komponisten reagierte und Platz nahm. Sofort redete Mozart auf ihn ein und zeigte in Richtung von Magda Spiegel. Wunderlich holte tief Luft und antwortete ihm. Mozart wirkte dabei fassungslos, ja: entsetzt. Ich konnte mir denken, was Wunderlich ihm erzählte. Davon hatte er offenbar noch nie etwas gehört.

Bevor das Publikum in Schwermut verfiel, wechselte das Programm in leichtherzige Höhen. Denn Caruso, stämmiger Kraftprotz im eng anliegenden T-Shirt, sang schmetternd bis in die höchsten Töne »La donna è mobile«, ja, forderte nach dem zweiten Refrain sogar gestenreich das Publikum auf, mitzusingen. Carlos Kleiber konnte sich kaum das Lachen verkneifen. Jetzt durfte wieder gejubelt werden, ebenso bei Elisabeth Schwarzkopfs Arie der Feldmarschallin aus dem *Rosenkavalier*. Und nach »O sink hernieder, Nacht der Liebe« wurden Birgit Nilsson und Luciano Pavarotti gefeiert für die Hymne an die ewige Kraft der Liebe. In der ersten Parkettreihe entdeckte ich Richard Wagner, der sich erhob, zum Publikum umdrehte, als wolle er sich seinen Anteil am Beifall abholen.

Für Gershwins *Rhapsody in Blue* betrat Leonard Bernstein das Dirigentenpult und legte sofort los wie ein Cowboy, schoss mit seinem Taktstock ins Orchester, fing die Musiker mit einem unsichtbaren Lasso ein, wenn sie losstürmen wollten, peitschte sie endlich zum Höhepunkt. Jetzt waren alle erschöpft. Bernstein wischte sich mit einem weißen Taschentuch den Schweiß von der Stirn, winkte damit wedelnd in die Ränge und ins Parkett, verließ ohne zu stolpern im Rückwärtsgang die Bühne.

Vladimir Horowitz – Frack, baumelnde Fliege, verschmitztes Lächeln im Gesicht – kreuzte dabei Bernsteins Weg, blieb aber nicht stehen. Er setzte sich an den Flügel und umarmte spielend Chopins Polonaise. Andächtig lauschte ihm das Orchester – oder waren die Musiker noch zu erschöpft vom wilden Ritt mit Bernstein? Nach den letzten drei Takten klopften die Streicher an Geigen und Bratschen, und die Bläser senkten in tiefem Respekt ihre Trompeten und Posaunen.

Horowitz setzte sich neben Bach und redete auf ihn ein. Das Publikum ahnte wohl, worum Horowitz ihn bat. Unterstützte ihn mit Sprechchören: »Bach, Bach, Bach.« Schließlich stand der auf, seufzte laut, ging gemessenen Schrittes zur Orgel, rückte sich das Kissen auf der Bank ein wenig zurecht und spielte in die atemlose Stille seine Toccata und Fuge in d-Moll. »Er ist der Größte unter den Großen«, flüsterte mir Wolff zu. »Er ist einfach unvergleichlich.«

Mir fiel dabei ein ganz anderes Konzert ein, das ich einst hier in der Royal Albert Hall gehört hatte. Ein Konzert von Procol Harum, und selbstverständlich hatten sie auch »A Whiter Shade of Pale« gespielt, ihren berühmtesten Hit. Für die Musik bediente sich Gary Brooker bei Bachs Kompositionen.

Nachdem er geendet hatte, stand Bach abrupt auf, achtete nicht weiter auf den Beifall, winkte ihn sogar ab, setzte sich wieder neben Horowitz. Doch als der alte Mann ihm einen Kuss auf die Perücke hauchte, musste er lächeln.

Warten auf Maria Callas. Sie ließ Toscanini den Vortritt. Betrat erst dann in einem langen weißen wallenden Gewand die Bühne, als das Orchester bereits das Intro spielte. Aber mit den ersten Tönen von »Casta Diva« gehörte die Bühne nur noch ihr allein. Das Publikum lag ihr zu Füßen. Toscanini warb zwar dirigierend um sie, aber eine Diva wie sie liebte nur den Ton eines Augenblicks. Den genoss sie, besonders den letzten. Der Jubel brach selbst dann nicht ab, als sie bereits mit geschlossenen Augen tief in ihrem Sessel vergraben saß. Aber es gab keine Zugabe. Von keinem. Auch von ihr nicht.

Kurt Masur dirigierte, und in der Tat war das der Schluss des Konzerts, »Åses Tod« von Edvard Grieg. Ein musikalischer Abschied vom Leben. Noch während die Melodie verklang, die das Herz in Trauer verfallen lässt, löste sich die Royal Albert Hall wieder auf. Mit ihr verschwanden alle, die aufgetreten waren, verschwanden die Komponisten, verschwand das Publikum, wurden alle erneut zu unsichtbaren Seelen.

25

Draußen wartete mein Vater. Er hatte zugehört. »Åses Tod« aus Griegs *Peer Gynt*-Suite erklang auch bei seiner Beerdigung, so wie er es sich gewünscht hatte in einem post mortem zu öffnenden Brief an meine Mutter.

Aber warum ausgerechnet Edvard Grieg?

»Damit du verstehst, warum mir Griegs *Peer Gynt*-Suite so nahe geht, so wichtig ist, muss ich ein wenig ausholen«, begann er und ließ sich fallen. Ich setzte mich neben ihn.

»Begonnen hat die Liebe zwischen Grieg und mir auf dem Gymnasium. Bevor uns der Musiklehrer Griegs Suite vorspielte, hatte ich noch nie etwas von dem Mann gehört. Das ging uns allen so. Die Musikstunde einmal pro Woche nutzten wir mehr zur Erholung vom üblichen Lehrstoff. Ich war wohl dreizehn oder vierzehn Jahre alt, was also interessierte mich irgendein norwegischer Komponist. Von dem Moment an aber, als ich damals zum ersten Mal seine Melodien hörte, war ich gefangen – und blieb von ihm gefesselt bis an mein Ende. In vielen Nächten nach dem Selbstmord deines Bruders hat Griegs Musik mich zwar nicht getröstet, aber nicht allein gelassen.«

»Das hast du uns nie erzählt.«

»Ging nur mich etwas an. Darüber will ich aber jetzt nicht mit dir reden, sondern dir erzählen, wie es mit mir und Grieg weiterging. Wie du weißt, hatte ich ein Begabtenstipendium bekommen, musste dafür aber immer besondere Leistungen liefern, um es ja bloß nicht zu gefährden. Was außer bei Mathematik auch gelang. Im Schulorchester jedenfalls fehlte ein Fagottspieler. Gab zwar drei Fagotte, aber nur zwei Schüler, die es spielen konnten. Also wurde ein Dritter gebraucht, und es erwischte mich. Mir hätte eine Triangel vollauf genügt. Die traute ich mir zu. Aber ich war halt nicht in der glücklichen Lage wie viele meiner Mitschüler, deren Väter locker das Schulgeld bezahlen konnten, ich konnte mir ein Nein nicht erlauben, ohne mein Stipendium zu gefährden. Einen Vater hatte ich nicht mehr, und die Witwenrente meiner Mutter reichte knapp für unseren Alltag.«

»Ja, darüber hast du mal gesprochen. Eure reichen Verwandten in Mecklenburg benutzten ja dich und deinen Bruder als billige Arbeitskräfte, statt euch zu unterstützen. Hatten ihre Taschen zugenäht.«

Er musste lachen. »Zugenäht trifft es, das gefällt mir.«

Jedenfalls sei ihm, fuhr er fort, damals nichts anderes übrig geblieben, als sich freiwillig der Aufforderung des Musiklehrers zu fügen. Was bedeutete, von Montag bis Sonnabend nach Schulschluss unterrichtet zu werden und zusätzlich täglich auf dem Fagott, das er mitnehmen durfte nach Hause, auch noch zu üben.

»Aber offenbar warst du begabt, sonst hätte er sich nicht für dich entschieden.«

»Stimmt. Und je mehr der Lehrer mir beibrachte, je mehr ich übte, desto vertrauter wurde mir das Fagott, bis ich nach zwei Jahren Unterricht im Orchester mitmachen durfte. Ich weiß noch, wie stolz meine Mutter und mein Bruder waren, wenn wir in der Aula aufspielten, und besonders dann, wenn eine Melodie nur uns drei Fagottisten gehörte. Natürlich studierte der Musiklehrer mit uns auch Gängiges von Mozart oder Beethoven ein, einmal sogar zu irgendeinem Schuljubiläum die ganze 9. Symphonie. Dafür brauchte er einen großen Chor, Frauen- und Männerstimmen. Die gemeinsamen Proben haben wir deshalb wegen der Chormitglieder vom benachbarten Lyceum nie versäumt. Auf unserer Schule gab es ja nur Jungs, keine Mädchen. Beethoven hat uns mit denen verkuppelt, zumindest auf Zeit.«

Ich stellte mir meinen Vater als pubertierenden Knaben vor, rote Ohren, verliebt, Fagott im Arm, hatte aber rechtzeitig meine Gedanken verschlüsselt, sodass er davon nichts mitbekam.

»Nach der Aufführung von Beethovens Neunter benutzten wir auch Grieg, um uns näherzukommen. Wir wussten ja, dass er der Lieblingskomponist des Musiklehrers war und dass er auch für den unbedingt einen Chor brauchte. Also teilten wir begeistert seine Liebe. Sein Favorit war die *Peer Gynt*-Suite, die wurde dann auch zu meinem und blieb es bis zum Schluss. Apropos Schluss: Ist ›Åses Tod‹ gespielt worden auf dem Friedhof?«

»Ja, beim Abschied von dir in der Aussegnungshalle. Ich glaube, so heißt das, Aussegnungshalle.«

»Gut. Das hatte ich mir gewünscht.«

»Hast du eigentlich je davon geträumt, nach dem Abitur Musik zu studieren?«

»Nein, nie. Ich wusste ja, dass meine Mutter ein Studium niemals hätte finanzieren können, niemals. Überhaupt habe ich nie zum Träumen geneigt. Warum auch immer. Ich blieb zwar bis zum Abitur Mitglied im Orchester, aber danach musste ich mein mittlerweile von mir geliebtes Instrument sofort abgeben. Ein eigenes konnte ich mir natürlich nicht leisten. Seitdem habe ich nie wieder Fagott gespielt. Was mir aber blieb, war Edvard Griegs Musik.«

»Die zu dir passte.«

»Zu mir passte?«

»Mit den heiteren Seiten des Lebens hast du bis auf wenige Ausnahmen ja eher gefremdelt. Geredet über die tieferen

Gründe haben wir nie, da hättest du, sage ich salopp, auch sofort dicht gemacht. Habe ich recht?«

Er nickte.

»Etwas leicht zu nehmen im Leben war dir, glaube ich, wohl wesensfremd. Du hast dich mehr erfreut an den Freuden der Pflicht, um es mal hochgestochen auszudrücken. Ganz im Gegensatz zu Mutter. Sie hat deine Menschenscheu ausgeglichen durch ihre Lebenslust, ihren selbst in dunklen Stunden nicht zu erstickenden Optimismus.«

»Oder wie es dein Großvater auszudrücken pflegte: ›Immer Kopf aufrecht, auch wenn der Hals dreckig ist.‹«

Jetzt mussten wir beide lachen.

»Ihr habt euch als Paar ideal ergänzt. Du der grübelnde Protestant, sie die auf Menschen neugierige Katholikin.«

»Und deshalb passt Grieg zu mir?«

»Zu euch beiden sogar. Zu ihr seine ›Morgenstimmung‹, zu dir ›Åses Tod‹. Vielleicht seid ihr deshalb so oft nach Norwegen gereist.«

»Das scheint mir nun aber doch weit hergeholt. Wie hast du das gemeint, ganz konkret, dass Grieg zu mir passt?«

»Jetzt muss auch ich ein wenig ausholen, Vater.«

Und erinnerte ihn an Familienfeste, bei denen er sich möglichst bald nach den üblichen »Wie geht es dir?«-Begrüßungen zurückzog und lieber mit seinen Enkeln und Nichten und Neffen im Kinderzimmer spielte, wofür die ihn liebten, statt sich am Geplauder der Erwachsenen zu beteiligen. Die meisten von denen waren ihm außerdem auch nach vielen Familienfesten fremd geblieben. Ausnahme: mein Großvater. Den kannte er aus dem Krieg. Eigene Verwandte außer seiner Mutter, die früh verstorben war, hatte er nicht.

»Noch einmal: Was aber hat das zu tun mit Grieg?«

»Mit der Tonart Moll statt Dur. Denn falls ich eine auf dich zutreffende Melodie hätte auswählen müssen, wäre es immer eine in Moll gewesen. Insofern passt ›Åses Tod‹ als Begleitmusik zu dir nach deinem Tod. Verstehst du, was ich damit sagen will?«

»Ja, jetzt verstehe ich es.«

»Wie hast du deinen eigenen Tod erlebt?«

»Gar nicht. Ich sagte deiner Mutter Gute Nacht, schlief neben ihr ein in meinem Bett und wachte hier wieder auf. Mehr weiß ich nicht. Mehr muss ich auch nicht wissen. Und wie war es bei dir?«

»Ich hörte das Klappern von leeren Flaschen vom Hof der Tankstelle gegenüber von meinem Schlafzimmer, und das war das Letzte, woran ich mich erinnere.«

»Du bist auch zu Hause gestorben?«

»Ja, in eine Klinik wollte ich nicht mehr, erst recht nicht, als ich spürte, dass sich der Tod anschlich und ich keine Kraft mehr hatte, ihn zu bekämpfen. Außerdem wusste ich mich in guten Händen, um in Ruhe in meiner gewohnten Umgebung sterben zu dürfen.«

»Hast du je an Selbstmord gedacht wie dein Bruder?«

»Nein, aus ganz einfachen Gründen. Ich wollte nicht den mir Nächsten, also meiner Familie, einen Selbstmord als Last hinterlassen. So wie er es uns und vor allem euch, seinen Eltern, aufgeladen hatte. Als Schuld.«

»Hast du inzwischen mit ihm darüber reden können?«

»Ja, habe ich, er sagte …«

»Warte, ich hole deine Mutter, das muss auch sie hören.«

Drehte sich um, und wenige Sekunden später stand sie vor uns.

»Also, er hat es mir ungefähr so begründet: Er habe gewusst, dass er als geheilt galt nach den vier Monaten in der Psychiatrie, aber gleichzeitig war ihm bewusst, dass er jederzeit einen

Rückfall befürchten müsse und dass er dann ein Pflegefall werden würde, ab dann immer unter Aufsicht. Eine ihm unerträgliche Vorstellung. In die Psychiatrie wollte er nie mehr. Deshalb musste er, und so hat er es mir gegenüber begründet, raus aus einem Leben, das ihn erwarten könnte, angewiesen zu sein auf andere. Er habe daraufhin allen vorgespielt, euch wie den Ärzten, in ihrem Sinne wieder gesund zu sein, aber sich tatsächlich längst ein Mittel besorgt, das er brauchte, um in ihrer Welt nicht länger leben zu müssen. Sich umzubringen, das bedeutete für ihn seine wahre Heilung.«

Beide schwiegen. Hinter ihnen tauchte mein Bruder auf. Er stellte sich zwischen sie, legte einen Arm um unsere Mutter, einen um unseren Vater, und alle drei hielten sich schweigend gegenseitig fest.

Ich störte sie nicht.

26

Am Horizont tauchte ein flacher weißer Dampfer auf. Sah aus wie eines der Schiffe, mit denen für Urlaubsreisen auf dem Rhein, der Donau oder der Loire geworben wird. Offenes Deck, verglaste Brücke, Balkone vor den Kabinen. Meine letzte Reise vor der dann letzten hatte ich bei einer Flussfahrt von Passau nach Wien und zurück auf einem solchen Schiff verbracht.

Alle Liegestühle auf dem Deck waren besetzt. Ausschließlich von Frauen, sofern ich das vom Ufer aus erkennen konnte. Ich sah nur einen einzigen Mann, und der stand auf der Brücke. Ich winkte ihm zu. Er winkte zurück, drehte mitten im Fluss bei, hielt am Bootssteg, der so plötzlich aufgetaucht war wie sein Schiff, fuhr eine schmale Gangway aus und ließ mich über die an Bord. Wir legten ab, aber ich hörte kein Motorengeräusch. Doch bevor ich ihn fragen konnte, wie das Schiff denn angetrieben wurde, legte er einen Finger auf seine Lippen, und ich ließ mich neben ihn auf einen Hocker nieder.

Drei der Frauen, alle ungefähr gleich alt, saßen nebeneinander auf einer Bank am Bug. Ich musste nicht überlegen, wer sie waren, erkannte sie augenblicklich. Golda Meir, Indira Gandhi, Margaret Thatcher waren einst politische Schwergewichte, über die fast täglich berichtet wurde. Dass ich ihnen hier würde begegnen können so wie anderen prominenten Toten auch – Picasso, Gutenberg, Einstein –, überraschte mich zwar nicht mehr. Sie aber ausgerechnet auf einem Ausflugsdampfer zu sehen und nicht etwa im Ambiente ihrer Heimatländer Israel, Indien oder England, war doch ungewöhnlich.

Vor ihnen, bunt gekleidet wie das Orchester in der Royal Albert Hall, lagen zwanzig, vielleicht dreißig Frauen lässig hingestreckt in blau-weiß gestreiften Liegestühlen. Einige erkannte ich gleichfalls schon beim ersten Blick. Mit dem Rücken zum Fluss, vertieft in ein Gespräch, lehnten an der Reling Frida Kahlo und Paula Modersohn-Becker. Kurz vor meinem Tod hatte ich auf Arte zwei Dokumentationen über ihr Leben und ihre Kunst gesehen. Beide Malerinnen, Expressionistin die eine, Surrealistin die andere, waren weltberühmt, beide lange schon im Jenseits. Frida Kahlo, die wegen schwerer Verletzungen nach einem Busunglück nie mehr schmerzfrei war und ein Stahlkorsett tragen musste, endlich gesund, Paula Modersohn-Becker hatte ihre kranke Lunge, an der sie so jung starb, im Diesseits gelassen.

Durch einen Gang getrennt von ihnen, auf der linken Seite des Decks, thronten zwei Frauen auf Lehnstühlen. Sie fielen aus dem Rahmen. Beide waren gekleidet, und auch das unterschied sie von allen anderen, in bodenlange einteilige Roben, wie sie in vergangenen Jahrhunderten typisch waren für adlige Damen. Mit ihren silbernen Fächern wedelten sie sich Luft zu. Dennoch bewegte sich kein Haar auf ihren hochtoupierten Frisuren. Die schienen festgeklebt zu sein auf ihren Köpfen.

Der Mann am Steuerrad, der mich an Bord geholt hatte, weiße Uniform, goldene Epauletten, schwarze Mütze, verspiegelte Sonnenbrille, drehte ab nach Backbord und lenkte sein Schiff auf die Mitte des Flusses. Noch immer kein Geräusch. Brauchten Schiffe hier keine Motoren mehr? Oder hielten ihre Batteriezellen, was passen würde ins System Ewigkeit, schlichtweg ewig?

Er und ich konnten beobachten, ohne gesehen zu werden, was so alles unten auf dem Vorderdeck passierte. Szenen wie aus einem Stummfilm, denn wegen der Glasscheiben konnten wir oben auf der Brücke nichts hören von den Gesprächen. Oder doch? Der Kapitän legte einen Schalter im Armaturenbrett um und deutete auf vier kleine Lautsprecherboxen. Aus denen drang jetzt Stimmengewirr vom Deck. Dann brach es ab.

Eine zierliche Frau war aufgestanden. Édith Piaf. Ihre Stimme trug weit über den Fluss. Wir konnten sie ohne die Lautsprecheranlage hören.

»Ich begrüße Sie. Zuerst unsere Ehrengäste«, sagte sie und zeigte auf die Politikerinnen, »Golda Meir, Margaret Thatcher und Indira Gandhi. Aber begrüßen will ich auch«, und jetzt verneigte sie sich in Richtung der toupierten Damen, »zu meiner Freude Zarin Katharina die Große und Erzherzogin Maria Theresia.«

Alle klatschten. Auch Golda Meir und Indira Gandhi. Nur Margaret Thatcher verzog keine Miene. Sie rückte ihr violettes Hütchen zurecht und musterte neugierig die beiden Blaublüterinnen.

»Wie üblich, habe ich auch für diese Fahrt kein Thema vorgegeben«, ergänzte Édith Piaf, die zuständig war für die Einladungen, »sondern den Gästen freigestellt, worüber sie sprechen wollen.« Und sie fügte hinzu: »Wie üblich werde ich erst dann singen, wenn alles gesagt ist.«

Rufe aus dem Publikum. Die einen verlangten »La vie en rose«, andere wollten »Non, je ne regrette rien«.

Was die Piaf lächelnd zur Kenntnis nahm und die Begrüßung beendete.

»Bitte sehr, wer will anfangen?«

Margaret Thatcher rückte noch einmal ihren Hut zurecht, beugte sich dann einmal nach links zu Golda Meir, einmal nach rechts zu Indira Gandhi und flüsterte leise, was wir oben auf der Brücke deutlich hören konnten: »Darf ich?«, wartete aber deren

Zustimmung gar nicht erst ab, sondern begann, wie es ihre Art war, ohne lange Vorrede, ohne zu zögern.

»Erstens: Toleranz lernt man am besten in der Ehe. Unverheiratete Politiker haben davon keine Ahnung.«

Alle Frauen lachten. Auch Maria Theresia und Katharina die Große. Der Zarin wird nachgesagt, neben ihrem Gatten Dutzende von Liebhabern gehabt zu haben. Erzherzogin Maria Theresia dagegen, wenn diese Geschichte stimmt, hat sich nach dem Tod ihres Mannes ausschließlich um ihren Sohn und dessen Karriere gekümmert.

»Zweitens: Möchte jemand etwas erklärt bekommen«, setzte Maggie Thatcher den nächsten Pluspunkt, »frage er einen Mann. Falls jemand etwas erledigt haben möchte, frage er eine Frau.«

Zustimmendes Gemurmel.

Für mich eine erstaunliche Bemerkung. War ausgerechnet Margaret Thatcher, die sich gern als einzigen Mann in ihrem Kabinett beschreiben ließ, nach ihrem Tod zu einer Feministin geworden? Die Antwort gab sie jedoch gleich selbst: »Drittens: Feministinnen hassen mich. Ich nehme ihnen das nicht übel. Denn ich hasse Feminismus. Das ist ein Gift.«

Nun schwiegen alle, und Margaret Thatcher lächelte zufrieden.

Frida Kahlo, schmuckbehangen und in der traditionellen Tracht, die sie zeitlebens als Hommage an ihre Heimat Mexiko trug, verzog kaum merklich ihr Gesicht. Wäre sie keine so starke, selbstbewusste Frau gewesen, hätte sie klassischerweise die Affären ihres Mannes Diego Rivera, ein Frauenheld, umschwärmt wegen seiner prächtigen revolutionären Wandgemälde, klaglos ertragen, statt sich die Freiheit zu gestatten mit Liebhabern wie Leo Trotzki oder Heinz Berggruen. Einig war sich das Ehepaar im politischen Engagement, beide waren überzeugte Marxisten, und beide bewunderten rückhaltlos die Kunst des anderen.

»Darüber würde ich zu gern mit ihr streiten«, sagte sie jetzt zu Paula Modersohn-Becker und deutete Richtung Margaret Thatcher. »Aber leider ist sich zu streiten ja hier nicht mehr erlaubt. Wie hast du eigentlich deine Ehe empfunden?«

»Otto hat mich stets unterstützt, wenn ich zu malen begann. Hat sogar ertragen, dass ich hin und wieder aus der Ehe fliehen musste, weil ich die Weite von Paris brauchte, statt die Enge von Worpswede. Unsere Beziehung war schwierig, sie hielt aber bis zum Schluss. Man fühlt in der Ehe eh doppelt das Unverstandensein, weil das ganze frühere Leben darauf hinausging, ein Wesen zu finden, das einen versteht.«

Gern hätte ich mehr von ihrem Gespräch gehört, aber Maggie Thatcher stupste gerade sanft Golda Meir an. Die ehemalige Ministerpräsidentin von Israel, die neben der konservativ gekleideten eleganten Engländerin wie eine Bäuerin aussah, die von der Arbeit auf einem Kibbuz nach Hause gekommen ist und keine Zeit hatte, sich umzuziehen, legte ebenso schlagzeilig treffend los wie Maggie Thatcher.

»Das Alter ist, wie mit einem Flugzeug durch den Sturm zu fliegen. Einmal an Bord, kann man nichts mehr tun. Man kann das Flugzeug nicht anhalten, man kann den Sturm nicht anhalten. Man kann die Zeit nicht anhalten. Daher sollte man es einfach akzeptieren, ruhig, weise.«

Lady Thatcher nickte. Sie sah das genauso. Gegen die lästigen Folgen des Alters half Gejammer nun mal nicht. Ausgerechnet sie, die Politikerin geworden war, wie sie bei jeder Gelegenheit betonte, weil Männer weder ein vom Verstand gelenktes noch ein verständliches Geschlecht seien, hatte am Ende ihr Verstand verlassen. Ein Schlaganfall erlöste sie von ihrem Leben.

Wie sie hatte es auch Golda Meir in ihrer Amtszeit stets mit Männern zu tun, die davon überzeugt waren, das Land besser regieren zu können als sie. Wie Margaret Thatcher ließ sie ihnen diesen Glauben und spielte sie stattdessen gegeneinander aus. Sie war nicht berühmt für ihren Charme, aber im Gegensatz zur Britin mit Humor gesegnet, und entwaffnete ihre Gegner, indem sie die zum Lachen brachte. Das bewies sie jetzt mit ihrer nächsten Bemerkung.

»Was wir gegen Moses haben? Er hat uns vierzig Jahre durch die Wüste geführt, um uns an den einen Ort im Nahen Osten zu bringen, an dem es kein Erdöl gab.«

Da musste der Kapitän so sehr lachen, dass er für einen Moment das Steuerrad losließ und, allerdings unhörbar, in die Hände klatschte.

»Meine dritte These, eine Herzensangelegenheit«, endete Golda Meir, jetzt überzeugend ernst, »ist mir am wichtigsten. Denn es stimmt zwar, dass wir alle Kriege gewonnen haben, doch wir haben teuer bezahlt für sie. Wir wollen keine Siege mehr. Wenn es Frieden mit den Arabern gibt, werden wir vielleicht noch rechtzeitig verzeihen können, dass sie unsere Söhne getötet haben. Aber es wird schwierig für uns sein, ihnen zu verzeihen, dass sie uns gezwungen haben, ihre Söhne zu töten. Frieden wird es erst geben, wenn die Araber ihre Kinder mehr lieben, als sie uns hassen.«

Ich wollte ihr zu gern applaudieren, wurde aber abgelenkt durch eine plötzliche Unruhe auf dem Deck. Viele Frauen waren aufgestanden aus ihren Liegestühlen. Versperrten mir die Sicht, bis ich endlich eine junge Frau sah, die zu Maria Theresia und Katharina der Großen ging und die ihr unterwegs hingestreckten Hände verlegen lächelnd ignorierte.

Prinzessin Diana.

Deshalb die Aufregung.

Nur Indira Gandhi ließ sich davon nicht stören, zog ihren seidenen Sari eng um ihren Körper, als müsste der sie schützen, und wartete ab, bis sich die Prinzessin, die als Lady Di unsterblich wurde, neben Maria Theresia und der Zarin niederließ und auch alle anderen wieder Platz genommen hatten in ihren Liegestühlen. Die ehemalige indische Premierministerin hatte eine kindliche, helle Stimme, aber was sie sagte, hatte nichts Kindliches. Es waren ihre Erfahrungen aus der Politik.

»Mit einer geballten Faust kann man keinen Händedruck wechseln.«

Schweigen. Was sich zunächst anhörte wie eine Kalenderweisheit, auch für mich, könnte auch ein einfach zu befolgendes, weltweit gültiges Motto für Friedensverträge sein.

»Durch die Gasse der Vorurteile muss die Wahrheit ständig spießrutenlaufen.«

Ebenfalls kompatibel in allen Epochen.

»Vergebung ist eine Gabe der Mutigen.«

Maria Theresia ließ ihren Fächer fallen, Katharina die Große lauschte mit weit aufgerissenen Augen dem, was ihnen Prinzessin Diana gerade erzählte. Wir hörten über die Lautsprecheranlage mit. Sie schilderte, britisch nüchtern, die wesentlichen Ereignisse, darunter viele Kriege, aus den vergangenen Jahrhunderten. Knapp zusammengefasst, ausschließlich Fakten, inklusive des Untergangs der beiden Kaiserreiche. Das eine beendet nach der Oktoberrevolution 1917, das andere nach dem Ersten Weltkrieg ein Jahr später.

»Von wegen«, sagte der Kapitän, »von wegen ein Dummchen. Das hätte kein Historiker besser zusammenfassen können.«

»Können die unten uns nicht hören?«

»Nein, es funktioniert nur von unten nach oben«, antwortete er.

»Dann kann ich dich jetzt etwas fragen?«

Er nickte.

»Warum fährt das Schiff ohne Motor?«

»Unsere Fantasie treibt es an.«

»Und warum gibt es keine Mannschaft?«

»Wofür Matrosen oder Maschinisten, wenn es nur ein Schiff der Träume ist?«

»Aber steuern muss es einer.«

»Ja, ein Mann muss am Steuer stehen. Oder eine Frau.«

»Was hast du mal gemacht, ich meine, früher in deinem Leben?«

»Ich war der Kapitän der *Titanic.* Edward John Smith mein Name. Bin damals, wie es sich gehörte, mit meinem Schiff untergegangen.«

Als ob diese Mischung nicht schon gereicht hätte – Margaret Thatcher, Frida Kahlo, Prinzessin Diana, Édith Piaf, Golda Meir, Indira Gandhi, Katharina die Große, Paula Modersohn-Becker, Maria Theresia –, jetzt auch noch der Kapitän der *Titanic.* Einer von 1500 Menschen, die damals mit ihr versanken.

»Ich will nicht mit dir darüber reden«, sagte er, »ist eh alles gesagt und beschrieben, und wie ich von meinen Nachkommen erfahren habe, sogar verfilmt. Nur so viel: Regelmäßig treffen wir uns hier.«

»Wir? Uns?«

»Ja, wir. Alle Toten der *Titanic.*«

In einem der Liegestühle fiel mir eine blonde Frau auf, jünger als die anderen, auch jünger als Prinzessin Diana. Ihr Gesicht kam mir zwar bekannt vor, aber ich konnte es keiner bestimmten Person zuordnen. Mir war plötzlich so, als habe sie meinen Blick gespürt, obwohl das ja unmöglich war, doch tatsächlich winkte sie hinauf zur Brücke. Sehen konnte sie mich durch das verspiegelte Glas doch gar nicht.

»Ich weiß, wer sie ist«, sagte Mister Smith. »Pass mal auf, was gleich geschehen wird.« Er drückte auf Knöpfe in den Lautsprecherboxen. Erst leise, dann laut, dann lauter erklang eine Melodie. Im selben Moment erkannte ich die blonde Frau. Es war Eva Perón. Und was ich hörte, was alle auf dem Schiff hörten, womöglich aber sie selbst zum ersten Mal, war der Titelsong aus dem Musical *Evita*, der Geschichte ihres kurzen Lebens. Ein Welthit. »Don't Cry for Me Argentina«. Ich sang mit, unhörbar für die Frauen auf Deck, die alle auch sangen.

Sogar Maggie Thatcher. Als die Musik endete, ging sie zu Eva Perón.

»Ihre Biografie hat überlebt in Büchern, auf der Bühne, in Filmen. Was Sie gerade gehört haben, war die Titelmelodie aus dem Musical *Evita*. Ich war bei der Premiere in London. Drei-, nein, viermal musste ›Don't Cry for Me Argentina‹ wiederholt werden, weil es die Zuhörer verlangten. Auch ich übrigens.«

»Meine Biografie? Ich bin doch früh gestorben. Was gibt es da schon viel zu erzählen?«

»Eben weil Sie früh sterben mussten, sind Sie unsterblich. Sie werden in Argentinien noch immer wie eine Heilige verehrt.«

»Die ich ja nun wirklich nie war.«

»Zu der Sie nach Ihrem Tod aber wurden.«

Ich glaubte, einen leisen Unterton von Neid herauszuhören, aber Smith schüttelte den Kopf.

»Nein, glaube ich nicht. Die Eiserne hat ein weiches Herz. Das durfte sie früher nur keinem zeigen. Das hätte ihr geschadet. Jetzt ist sie frei von solchen Zwängen.«

Er drückte wieder auf die Knöpfe, und erneut ertönte Evitas Lied. Wieder sangen viele mit. Anfangs zögerlich, mit Blick auf Margaret Thatcher, auch Eva Perón. Dann immer fester, und am Ende sang sie strahlend laut. Indira Gandhi hatte ihren Platz verlassen. Ließ Golda Meir und Margaret Thatcher, die leise miteinander redeten, auf der Bank zurück. Die Frau, zu der sie ging, war auch mir bereits aufgefallen. Sie hatte sich mit niemand unterhalten, war nicht aufgestanden, um Prinzessin Diana zu sehen, hatte soeben auch nicht mitgesungen.

Wer war sie?

Der Kapitän drehte an einer Schraube.

»Will auch wissen, wer sie ist. Ich habe noch ein zusätzliches Mikrofon aktiviert.«

Wir hörten zu.

Die beiden Frauen stellten sich einander vor.

»Wir sind uns im Leben nie begegnet«, begann Indira Gandhi, »aber ich kenne dich aus dem Geschichtsunterricht in meinem Schweizer Internat. Du bist Rosa Luxemburg, habe ich recht?«

Rosa Luxemburg war verblüfft.

»Aber wie passe ausgerechnet ich in ein feines Schweizer Internat? Eine Anstalt für die Kinder von Reichen?«

»Wir mussten mal einen Aufsatz schreiben über Deutschland nach dem Ersten Weltkrieg. Und dabei tauchte natürlich dein Name auf, weil du in der europäischen Friedensbewegung aktiv gewesen bist als eine Frau, die einzige, die mit ihren Reden die Massen begeistern konnte. Deshalb verhasst bei den rechtsradikalen Männern.«

»Nicht nur verhasst, damit hätte ich leben können. Im Gegenteil, das hat mich sogar angespornt. Dass sie mich auf ihrer Todesliste stehen hatten, wusste ich aber nicht. Sie haben mich im Schlaf überrascht, haben mich zusammengeschlagen, mich ermordet und dann meine Leiche in einen Kanal geworfen.«

»Ich weiß«, sagte Indira Gandhi, »wir haben etwas gemeinsam. Was du nicht wissen kannst. Mich haben die erschossen, die dafür da waren, mich zu beschützen. Meine Leibwächter. Im Garten meiner Residenz.«

Beide schwiegen. Dann strich Rosa Luxemburg sanft über die Wangen von Indira Gandhi. Die löste ihren sorgsam gefalteten Sari und legte ihn als Tuch behutsam auf den Kopf Rosa Luxemburgs.

Edward John Smith schaltete das Mikrofon aus.

Räusperte sich. Drehte das Steuerrad.

»Ich bringe dich jetzt wieder zurück ans Ufer.«

Auf dem Bootssteg drehte ich mich noch einmal um, wollte ihm winken. Aber da war sein Schiff schon kaum noch zu sehen. Ich hörte, leiser und immer leiser werdend, die Stimme von Édith Piaf.

Sie sang »La vie en rose«.

27

Das Garagentor war geöffnet. Von der Decke baumelte eine Glühbirne. Sie erhellte einen rechteckigen Tisch, auf dem vollgekritzelte Zettel und Zeichnungen liegen. An den Kopfenden des Tisches standen ausrangierte graulederne Flugzeugsitze. In einem von denen saß ein Mann, den man überall im Diesseits beim ersten Blick erkennen würde, wo das Logo Apple den digitalen Markt beherrscht: Steve Jobs.

Er blickte hoch, als er mich bemerkte.

»Hi«, sagte er, »welcome, nimm Platz.«

So wie am Ende seines Lebens, wenn er die neueste technologische Hardware von Apple präsentierte, umjubelt wie ein Popstar von seinen Fans oder wie ein Guru von seinen Gläubigen, trug er Sneakers, Jeans und schwarzen Rollkragenpullover.

Dieses Outfit entsprach der Haltung des Milliardärs, es gehörte zu seinem Image. Aus den Statussymbolen seiner Spielklasse – Privatflugzeuge, Yachten, Villen, Leibwächter, Chauffeure, persönliche Assistenten – hatte er sich nie etwas gemacht. Auch hier und jetzt im Jenseits nicht. Der Mann, der mit seinen Ideen die Welt so nachhaltig veränderte wie einst Gutenberg mit den seinen, war trotz Ruhm und Reichtum ein Hippie aus Kalifornien geblieben.

»Ich habe mir immer geschworen, von Reichtum nicht mein Leben ruinieren zu lassen. Wir haben alle nur eine kurze Zeit auf Erden und hatten wahrscheinlich nur wenige Gelegenheiten, etwas wirklich Großes zu leisten. Keiner von uns weiß, nein: wusste, wie lange er leben wird oder würde. Aber ich hatte immer das Gefühl, dass ich möglichst viel bewegen musste, solange ich noch jung war.«

In jungen Jahren nicht immer die Gesetze befolgend, was den Konsum von Cannabis und Haschisch betraf. Das gehörte aber zum Alltag der Popkultur. Außerdem zu jungshaften Streichen aufgelegt, auf die allerdings noch höhere Strafen standen als beim Verbrauch von Drogen, falls er dabei erwischt worden wäre. Was er erinnerungsselig grinsend auch jetzt zugab.

»Mein Freund Steve Wozniak, ohne den ich wahrscheinlich immer noch in einer Garage wie dieser sitzen und vor mich hin spinnen würde, war das technische Genie, das meine für die meisten nur irrsinnig klingenden Ideen ausprobierte und umsetzte. Ein Technikfreak hatte Anfang der Siebzigerjahre behauptet, man könne mit simplen Trillerpfeifen, die als Gimmick bestimmten Cornflakes-Packungen beigelegt wurden, um den Verkauf der Crunchies anzukurbeln, kostenlos telefonieren. Er nannte sich später übrigens Captain Crunch.«

»Und das hat tatsächlich funktioniert? Mit Trillerpfeifen für Kinder?«

»Und wie das funktioniert hat, und wie. Der Ton entsprach genau dem, der vom Telefonunternehmen AT&T für die Freischaltungen ihrer Leitungen eingesetzt wurde. Weltweit. Also auch für Ferngespräche. Die waren sehr teuer. Wir testeten die Behauptungen des Nerds, schlichen nachts in Telefonzellen, denn tagsüber wären wir mit unseren Trillerpfeifen aufgefallen, und es funktionierte. Anfangs machten wir uns nur einen Spaß daraus, irgendwelche Menschen in fernen Ländern anzurufen, einmal sogar vorgeblich als Henry Kissinger im Vatikan, aber dann haben wir überlegt, wie man damit Geld verdienen könnte, statt nur anderen Streiche zu spielen. Wir speicherten den 2600-Hertz-Ton einer Crunchie-Trillerpfeife, Steve übersetzte mit elektronischen Bauteilen und Transistoren, die jeder

Bastler in einem Radiogeschäft kaufen konnte, die Frequenz in eine digitale Version, also quasi die Software in Hardware, baute ein kleines Gerät, das wir Blue Box nannten. Das war unser erster kommerzieller Erfolg, weil wir mehr als hundert davon für 40 Dollar Materialkosten produzieren konnten, aber für 150 Dollar pro Stück verkauften, vor allem an Studenten in Berkeley. Hätte es keine Blue Boxes gegeben, hätte es auch keine Apple-Computer gegeben.«

Als er davon erzählte, erinnerte ich mich an damals regelmäßige Anrufe einer Freundin aus Los Angeles. Sie stand in einer Telefonzelle und führte Ferngespräche nach Deutschland. Die Frage, ob das nicht verdammt teuer sei, beantwortete sie lachend: »Ist kein Problem, kostet nichts, ich habe eine Blue Box.«

»Warum Blue Box?«

»Ein Begriff aus der Audiotechnik. Hat keine weitere Bedeutung.«

»Wie bist du mal auf den Namen Apple gekommen?«

»Zufällig. Als wir die Firma gründeten, brauchten wir einen zugkräftigen Namen. Wir spielten mit verschiedenen technischen Begriffen aus der Computerwelt herum, Matrix oder Executek. Waren alle nicht so überzeugend. Ich schlug spaßeshalber Apple vor, weil ich gerade eine neue Diät ausprobierte. Eine Apfeldiät. Apple klang freundlich, nicht einschüchternd nach Technik. Apple nahm dem Computer sozusagen die Schärfe. Wir machten ab, falls uns bis zum nächsten Tag nichts Besseres einfallen sollte, würden wir Apple nehmen. Und so blieb es bei Apple.«

Begonnen hatte es mit einem Partnerschaftsvertrag zwischen dem genialen Bastler Steve Wozniak, dem wagemutigen Steve Jobs und dem vorsichtigen Juristen Ronald Wayne. Startkapital 1300 Dollar. Waynes Anteil betrug zehn Prozent, die beiden

Freunde hielten je 45 Prozent. Als Wayne kurz nach seiner Unterschrift wieder ausstieg, weil ihm das Risiko, sich zu verschulden, doch zu groß war, bekam er für seinen Anteil 2300 Dollar, also mehr als die ursprüngliche Einlage. Bei der offiziellen Firmengründung der Apple Computer Corporation ein Jahr danach, 1977, stand als Wert des Unternehmens die Summe von 5300 Dollar in den Büchern. Doch als die Gründer 1980 an die Börse gingen, wurde Apple mit 1,79 Milliarden Dollar bewertet. Wayne wäre vielfacher Millionär und – falls er durchgehalten hätte – eines Tages sogar vielfacher Milliardär geworden.

»Ist diese märchenhafte Geldvermehrung rational erklärbar oder nur mit dem Begriff ›Märchen‹?«

»Beides stimmt. Selbstverständlich hatten wir nie damit gerechnet, in so kurzer Zeit so reich zu werden. Es gab ja finanzstarke Konkurrenten auf dem Markt. IBM oder Hewlett Packard, mit denen wir Gespräche über Lizenzen und eine mögliche Zusammenarbeit führten. Wollten aber alle nicht, haben uns von oben herab behandelt und belächelt. Also haben wir es halt allein gemacht.«

»In deiner autorisierten Biografie, falls es denn stimmt, dass du sie autorisiert hast, habe ich gelesen, dass du kein großer Menschenfreund gewesen bist. Von allen Mitarbeitern immer äußersten Einsatz verlangt hast, sogar grob, fast brutal werden konntest, wenn du unbedingt etwas wolltest.«

»Stimmt. Habe ich auch nie bestritten. Bei der Autorisierung des Buches deshalb auch nichts gestrichen, meine dunklen Seiten nicht geleugnet. Ich war immer ehrlich und habe stets auch von allen anderen Ehrlichkeit erwartet.«

»Joan Baez beschreibt in dem Buch eure Beziehung. Auch sehr ehrlich. Eine Szene, in der sie mit dir in einem Modegeschäft Kleider anschaut und erwartet, dass ihr Liebhaber, immerhin hundertfacher Millionär, ihr das rote Kleid schenkt, das ihr so gefällt …«

»Ja, ja, ich weiß, was jetzt kommt«, sagte Steve Jobs und lachte. »Das Kleid stand ihr wirklich gut, aber auf die Idee, es zu kaufen und ihr zu schenken, kam ich gar nicht. Ich glaubte, sie würde sich mehr freuen, wenn ich ihr einen Mac schenken würde, die kosteten damals noch das Zehnfache eines Kleids. Ich gebe zu, besonders romantisch veranlagt war ich nie.«

Baez und Dylan, die auch mal ein Paar waren, blieben die Helden seiner Sozialisation, seiner Wurzeln in der Gegenkultur. Die Welt verändern, unbedingt, was denn sonst. Aber welcher Firmenboss hätte ein neues Produkt vorgestellt, indem er Bob Dylan auswendig zitiert hätte: *For the loser now / Will be later to win / For the times they are a-changin'*.

»Ein milliardenschwerer Konzern mit einem Hauch von Aufsässigkeit, Frechheit. Nicht angepasst an die angeblichen Gesetze des Marketings, wie die Alten, obwohl ihr ja irgendwann größer wart als die etablierten Technikriesen.«

»Wir haben uns auf unseren Erfolgen aber nie ausgeruht. Das iPod zum Beispiel war ein Hit im Verkauf, und wir entwickelten es Schritt um Schritt weiter. Mit dem iPhone konnte man Musik hören, aber auch telefonieren und mailen. Alles mit einem einzigen kleinen Apparat, so klein wie einst die Blue Box. So etwas war den anderen nicht eingefallen. Und nicht zu vergessen: Display. Touchscreen statt Tasten. Auch eine USP von Apple.«

»Aber als bekannt wurde, dass du an Krebs erkrankt bist, sanken die Aktienkurse von Apple.«

»Den ersten Angriff der Krankheit habe ich abgewehrt. Mit allen denkbaren Mitteln und Methoden. Und kam zurück auf die Bühne.«

»Der Krebs aber kam auch zurück. So wie meiner. Ein Scheißgefühl.«

»Stimmt. Ich habe mich auf den Kampf gegen ihn konzentriert. Bis sich der Schmerz auflöste. Gelang natürlich nicht immer, kennst du ja.«

»Als das iPhone 3G vorgestellt wurde, von dir, schrieb ein Journalist, du habest gewirkt wie eine verfallende Gestalt, wie ein hagerer Pirat, aber noch in der Uniform einer Unverwundbarkeit. Und als das technische Wunderwerk iPad präsentiert wurde, den Markt aufmischte, schrieb keiner mehr über die fragile Gestalt in Schwarz, sondern nur über das neue Produkt von Apple.«

Steve Jobs drückte auf einen Knopf. Die Garagentür schloss sich. Nur noch die Glühbirne erhellte den Raum.

»Meine Motivation waren die Produkte, nicht der Profit. Unser Ziel war es, früh herauszufinden, was die Kunden wollten, bevor sie es selbst herausfinden würden. Henry Ford hat mal gesagt, hätte er seine Kunden befragt, was sie sich wünschten, hätten sich die meisten wohl ein schnelleres Pferd gewünscht. Die Leute wissen nicht, was sie wollen, bis man es ihnen zeigt.«

Dann schwieg er.

»Ich mag den Gedanken«, sagte er schließlich leise, wie zu sich selbst, »dass etwas von dir überlebt, wenn du stirbst. Es ist nicht zu akzeptieren, dass alle Erfahrungen des Lebens und sogar vielleicht ein wenig Weisheit einfach mit dem Tod vergehen. Ich glaubte daran, dass möglicherweise dein Bewusstsein überlebt. Doch vielleicht ist es andererseits wie ein Ein/Aus-Schalter. Klick, und du bist weg.«

»Und, ist es so, hat das Bewusstsein überlebt?«

»Ja, hat es, aber ich kann es mit niemand teilen. Muss warten, bis mein Freund Steve eines Tages hier ankommt. Der wird mich verstehen.« Beim Stichwort »Klick« war die Garage und mit ihr der Mann aus Cupertino verschwunden.

28

Plötzlich hörte ich die Stimme von Donald Trump. Das konnte eigentlich nur bedeuten, dass er tot war. Dürfte ich mich über die Ankunft eines Menschen freuen, und sei es auch nur klammheimlich, weil er mir zuwider gewesen war im Diesseits?

»Nein«, sagte mein Bruder, der meine Gedanken verfolgt hatte, »das darfst du nicht. Denn dann würdest du nicht besser sein als der. Um wen geht es überhaupt?«

»Um den amerikanischen Präsidenten Donald Trump. Erzählt von ihm habe ich euch, aber seine Stimme habt ihr, hast du nie hören können. Dürfte ich mich vielleicht, wertfrei und zurückhaltend, davon überzeugen, ob es tatsächlich seine Stimme war, die ich hörte, ob er wirklich tot ist? Nur um meine Neugier zu befriedigen?«

Er schien darüber nachzudenken. Meine Großeltern zum Beispiel wären als gläubige Katholiken geradezu verpflichtet gewesen, sogar ihre Feinde zu lieben, was mir bei den meinen niemals eingefallen wäre. Wenn die mich auf die linke Wange schlugen, hielt ich ihnen nicht in christlicher Nächstenliebe meine rechte hin, sondern schlug umgehend zurück.

Mein Bruder schlug einen Kompromiss vor.

»Eine journalistische Eigenrecherche in diesem Fall ist okay. Bevor du nicht weißt, ob das tatsächlich dieser Donald Trump war, den du gerade gehört hast, gibst du ja eh keine Ruhe.«

Dem Ursprung der »America First« brüllenden Stimme folgend, kam ich in einer Halle an, die ausgestattet war wie ein Filmatelier. Sie könnte in Hollywood stehen, aber auch bei der

UFA in Babelsberg oder der Bavaria in München oder ein Atelier im Studio Hamburg sein. Egal, wo auf der Welt gerade ein Film gedreht wird – die Ateliers sehen alle irgendwie gleich aus. Scheinwerfer. Mikrofone. Maskenbildner. Kameramänner. Kabelträger. Schauspieler. Kräne.

Diese Halle hier war ein Gerichtssaal. Erhöhtes Podium für den Richter, eine Bank für die Geschworenen, vier Reihen für Zuhörer, davor links und rechts Tische und Stühle und Aktenordner für die Anklage und die Verteidigung. So ähnlich kannte ich es aus vielen amerikanischen Filmen. Ich blieb neben dem stählernen Eingangstor des Ateliers stehen. Von dort aus hatte ich die ganze Szene im Blick.

Die Stimme, in der ich die von Donald Trump glaubte erkannt zu haben, gehörte Philip Seymour Hoffman. Geschminkt war er wie Trump. Auf seinem Kopf klebte ein blond gefärbtes totes Eichhörnchen. So ist Trumps Frisur beschrieben worden. Seymour wurde gerade eingepudert.

Auf einem Dutzend Klappstühlen im Atelier verteilt saßen Legenden des Kinos, Frauen wie Männer, junge wie alte. Alle erkennbar. Amerikanische Filmstars. Ich war in Hollywood gelandet.

Ein Mann, Zigarette im Mundwinkel, stieg auf einen Hocker und ließ sich ein Megafon reichen,

»Ladies and Gentlemen, ich bitte um einen Moment der Ruhe. Euch ist vom ehemaligen US-Präsidenten George H.W. Bush berichtet worden, was für ein …«

Ein Piep ertönte. Offensichtlich hatte er »Arschloch« sagen wollen, was im Jenseits selbstverständlich nicht erlaubt ist. Stimme aus dem Off: »Bitte keine Beleidigungen außerhalb der für den Film üblichen nötigen, danke.«

Billy Wilder hob entschuldigend seine Schiebermütze und fuhr fort: »… was für ein merkwürdiger Typ, wollte ich sagen, im Weißen Haus sitzt und die USA regiert. Um diesen Präsidenten geht es bei unserem Dreh. Ihr habt freie Auswahl, was ihr sagen wollt, sobald ich euch ein Zeichen gebe. Und ihr alle wisst schon, wessen Rolle ihr spielen werdet. Es gibt bekanntlich kein Drehbuch, keine Vorgaben, es gilt, spontan zu reagieren, zu improvisieren, und ich bin genauso gespannt wie ihr, was gleich passieren wird.«

»Und ich erst«, brüllte Trump alias Philip Seymour und wälzte sich bräsig in seinem Lehnstuhl.

Alle lachten.

»Dürfen die das denn?«, fragte ich einen Mann, auf dessen Stirnband »Aufnahmeleiter« stand.

»Ja, dürfen die. Ist ja nur ein Spiel von uns. Wird nie vor Publikum in irgendeinem Kino gezeigt werden.«

Billy Wilder stieg vom Hocker, bat noch einmal um strikte Ruhe, legte das Megafon weg.

Durch eine Seitentür im Gerichtssaal trat der Richter. Alle Schauspieler standen auf. Die Kameras schwenkten von Gesicht zu Gesicht. Im Mann mit der schwarzen Robe, der oben Platz nahm, erkannte ich Clark Gable.

»Hiermit eröffne ich den Prozess ›Hollywood gegen Donald Trump, den 45. Präsidenten der Vereinigten Staaten‹. Haben sich Verteidigung und Anklage auf die Besetzung der Jury einigen können?«

John Wayne und Cary Grant erhoben sich.

»Ja, Euer Ehren, haben wir.«

Clark Gable musterte die Bank der Geschworenen.

»Dann bitte ich bei denen, deren Namen ich jetzt aufrufen werde, um ein Handzeichen.«

Er ließ sich von einem Gerichtsdiener einen Zettel reichen, von dem er die Namen der Geschworenen ablas.

»Richard Nixon?

Handzeichen von Nixon.

»Robert Kennedy?«

Handzeichen von Robert Kennedy.

So ging es Name um Name um Name weiter, bis ihm alle Juroren ihre Anwesenheit bestätigt hatten: Ronald Reagan. Dwight D. Eisenhower. Napoleon. Winston Churchill. Eleanor Roosevelt. Charles de Gaulle. Olof Palme. Boris Jelzin. Václav Havel. Caesar. Was für eine Mischung.

Der Staatsanwalt stand auf, knöpfte sein Jackett zu, trat in die Mitte des Saales, ging in Richtung Philip Seymour Hoffman, blieb dann zwei, drei Schritte vor ihm stehen und begann sein Eröffnungsstatement. Ein Mikro brauchte Cary Grant nicht. Seine Stimme füllte den Raum.

»Ich klage Donald Trump an, den dümmsten, verlogensten, unfähigsten Präsidenten in der Geschichte der Vereinigten Staaten seit ihrer Gründung …«

»Nehmt den Mann fest. Sofort!«, schrie Philip Seymour dazwischen und sprang zornesrot auf, wobei ihm fast sein blondes Eichhörnchen vom Kopf rutschte. »Ich befehle es, jetzt, sofort. Ich bin, wie ich schon oft getwittert habe, kein Dummy, sondern genial und …«

Clark Gable schlug drei-, viermal mit seinem Hämmerchen auf das Pult vor sich.

»Setzen Sie sich wieder hin, Sir. Verhalten Sie sich ruhig, während der Staatsanwalt spricht, sonst müsste ich Sie des Gerichtsaals verweisen lassen.«

Trumps Verteidiger John Wayne eilte hinzu, drückte seinen Mandanten zurück in seinen Stuhl, redete auf ihn ein.

Cary Grant nestelte an der goldenen Taschenuhr in seiner Weste und fuhr dann ungerührt fort.

»Ich wiederhole: Trump ist der dümmste, verlogenste, unfähigste Präsident in der Geschichte der USA. Wahrscheinlich weiß er nicht einmal, wann sie gegründet wurden. Sein Ego ist so groß wie eine Wassermelone, sein Verstand so groß wie eine Erbse. Von wegen ein Mann voller genialer Energie, mit der man ganz New York heizen und erleuchten könnte, wie er mal behauptet hatte, und dies nicht scherzhaft. Sicher dagegen ist, dass die Bürger von New York lieber frieren würden und im Dunkeln sitzen, als von dem nur ein einziges Volt anzunehmen.«

Grant schmunzelte über seine Bemerkung, legte aber gleich wieder los.

»Dummheit und Lügen sind leider nicht strafbar, das würde bei zig Millionen von Fällen unsere Gerichte überfordern. Aber im höchsten Staatsamt gefährden sie täglich die nationale Sicherheit. Deshalb betreffen sie uns alle. Dieser Präsident wird beschuldigt, mithilfe russischer Hacker, die private E-Mails an sein Wahlkampfteam durchgestochen haben, eine Schmutzkampagne gegen Hillary Clinton befördert zu haben, er wird des Rassismus beschuldigt, der Frauenfeindlichkeit, der Volksverhetzung.«

»Einspruch, Euer Ehren«, schrie John Wayne dazwischen.

»Einspruch abgelehnt«, konterte Clark Gable kühl. »Fahren Sie fort, Herr Staatsanwalt.«

Cary Grant fuhr fort.

»Ich erinnere nur daran, wie er sich gebrüstet hat, jeder beliebigen Frau zwischen die Beine greifen zu dürfen, erinnere daran, was bewiesen ist, dass er Schweigegeld bezahlen ließ an Frauen, mit denen er einen One-Night-Stand hatte, ja sogar lautstark damit geprahlt hat, mitten in New York auf offener Straße jemand umlegen zu können, ohne bestraft zu werden. Dieser Präsident, dessen beste Buddies rechtsradikale Politiker sind, dieser Präsident, der täglich nur höchstens drei Stunden arbeitet und ansonsten diesen widerlichen Lügensender

Fox News schaut und Beleidigungen per Twitter versendet oder in seinem Protzhotel in Florida Golf spielt, der mit seinen verrückten Drohungen von Strafzöllen unsere Wirtschaft gefährdet, Handelskriege anzettelt, noch nie in seinem Leben ein Buch gelesen hat, dieser Donald Trump ist eine Schande für unserer geliebtes Land und muss aus dem Amt gejagt werden.«

Dann drehte er sich um, ohne Trump auch nur eines Blickes zu würdigen, und ging zurück auf seinen Platz.

John Wayne erhob sich, fasste automatisch an seine rechte Seite, wo in vielen Filmen sein Revolver hing, holte aber nur einen Stift aus der Tasche, ging nach vorne, richtete das Wort an die Geschworenen.

»Alles Lüge. Alles Lüge. Eine Kampagne von Liberalen gegen den amtierenden Präsidenten. Ist er legal gewählt worden? Ja, ist er. Hat er Erfolge vorzuweisen? Ja, hat er. Amerika geht es besser, seit er im Weißen Haus sitzt. Seine Gegner gönnen ihm seinen Triumph beim normalen Volk nicht. Aber das Volk steht zu ihm …«

»Welches Volk, bitte sehr?«, rief Humphrey Bogart auf ein Zeichen von Billy Wilder dazwischen. »Rednecks und Dummbeutel. Zu denen passt er. Die glauben jede noch so verdammte Lüge ihres Helden.«

Erneut klopfte Clark Gable mit seinem Hämmerchen auf das Podium.

»Ruhe, das gilt auch für Sie. Wer sind Sie überhaupt?«

»John McCain, Senator der Vereinigten Staaten von Amerika.«

John Wayne zog weiter vom Leder.

»Präsident Trump hat das Atomabkommen mit den verfilzten bärtigen Dreckskerlen im Iran ausgesetzt. Er hat mit seinen Tweets bewiesen, dass es den Klimawandel nicht gibt, sondern dass er erfunden wurde, um den USA zu schaden. Hat deshalb das Pariser Klimaschutzabkommen in die Tonne getreten.«

Wieder eine Unterbrechung.

Diesmal von der anderen Seite.

»Sehr richtig, sehr richtig. Das war nichts weiter als eine Verschwörung gegen Amerika. Endlich hat es mal einer erkannt und so auch benannt.«

Clark Gable war sichtlich genervt.

»Und wer sind Sie nun wieder?«, fragte er den Zwischenrufer.

»Ich heiße Jared Kushner, ich bin der Schwiegersohn des Präsidenten«, antwortete Anthony Perkins.

»Setzen Sie sich wieder hin, sonst fliegen Sie raus«, antwortete Clark Gable und gab John Wayne ein Zeichen, fortzufahren.

»Trump hat endlich angeordnet, eine Mauer an der Grenze zu Mexiko zu bauen, um die illegalen Einwanderer, meist Drogendealer, Vergewaltiger, Kleinkriminelle, zu stoppen, hat den Schlitzis in Peking die Exportzölle so erhöht, dass es laut quietscht in Peking, hat den Weicheiern Emmanuel Macron und Angela Merkel den Mittelfinger gezeigt.«

Angela Merkel, gespielt von Lauren Bacall, stand spontan aus ihrem Klappstuhl auf. »Euer Ehren, bei allem Respekt, dies ist unter meinem Niveau. Ich bitte darum, aus dieser Produktion aussteigen zu dürfen.« Sie wartete eine Antwort aber gar nicht erst ab, sondern verließ das Atelier durch eine schmale Seitentür, auf der »Eingang zur Hall of Fame« stand. Macron alias Montgomery Clift folgte ihr. Er sah sich noch einmal um: »In der Tat ist dieser Präsident der USA eine Schande für sein Land, ja, für die ganze westliche Welt und ihre Werte. Incroyable. Ein Imbécile im Weißen Haus.«

Dann sang er laut die »Marseillaise«.

»Ich bitte deshalb den ehrenwerten Richter, diese Farce abzubrechen und das Verfahren gegen meinen Mandanten einzustellen«, beendete John Wayne seinen Auftritt und ging zurück an seinen Tisch.

»Sehr gut, sehr vernünftig, sehr richtig«, rief Ivanka Trump, verkörpert von Grace Kelly, quer durch den Saal. »So machen wir es. Mein Vater ist ein honoriger kluger Mann. Der beste Präsident, den es je gab in diesem Land.«

Da konnte sich sogar John Wayne kaum das Lachen verkneifen. Clark Gable jedoch fand das alles gar nicht lustig und wies den Gerichtsdiener John Belushi an, Grace Kelly nach draußen zu begleiten.

Billy Wilder gab Jayne Mansfield ein Zeichen. Die stand auf.

»Ich kann nur unterstützen, was Grace gerade gesagt hat. Es handelt sich hier um eine Verschwörung gegen Donald. Einen Versuch, mit allen Mitteln seine zweite Amtszeit zu verhindern. Kenne ich aus Frankreich. Ich habe dort mit meiner Partei …«

»… uninteressant«, unterbrach sie Clark Gable. »Das hat mit dem Thema unserer Verhandlung nichts zu tun. Sollen sich die Franzosen selbst darum kümmern. Wer sind Sie denn überhaupt?«

»Mein Name ist Marine Le Pen. Sie müssten mich eigentlich kennen.«

»Nein, muss ich nicht. Setzen Sie sich hin, oder auch Sie fliegen raus.«

Jayne Mansfield setzte sich. Billy Wilder streckte ihr einen gereckten Daumen entgegen. Lob für ihren Auftritt. Das schien sie zu freuen. Sie errötete mädchenhaft, was man ihr einst nie zugetraut hätte.

Gregory Peck erhob sich aus seinem Klappstuhl. Blickte zu Billy Wilder. Der nickte ihm zu.

»Euer Ehren, mein Name ist Robert Mueller. Ich habe zwei

Jahre lang alle Vorwürfe gegen Donald Trump untersuchen lassen. Vor allem die Russland-Connection. Im Gegensatz zu dem, was hier vielfach behauptet wurde, bin ich zwar nicht zu einem abschließenden Urteil gekommen, allerdings reichten die Ergebnisse unserer Ermittlungen auch nicht für einen Freispruch. Das wollte ich hiermit zu Protokoll geben.«

Und setzte sich wieder hin.

Wutgeheule von Philip Seymour. Aber bevor er etwas sagen konnte, eilte John Wayne zu ihm und hielt ihm den Mund zu.

Clark Gable wandte sich an die Bank der Geschworenen.

»Ich glaube, wir haben genug gehört. Darf ich fragen, ob Sie schon zu einem Urteil gekommen sind, oder brauchen Sie Bedenkzeit und wollen sich zur Beratung zurückziehen?«

Richard Nixon stand auf.

»Nein, Euer Ehren, wir brauchen keine Bedenkzeit. Wir sind zu einem Urteil gekommen. Einstimmig bei einer Enthaltung.«

Beim Stichwort »Enthaltung« blickte er kurz zu Caesar.

»Und wie lautet Ihr Urteil?«

»Impeach him.«

Billy Wilder hob beide Hände. Daraufhin schrien oder klatschten alle Schauspieler und Schauspielerinnen im Atelier. Je nach ihrer Rolle.

Clark Gable haute ein letztes Mal mit seinem Hämmerchen aufs Pult.

»Dann ist hiermit die Sitzung geschlossen. Alles Weitere wird die nächste Instanz zu entscheiden haben.«

Sofort erfüllte fröhliches Lachen den Raum.

Philip Seymour Hoffman riss sich das Eichhörnchen vom Kopf, ging zu John Wayne und klopfte ihm auf die Schulter.

»War doch toll, oder nicht?«

Wayne drückte ihn an seine Brust.

»Ja, endlich mal was los hier. Von mir aus hätte es ewig so weitergehen können.«

Die Scheinwerfer erloschen. Deckenlicht ging an. Schauspielerinnen und Schauspieler standen in Gruppen und pflegten Small Talk, wie sie es gewohnt waren aus ihren großen Zeiten. Grace Kelly und Cary Grant standen ein wenig abseits in versunkener Zweisamkeit.

Mich interessierte mehr diese geheimnisvolle Hall of Fame, in der Lauren Bacall und Montgomery Clift verschwunden waren, war neugierig, was sich dahinter verbergen würde.

»Ich werde Sie begleiten, wenn ich darf«, sagte die Frau, die plötzlich neben mir auftauchte.

»Gern. Und wer sind Sie?«

Im selben Moment fiel es mir ein.

Zusammen mit Rita Hayworth ging ich in Richtung Hall of Fame. Als wir vor dem Eingang standen, öffnete sich die Tür, ohne dass wir sie berührt hätten, zu einen verdunkelten Raum. Nur die Bilderrahmen an seinen Wänden waren matt erleuchtet.

Hinter uns verschwand das Filmatelier, und es schloss sich die Tür.

29

Diese merkwürdige Hall of Fame war kein Museum im landläufigen Sinne. In einem Museum würden Gemälde hängen, neben denen beschrieben Leben und Werk der jeweiligen Künstler. Hier gab es keine Räume, sondern nur einen Gang an einer Wand entlang. Zwar hingen da erleuchtete Bilderrahmen, aber innerhalb dieser Rahmen sah ich nur schwarze Flächen, einfach nur schwarze Tafeln. Unter manchen standen Namen, unter anderen ein paar Worte, ein Satz.

Ich wendete mich verblüfft an Rita Hayworth.

Sie lächelte, nein: sie grinste.

»Ich will Ihnen erklären, was Sie sehen oder nicht sehen können, denn auf den ersten Blick ist ja alles nur schwarz«, sagte sie und ging mit mir zu einer dieser schwarzen Flächen. »Aber die Idee hinter der Schwärze will die Fantasie anregen. Wer zum Beispiel diese Tafel hier betrachtet und daneben den Namen Marlene Dietrich liest, braucht sie nicht auch noch abgebildet im Rahmen zu sehen. Weil wir alle ein Bild von ihr in unserem Gedächtnis haben und sich sofort die schwarze Fläche auflöst in Marlenes Gesicht. Oder hier, in diesem Rahmen, geht es um Charlie Chaplin, wie daneben zu lesen ist. Bei manchen Besuchern, zumal bei einem Deutschen wie Ihnen, taucht er auf als *Der große Diktator*, bei anderen erscheint spontan vielleicht die Szene aus *Moderne Zeiten*, in der Charlie an der Zeigeruhr hängt, und bei anderen würde er als melancholischer Tramp in *Lichter der Großstadt* erscheinen.«

»Aber wer diese Filme nie gesehen hat, begreift doch nichts.«

»Solche Menschen gibt es hier nicht. Wer in Hollywood eine Hall of Fame betritt, erkennt die Stars auch dann, wenn er sie nicht sehen kann. Weil sie in ihm sind. Testen Sie es selbst doch mal …«

Unter dem nächsten Rahmen stand geschrieben »Josephine Baker«. In der Tat sah ich sie vor mir. Halb nackt, bekleidet mit Bananen, tanzend auf einer Bühne irgendwo auf der Welt.

»Gilt denn das Prinzip nur für Show- und Filmstars?«

»Nein, gilt für alle Berühmten. Egal, womit sie berühmt geworden sind.«

Wir folgten den Lichtpunkten am Boden. Der Gang hatte die Form einer Acht, konnte jederzeit erweitert werden, immer dann, wenn jemand im Jenseits angekommen war, der hierher passen würde.

Wir blieben stehen. Vor uns der übliche schwarze Fleck. Darunter stand: »I Have a Dream«, und augenblicklich hatte ich Martin Luther King vor meinen Augen.

Jetzt erinnerte ich mich plötzlich, wo ich das schon mal erlebt hatte. In einer Ausstellung des *Stern* hingen einst auf dem Weg zur Kantine eingerahmte schwarze Flächen. Unter jeder dieser schwarzen Tafeln stand in weißer Schrift ein Name, stand ein Begriff, und die lösten in den Köpfen Fotos aus, ließen bekannte Bilder auftauchen aus der Hardware Gehirn. Zum Beispiel: *Mao Zedong badet im Jangtsekiang* oder *Einstein streckt die Zunge raus* oder *Marilyn Monroe über dem Subway-Lüftungsschacht in New York* oder *Südvietnamesischer Polizeipräsident erschießt einen Vietkong.* Eine Fotoausstellung ohne Fotos, ein Museum ohne Bilder. So wie hier in der Hall of Fame.

Genial simpel diese Idee. Unter einer schwarzen Tafel stand »Greta Garbo«, und sofort sah ich die Göttliche vor mir. Daneben Jeanne d'Arc, und schon erkannte ich die Jungfrau von Orleans, gerüstet für die Schlacht. Audrey Hepburn in *Frühstück bei Tiffany*, gefolgt von Karl Marx mit dem *Kapital* in der Hand und Nelson Mandela und Charles Darwin und Alexander von Humboldt und Liz Taylor und Ingrid Bergman und David Ben-Gurion und Albert Schweitzer und Henry Dunant und Leonardo da Vinci und Walt Disney und Wilhelm Tell und Rembrandt und Rubens und Thomas Jefferson und Sokrates und und und. Faszinierend.

Rita Hayworth musste nichts mehr erklären. Dieses denkwürdige Museum erklärte sich von selbst. Am Ende unseres Rundgangs blieb ich vor der letzten schwarzen Tafel stehen. Ich konnte noch nicht ausmachen, wer oder was da verzeichnet war, um wen es ging. Sanft schob sie mich näher an den Rahmen. Ich beugte mich herunter. Jetzt konnte ich lesen, was da geschrieben stand:

Ich starb im November.

Epilog

Mit diesem Buch begann ich nach meinem Tod. Richtig gelesen: *nach* meinem Tod. Klingt zwar wahnsinnig. Doch wenn es Millionen Lesern glaubhaft erscheint, dass ein Hundertjähriger aus dem Fenster springt und abhaut aus einem schwedischen Pflegeheim, sich auf seiner Flucht vor der ihm bevorstehenden Restlaufzeit erinnert an seine Begegnungen mit Stalin, Mao, Roosevelt, mit einem Elefanten spielt oder Kriminelle einfriert, müsste es auch erlaubt sein, in einem Buch vom Jenseits zu erzählen, als handle es sich um eine faktenreiche große Reportage und nicht um Wahn-Sinn.

Zumindest in der Theorie.

Es gibt bekanntlich keine Bücher aus dem Jenseits. Logisch, sagen da meine Kollegen, sowohl die von mir geliebten als auch die von mir ungeliebten. Auch diese einst den Alltag belebenden Gefühle sind übrigens mit dem Tod gelöscht. Logisch, sagen da Leserinnen und Leser, denn der Tod an sich bedeutet schlicht das Ende aller in der Wirklichkeit einst als selbstverständlich akzeptierter Fakten.

Nur der Fantasie sind keine Grenzen gesetzt, und post mortem erst recht nicht. Die ewige Ruhe hebt sie auf. Nahtoderfahrungen wie jene von Elisabeth Kübler-Ross einst beschriebenen zählen nicht, denn das waren Erfahrungen *nah* dem Tod, aber nicht *nach* dem Tod. Tote recherchieren nicht mehr, schreiben nicht mehr, reden nicht mehr. Sie schweigen für immer.

Dass kein Leben nach dem Tod existiere, widersprach Willi Winkler in einer Würdigung des verstorbenen Literaturchefs der

New York Times, Christopher Lehmann-Haupt, der auf berühmte Schriftsteller die Nachrufe verfasste: *… ist längst nicht ausgemacht, obwohl es an belastbaren Erfahrungsberichten noch immer fehlt.* Denn vielleicht stimmt unsere Vorstellung von der ewigen Ruhe gar nicht. Vielleicht hat es ein Toter, hat es eine Tote nur nie versucht, das im Jenseits Erlebte aufzuschreiben, weil es abwegig schien. Vielleicht müsste es mal einer wagen, und warum dann nicht ich? Zu verlieren hatte ich ja nichts. Verrisse meines Buches würde ich nicht mehr lesen müssen. Logisch …

Also ging ich einfach davon aus, dass es im Zweifelsfall eben doch möglich sein könnte, über das Jenseits zu berichten. Denn spannender als Schwarz oder Weiß, spannender als feste Überzeugungen, ist die Farbe des Zweifels. Die Farbe Grau. Die zu Journalisten passende Farbe. Sie war meine Lieblingsfarbe. Also begann ich mit der Planung für ein Projekt *Post mortem* bereits im Diesseits. Das in Anbetracht der verbleibenden Lebenszeit hatte ich geregelt.

Um die post mortem notwendigen Mitteilungen an Ämter, Versicherungen, Rentenkassen der analogen Welt würde sich ein Testamentsvollstrecker kümmern. Mich digital zu löschen war einfacher. Da ich im Diesseits auf Facebook keine Freunde suchte, sondern die wahren umarmte, musste ich auf Facebook nicht gelöscht werden. Ich war nie Mitglied bei denen. Getwittert hatte ich auch nie, also auch da verblieb von mir kein letztes Gezwitscher. Was danach von mir noch im Internet zu löschen war – Amazon, Google, Magazine und Zeitungen online –, wird mein Sohn löschen. Die nötigen Passwörter hatte ich für ihn notiert. Auf Papier. Allein die Vorstellung, dass ein Avatar dank künstlicher Intelligenz mit meinem Profil jederzeit meine letzten Worte würde wiederholen können, war mir peinlich.

Meine Familie und meine Freunde sollten hin und wieder ein Glas Wein für mich leeren. Einen Meursault. Lachend. Cheers.

Zu schreiben war neben der medizinischen Therapie meine eigene Strategie im Kampf gegen das Unvermeidliche. Was, außer zu schreiben wie einst ein Leben lang, hätte ich denn auch machen sollen, um der, wie ich befürchtete, wohl todlangweiligen Ewigkeit zu entrinnen? Die dauernden Hosianna-Gesänge ertrug ja schon der Münchner Aloisius nicht. Und der war immerhin im Himmel.

Tonleitern auf dem Klavier üben? Die Bibliothek ordnen? Vergilbte alte Zeitungen lesen? Immer vorausgesetzt, es gäbe dort überhaupt Zeitungsarchive oder Klaviere oder Bücher und nicht nur – Nichts. Zeit genug hatte ich. Im Jenseits gibt es keine Termine, keine Jahreszeiten, keine Wolken. Die Ewigkeit ist kalenderfrei und vom Wetter unabhängig, und Gott sei Dank, siehe Prolog, auch für immer befreit vom November.

Kurz nach meiner Ankunft fing ich mit Recherchen an. Der allen Journalisten vertraute Begriff Deadline passte ja sowohl auf die Wirklichkeit als auch auf ein mögliches Leben nach dem Tod. Eine journalistische Deadline war eher vergleichbar mit einem Damoklesschwert. Um dessen Hieb zu entgehen, mussten wir mit jedem Text, egal, ob stark oder nur halbstark, zart oder nur halbzart, vor allem eines erreichen – den Redaktionsschluss. Zweifel und Neugier, Leidenschaft und Wahrheitsliebe und die Einhaltung einer Deadline gehörten zu den Voraussetzungen des Berufs.

Stimmig zu schreiben genügte nicht, es sollte auch alles stimmen. An Ergebnissen gemessen werden konnte nur, wer seine Abgabetermine einhielt. Was nützten der schönste Text, die zauberhaftesten Sprachbilder, die kühnsten Thesen, die klügsten Gedanken, wenn die Zeitung oder das Magazin, wo sie erscheinen sollten, bereits andruckten?

Wer schreibt, der bleibt, heißt es. Daran glauben Journalisten. Das verheißt ihnen Nachruhm angesichts ihrer letzten

Deadline und verspricht Trost in den wenigen noch bleibenden Momenten der irdischen Endrunde. In Wirklichkeit ist es nicht wirklich so tröstlich wie versprochen. Wer tot ist, muss sehen, wo er bleibt. Und wer nichts mehr schreibt, ist in der Branche lebend schon abgeschrieben. Also so gut wie tot.

Dass ich, was vorauszusehen war, bei meiner Ankunft im Jenseits auf mir Vertraute treffen würde, die vor mir gehen mussten – meine Eltern, meine Großeltern, meinen Bruder, meinen Neffen, meine Schwiegereltern, meine Freunde –, hat mich nicht überrascht. Verblüfft dagegen, dass es mir möglich war, mit prominenten Toten zu reden, die ich als Journalist nie getroffen hatte.

Selbstverständlich gab es von Johannes Gutenberg oder von Shakespeare oder von Bach keine belegbaren Zitate. Aber von anderen, mit denen ich mich unterhielt, viele. Deshalb sind die Anmerkungen und Antworten von zum Beispiel Margaret Thatcher oder Golda Meir, Karl Lagerfeld oder Indira Gandhi, Pablo Picasso oder Gustaf Gründgens, Albert Einstein oder Steve Jobs authentisch. Nicht immer wörtlich wie beim Erfinder von Apple, aber nie sinnentstellend verändert.

Ich hätte mich natürlich, statt nicht endlich Ruhe zu geben, in der Ewigkeit auf eine Wiese legen können – es sah mich ja niemand – und in meine Erinnerungen aus dem Leben eines Journalisten reisen können. Doch Reisen in die Vergangenheit passen erst jetzt, am Ende dieses Buches, in den Epilog:

Auf dem Land im Garten mit Henry Moore. Haare schulterlang. Gekleidet in einen hellblauen Anzug aus der Carnaby Street in London. Ehrfürchtig ihm zuhörend. Das Porträt des Künstlers schrieb ich auf dem Rückflug. Oder das einzige Interview, das Paul McCartney in Paris einem deutschen Journalisten gab, und nicht etwa deshalb, weil ich besser war als all die anderen. Sondern der Einzige, der die Fragen der französischen

Kollegen, die er nicht verstand, für ihn ins Englische übersetzen konnte und seine Antworten für die französischen Journalisten zurück in ihre Sprache. Da trug ich keinen Anzug mehr, sondern Jeans und T-Shirt, aber die Haare waren noch immer lang.

In einem Luxushotel, in peinlich kurzen Hosen, denn es war Sommer, Walt Disney über die Verfilmung eines meiner geliebten Kindheitsbücher befragend, das *Dschungelbuch*. Nie wieder, egal, wie heiß es auch sein mochte, ging ich in kurzen Hosen zu einem Interview.

Mit Rainer Werner Fassbinder bei Dreharbeiten in Spanien. Welcher Film? Weiß ich nicht mehr. Er hat so viele gedreht. Beide kettenrauchend. Wir kannten uns schon lange. Beide hatten wir im Archiv der *Süddeutschen Zeitung* einen Job bekommen. Ich studierte noch, was bei mir schnell beendet war, weil es mich eher langweilte, er probte in irgendeinem Münchner Keller sein erstes Theaterstück. Wir mussten streng nach Vorgabe der Archivarin aus unterschiedlichen Zeitungen Artikel zu unterschiedlichen Themen ausschneiden, auf weiße Papierbögen kleben, die exakt in Leitz-Ordner passten und in denen abgeheftet wurden. Dafür gab es 2,15 D-Mark Stundenlohn. Ein Stundenlohn reichte immerhin für ein kleines Bier und zwei Wollwürste mit Kartoffelsalat.

Dritte im Bunde der Hilfskräfte war übrigens Uschi Obermaier. Redakteure der *SZ* balzten um ihre Gunst. Aber sie hatte Größeres im Sinn. Als die Rolling Stones in der Stadt gastierten, besuchte sie Mick Jagger im Hotel. Vom nächsten Tag an tauchte sie im Archiv nie mehr auf.

Aufstand Prag 1968. Ein Kollege und ich beschlossen spontan nachts im Alten Simpl, wo wir gerade mal wieder die Welt verändert hatten, in die Tschechoslowakei zu fahren. Über irgendeine unbewachte Grenze könnte es ja klappen. Wir hatten kein Geld, natürlich auch keine Kreditkarten. Aber wir sammelten bei den Gästen. Wir fuhren los in meinem x-fach geflickten gebrauchten Porsche Cabriolet. Wir kamen nie in Prag an.

Wahlkampfsonderzug mit Willy Brandt. Im Waggon nur Raucher. Im Halbstundentakt gab er Interviews. Auch mir. Zurück in der Redaktion hörte ich das Tonband ab. Es war nichts zu hören. Ich musste es aus Versehen gelöscht haben. Panischer Anruf bei Egon Bahr. Der beruhigte mich. Ich solle ganz einfach das schreiben, woran ich mich erinnerte. Willy hätte so viele Interviews gegeben, dass er nicht mehr wisse, ob ein Satz von ihm sei oder nicht. So machte ich es.

Bei *Rolling Stone* in San Francisco. Ich sollte mich informieren und dann in Deutschland ein ähnliches Magazin produzieren. Immer um die Mittagszeit Boten in die Fabriketage, in der die Redaktion arbeitete. Sie hatten einen großen aufgeklappten Bauchladen umgeschnallt, auf dem lagen fünf, sechs Sorten unterschiedlich belegter Sandwiches. Darunter lauerte Bückware: Drogen aller Art, außer LSD und Heroin. Anwesend waren, Tag für Tag frisch, der Schwarze Afghane, der Rote Libanese, der Grüne Türke. Ich blieb bei Sandwiches, kaute staunend. Joe Eszterhas, der später als Drehbuchautor von *Basic Instinct* berühmt werden würde, klärte mich auf. Die Einkünfte des Sandwich-Dealers verblieben zu zwei Dritteln bei dem, ein Drittel lieferte er bar ab beim Empfang. Das Geld kam direkt dem Redaktionsbudget zugute. Ein Bartergeschäft. In jeder Ausgabe des *Rolling Stone* wurde damals ein Artikel durch Drogengeld finanziert.

Bei Helmut Kohl zum Abendessen im Kanzlerbungalow. Er trug Strickjacke und Pantoffel. Betonte erneut, dass er den *Stern*, dieses Sch…blatt, nie lesen würde. Seine Frau Hannelore lächelte, schwieg aber. Dann beschimpfte er mich wegen eines Leitartikels. Als er bemerkte, dass ich meinen Nachtisch nicht angerührt habe, schaute er mich kurz fragend an, zog dann den Teller zu sich rüber und aß meinen Pudding auf.

Im Weißen Haus in Washington nach Bill Clintons Amtsantritt. Auf den Fluren Jungvolk auf Rollschuhen und mit Kopfhörern, Schachteln mit Pizzas balancierend. Ich wurde zum Mitessen eingeladen. Wir saßen zusammen auf dem Boden eines Büros und kauten. Die Weltmacht war so jung, wie sie es seit den Zeiten von Camelot nicht mehr war.

Erste NDR Talk Show als Moderator. Neben mir Vanessa Redgrave und Will Quadflieg und Eibl-Eibesfeldt. Irgendein längst vergessener rechter FDP-Politiker. Lampenfieber. Countdown. Eingangsmusik. Aus dem Publikum die Stimme von Jürgen Flimm: Und jetzt gib ihm, Michi.

Mit der Bundespolizei beim Einsatz gegen Menschenhändler. Sechs Uhr morgens. Auf Kommando Rammbock und splitternde Türen. Ich wollte mitstürmen. Durfte aber nicht.

Stopp. Ist es nicht peinlich – und langweilig für alle anderen sowieso –, sich selig verklärend an eigene junge Zeiten zu erinnern, als seien die etwas Besonderes, Einmaliges gewesen?

In der Tat. Es reicht. Keine weiteren sentimentalen Erinnerungen. Finis.

Sonst glaubt der Tod am Ende doch noch, er habe gewonnen.

Quellenverzeichnis

Alexandra (8) aus: Was ist das Ziel (Philips 1968, © Fred Weyrich/Serge Lama)
Arnfrid Astel (19) aus: Neues (und altes) vom Rechtsstaat & von mir (Zweitausendeins, Obertshausen 1978)
Johann Sebastian Bach (105) aus: Johannes-Passion (BWV 245, 1724/1749, Text: Martin Schalling d. J.)
Samuel Beckett (21) aus: Worstward Ho (Grove Press, New York 1983)
Gottfried Benn (18) aus: Sämtliche Gedichte (Klett-Cotta, Stuttgart 1998)
Bertolt Brecht (150/51) aus: Werke. Große kommentierte Berliner und Frankfurter Ausgabe, Bd. 11: Gedichte 1 (Suhrkamp, Frankfurt 1988)
The Doors (126) aus: The Doors (Elektra 1967, © Jim Morrison)
Bob Dylan (248) aus: The Times They Are a-Changin' (CBS 1964, © Bob Dylan)
Epikur (7) aus: Brief an Menoikeus
Werner Finck (18): Grabstein, Waldfriedhof München
Theodor Fontane (152/53) aus: Gedichte (Cotta, Stuttgart und Berlin 1905)
Gabriel García Márquez (148) aus: Hundert Jahre Einsamkeit (Ü: Dagmar Ploetz. Kiepenheuer & Witsch, Köln 2017)
Günter Grass (144) aus: Fundsachen für Nichtleser (Steidl, Göttingen 1997)
Dörte Hansen (9) aus: Mittagsstunde (Penguin, München 2018)
Wolfgang Herrndorf (148/49) aus: Tschick (Rowohlt Berlin, Berlin 2010)
Uwe Johnson (145/46) aus: Jahrestage 1 (Suhrkamp, Frankfurt 1970)
Janis Joplin (126) aus: Pearl (CBS 1970, © Kris Kristofferson/Fred Foster)
Franz Kafka (144/45) aus: Das Schloss (Kurt Wolff, München 1926)
Patrick Modiano (20) aus: Schlafende Erinnerungen (Ü: Elisabeth Edl. Hanser, München 2018)
Rosamunde Pilcher (147) aus: Sommer am Meer (Ü: Margarete Längsfeld. Rowohlt, Reinbek 1992)
Rio Reiser (125) aus: Rio I. (CBS 1986, © Rio Reiser)
J. D. Salinger (146/47) aus: Der Fänger im Roggen (Ü: Heinrich Böll. Kiepenheuer & Witsch, Köln 1962)
William Shakespeare (180–82) aus: Hamlet (Ü: Schlegel/Tieck)
The Who (12) aus: My Generation (Brunswick 1965, © Pete Townsend)
Amy Winehouse (126) aus: Back to Black (Island 2006, © Amy Winehouse/Mark Ronson)

Editorische Notiz

Michael Jürgs hat das vorliegende Buch ungefähr zwei Wochen vor seinem Tod (4. Juli 2019) noch vollendet. Da keine Zeit mehr blieb, mit ihm am Manuskript zu arbeiten, hat der Verlag lediglich offensichtliche Fehler und Inkonsequenzen korrigiert.